AF289301

Ziegler
Anerkennung und Nicht-Anerkennung

Anerkennung und Nicht-Anerkennung

Studien zur Struktur zwischenmenschlicher Beziehung aus symbolisch-interaktionistischer, existenzphilosophischer und dialogischer Sicht

Walther Urs Ziegler

Die vorliegende Arbeit wurde im Wintersemester 1990/91 von der philosophischen Fakultät der Ludwig-Maximilians-Universität München als Dissertation angenommen. Allen, die mir bei der Arbeit in irgendeiner Form geholfen haben, insbesondere Walburga Allgeier und der Familie Beck,möchte ich an dieser Stelle herzlich danken.

Das vorliegende Buch ist die Neuauflage der inzwischen vergriffenen Erstausgabe des Bouvier-Verlages von 1992.

Ziegler, Walther Urs:
Anerkennung und Nicht-Anerkennung
Studien zur Struktur zwischenmenschlicher Beziehung aus symbolisch-interaktionistischer, existenzphilosophischer und dialogischer Sicht

Bibliografische Information der Deutschen Nationalbibliothek:
Die Deutsche Nationalbibliothek verzeichnet diese Publikation in der Deutschen Nationalbibliografie; detaillierte bibliografische Daten sind im Internet über www.dnb.de abrufbar.

© 1990 Dr. Walther Ziegler
Umschlaggestaltung und Grafik des gesamten Buches: Silke Ruthenberg
unter Verwendung von Illustrationen von:
Verlag:
BoD • Books on Demand GmbH, In de Tarpen 42, 22848 Norderstedt
Druck:
Libri Plureos GmbH, Friedensallee 273, 22763 Hamburg

ISBN: 978-3-7583-3978-3

Inhalt

EINLEITUNG

1. Problemstellung

Das Thema der vorliegenden Untersuchung ist ebenso einfach wie naheliegend: Es beinhaltet den Vorgang der Anerkennung, einen Vorgang, der sich im alltäglichen Umgang der Menschen miteinander meist mit solcher Selbstverständlichkeit zuträgt, dass sein Vorhandensein sich in der Regel unserer Aufmerksamkeit gänzlich entzieht.

Die Alltäglichkeit dieses Vorgangs gegenseitiger Anerkennung mag auch der Grund dafür sein, dass die ihm zukommende Bedeutung leicht übersehen wird, obgleich gerade die Selbstverständlichkeit dieses Phänomens auch als Hinweis auf eine grundlegende Struktur mitmenschlicher Lebenswirklichkeit verstanden werden könnte.

Ziel dieser Studie ist es, den Vorgang der Anerkennung in seiner ganzen Tragweite phänomenal aufzuweisen, um seine konkrete Bedeutung für das je einzelne Dasein sowie für die Struktur von Beziehung überhaupt zu verstehen.

So ist die Praxis der gegenseitigen Anerkennung und Nicht-Anerkennung keineswegs nur ein rein äußerlicher Austausch von Zuspruch und Nicht-Zuspruch zwischen den einzelnen Individuen, sondern erweist sich als entscheidend für das Selbst- und Identitätsgefühl der Menschen. Ein Mensch, der über einige Zeit hinweg aufgrund eines Fehlverhaltens, eines Gebrechens oder irgend eines anderen Grundes von seinen Mitmenschen nicht mehr anerkannt wird, leidet meist sehr schnell unter der sozialen Missachtung, da er die äußerliche Nicht-Anerkennung in Form von Selbstzweifeln zu verinnerlichen gezwungen ist.

Zwar scheint zunächst auch diese Feststellung, dass das Iden-

7

titätsgefühl eines Menschen in entscheidender Weise abhängig ist vom Zuspruch, bzw. Ausbleiben des Zuspruchs der anderen Menschen, eine uns gewohnte und altbekannte Tatsache zu sein, die etwa in der Pädagogik im Hinblick auf die Wirkung von ‚Lob und Tadel' diskutiert wird. Dennoch beginnt das Phänomen Anerkennung bereits an diesem Punkt philosophisch fragwürdig zu werden.

Geht man nämlich davon aus, dass wir Menschen zur Aufrechterhaltung unseres Identitätsgefühls auf die Anerkennung der anderen verwiesen sind sowie auch diese ihrerseits erst in unserem Zuspruch sich ihrer Identität versichern können, und bedenkt man umgekehrt die Tatsache, dass soziale Nicht-Anerkennung dem Identitätsgefühl äußerst abträglich ist und bis hin zu Identitätskrisen führen kann, so ist absolut uneinsichtig, warum es überhaupt das Phänomen Nicht-Anerkennung gibt, warum es so oft zu gesellschaftlichen und privaten Diskriminierungen kommt und warum die Menschen nicht einfach – wie es im allgemeinen Interesse liegen müsste – sich gegenseitig in ihrer Eigenart anerkennen und bestätigen.

Vor allem aber wirft das offensichtliche Verwiesensein auf den Anderen hinsichtlich der eigenen Identität die grundsätzliche Frage auf, wie weit dieser Verweisungszusammenhang reicht, und ob überhaupt noch von ‚Identität' als einem Selbstverhältnis bzw. einer Sich-Selbst-Gleichheit gesprochen werden kann, angesichts der Möglichkeit, dass in dieses Selbstverhältnis wesenhaft das Verhältnis zum Anderen miteinfließt, es vielleicht sogar bestimmt oder mitkonstituiert. Das Phänomen von Anerkennung und Nicht-Anerkennung bringt somit vor die Frage nach der Grenze zwischen dem Einen und dem Anderen, nach der Wirklichkeit des Einen im Anderen und somit nach der mitmenschlichen Verfasstheit überhaupt.

2. Die Frage nach dem Mitsein

> „Zweifellos gibt es nur wenige Realitäten, die das philosophi-
> sche Denken unseres Jahrhunderts so stark in ihren Bann
> gezogen haben wie der Andere […]. Die Frage nach dem
> Anderen ist unabtrennbar von den anfänglichsten Fragen
> des modernen Denkens."[1]

Warum aber erst des modernen Denkens? Die Dimension der
mitmenschlichen Verfasstheit, des Aufeinander-Bezogenseins,
des Für-Andere-Seins, des Miteinanderseins, ist in der Tat erst
im 20. Jahrhundert nachhaltig in den Mittelpunkt philosophischen Fragens gerückt.[2] Zu klären, warum ein so zentrales Phänomen wie die mitmenschliche Lebenswirklichkeit - sieht man
von Feuerbachs Philosophie der Zukunft ab - so lange Zeit als
randständig betrachtet wurde, bedürfte einer eigenen Untersuchung.

Als ein Grund für die Ausklammerung und Verstellung der
Frage nach dem Mitsein mag aber an dieser Stelle die in Re-
naissance und Reformation entspringende und sich in der Auf-
klärung entfaltende Idee des selbständigen und autonomen
Individuums genannt sein.[3] Denn mit der Entdeckung und
Etablierung der Cartesischen Evidenz des seiner selbst gewissen
Subjektes korreliert unmittelbar der Begriff eines abstrakt ge-
fassten Selbstbewusstseins, dem, wie auch Löwith kritisiert, ein
Gegenstandsbewusstsein und damit ein Bewusstsein der Fremd-
existenz gegenübersteht:

> „Ob dabei das Wesen der selbständigen Subjektivität als das
> ‚sum' des ‚cogitare' (Descartes) oder als ‚reines Bewusstsein'
> (Husserl), als ‚moralische Autonomie' (Kant) oder als ‚Geist'
> (Hegel) oder auch als Existenz des ‚Einzelnen' (Kierkegaard)

begründet wird ist von sekundärer Bedeutung gegenüber dem einheitlichen Ausgang aller dieser Positionen von einem mehr oder minder abstrakt gefassten Selbstbewusstsein, als dessen Korrelat dann ein sogenanntes Gegenstandsbewusstsein fungiert."[4]

Die lebendige Begegnung und Beziehung zwischen Mensch und Mensch wird unter diesem Verdikt von ‚res cogitans' und ‚res extensa' auf den abstrakten Begriff der Subjekt-Objek-Beziehung reduziert, was den Blick auf das dialogische Wesen der Begegnung sowie die fundamentale Beziehungshaftigkeit menschlichen Daseins in zweierlei Weise verstellt:

Zum einen wird das erkennende Subjekt - das ‚ich denke' - und somit das kognitive ‚Ich' in den Vordergrund gerückt und damit gleichsam das wünschende, begehrende, bedürftige und leidenschaftliche Moment des Menschseins zurückgestellt, was einer Ausblendung der vielen implizit auf Mitmenschlichkeit verweisenden Phänomene der Befindlichkeit Vorschub leistet. Auf diese Ausklammerung des ‚Allzumenschlichen' in der idealistischen Philosophie haben uns bereits Nietzsche und Schopenhauer nachhaltig aufmerksam gemacht, allerdings ohne dabei selbst den solipsistischen Standpunkt verlassen zu haben.

Zum anderen wird das ‚Ich', das sich in dem Akt des ‚Ich denke' als seiend vernimmt, als schon immer konstituiert begriffen. Das ‚Ich' als denkendes, später bei Kant als identitätsverbürgendes[5], vernünftiges Bewusstsein erscheint aufgrund der aus seiner Selbstbezüglichkeit gewonnenen Selbstgewissheit in seinem Sein unabhängig, von vorneherein existierend, und auf nichts außerhalb seines Seins angewiesen.

„Mit diesem Ansatz […] wird der ausweisbare Sachverhalt, dass jedes ‚Ich' sich in einer Beziehung zu einem ‚Du' be-

findet, randständig und das noch wichtigere Phänomen aus-
geklammert, dass das ‚Ich' nicht als vernünftiges ‚ich denke'
auf die Welt kommt, sondern in dem (Ich)sein auf eine soziale Beziehung angewiesen ist, ohne die es nicht sein könnte."[6]

Indem menschliches Sein in der Gestalt des Selbstbewusstseins wesenhaft und privilegiert als ‚Selbstverhältnis' verstanden wird, kommt es zur Ausblendung gerade jener Phänomene mitmenschlicher Bezogenheit, die - wie zu zeigen sein wird
- unser Leben in einer Weise bestimmen, dass wir nicht mehr
umhin können, das Wesen des Menschen aus der Mitte seiner
dialogischen Wirklichkeit heraus zu verstehen, das heißt, aus
der seinsstiftenden Begegnung von Ich und Du, einer Begegnung, die sich allerdings nicht abstrakt jenseits von Raum und
Zeit, sondern immer nur innerhalb historisch-gesellschaftlicher
Wirklichkeit realisiert und realisieren muss.

Dieser wesenhaften Begegnung von ‚Ich' und ‚Du' gilt das Interesse der vorliegenden Studie. Die Untersuchung des Phänomens ‚Anerkennung und Nicht-Anerkennung' mag dazu beitra-
gen, jene grundlegende Struktur mitmenschlicher Verfasstheit
zu erhellen, die erstmals Martin Heidegger in seiner ganzen
Tragweite formal richtig angezeigt hat, indem er das ‚Mitsein
und Mitdasein als gleich ursprünglich mit dem Dasein'[7] ansetz-
te. Auch Heideggers Ansatz versucht somit in einem entscheidenden Punkt über das Cartesische Denken hinauszugehen:

> „Mit dem ‚cogito sum' beansprucht Descartes, der Philoso-
> phie einen neuen und sicheren Boden beizustellen. Was er
> aber bei diesem ‚radikalen' Anfang unbestimmt läßt, ist die
> Seinsart der res cogitans, genauer der Seinssinn des ‚sum'."[8]

Eben dies, nämlich den Seins-Sinn des ‚sum' zu erschließen, versucht Heidegger in seiner Existenzialphilosophie.[9] Dabei ist er von der Intention geleitet, den Begriff eines welt- und bezugslosen Subjektes zu überwinden[10], was auch in seiner Bestimmung des menschlichen Daseins als ‚In-der-Welt-sein' zum Ausdruck kommt,

> „Die Klärung des In-der-Welt-seins zeigte, dass nicht zunächst ‚ist' und auch nie gegeben ist ein bloßes Subjekt ohne Welt. Und so ist am Ende ebensowenig zunächst ein isoliertes Ich gegeben ohne die Anderen."[11]

Die Anderen sind ‚je schon im In-der-Welt-sein mit da.' Das Mitsein ist somit als eine menschliches Sein in seiner Seiendheit grundlegend bestimmende existenziale Struktur zu verstehen. Mitsein bedeutet dabei nicht, dass auch andere Menschen im Sinne der Vorhandenheit mit da sind, sondern es bestimmt existenzial das Dasein auch und gerade dann, wenn es ganz allein ist. Denn auch das Alleinsein und das Fehlen des Anderen erhebt sich erst auf dem Boden des Mitseins, welches der Grund der Möglichkeit ist, dass ich den Anderen überhaupt als fehlend erfahren kann. Das Alleinsein ist somit nur ein defizienter Modus des Mitseins. „Dasein", so Heideggers zentrale Feststellung, „ist wesenhaft an ihm selbst Mitsein."[12]

Damit hat Heidegger die Struktur mitmenschlicher Verfasstheit als einer unhintergehbaren und immer schon unmittelbaren Beziehungshaftigkeit formal richtig angezeigt. In der Konkretisierung dieser Bestimmung steht seine Philosophie dann aber ganz im Zeichen der Polarität von Eigentlichkeit und Uneigentlichkeit menschlichen Daseins, einer Polarität, in deren Licht das Mitsein hauptsächlich als das unterschiedslose ‚Man', als Dasein in der ‚Botmäßigkeit der Anderen'[13] in den Blick kommt und somit nur mehr als Verfallensform in Abhebung zum existenziell entschlossenen Selbstsein aufgefasst wird.[14] Auch das Phänomen ‚Anerkennung' hat unter diesem Primat von Eigentlichkeit und Uneigentlichkeit keine oder nur perspektivisch reduzierte Beachtung gefunden, die der großen Bedeutung und Tragweite dieses Phänomens für die mitmenschliche Wirklichkeit nicht gerecht werden kann.

In vorliegender Studie soll aber am konkreten Phänomen Anerkennung und Nicht-Anerkennung die spezifisch menschliche Dimension des ‚Zwischen' entdeckt und erhellt werden. Hierzu werden in erster Linie die thematisch relevanten Überlegungen von Goffman, Sartre und Buber herangezogen, in deren symbolisch-interaktionistischer, existenzphilosophischer und dialogischer Sichtweise der Anerkennungsproblematik zum Teil explizit, immer aber implizit eine entscheidende Bedeutung zukommt.

Ausgehend von Bubers These der ‚Krisis des Zwischen' sowie Adornos und Horkheimers ‚Kritik' an den Folgen der Aufklärung wird abschließend auch die Fragilität der Anerkennungsverhältnisse in der Moderne untersucht, um auch die historisch-gesellschaftlichen Bedingtheiten zu erkennen, innerhalb derer sich mitmenschliche Begegnung jeweilig realisiert.

3. Der symbolisch-interaktionistische, existenzphilosophische und dialogische Aspekt

Es mag im Rahmen dieser philosophischen Dissertation verwundern, dass die Erhellung und Entdeckung der Strukturen mitmenschlichen Zusammenseins ihren Ausgangspunkt gerade von der zutiefst soziologischen Betrachtung Goffmans nehmen soll. Der Grund hierfür ist ein zweifacher: Zum einen ist es unter den Einzelwissenschaften in erster Linie die Soziologie, die es sich bereits in ihrer Methode zu eigen macht, den einzelnen Menschen immer schon aus seiner gesellschaftlichen Ganzheit heraus zu verstehen. Zum anderen, und dies ist der Hauptgrund, hat speziell der Soziologe Erving Goffman in seinen Studien eine Vielzahl von Phänomenen zwischenmenschlicher Interaktion in außergewöhnlich differenzierter Weise beobachtet, beschrieben und gesammelt, was dem phänomenologischen Bemühen um eine wirklichkeitsgerechte Entdeckung des Menschen in seinem konkreten mitmenschlichen Bezogensein entgegenkommt.[15]

Unabhängig davon, ob es sich um ein Fußballspiel, eine unangenehme Begegnung, eine Party oder auch nur um das Verhalten der Fußgänger auf einem belebten Platz handelt, hält Goffman die Situation äußerst detailliert fest, wobei er bisweilen auch Gesprächsfetzen, Räuspern, Denkpausen, Mimik und Gestik aufzeichnet. Darüber hinaus hat Goffman vor allem in seiner Studie mit dem Titel ‚Stigma' eine Vielzahl von Selbstzeugnissen von Personen gesammelt, die selbst in ergreifender Weise über Schwierigkeiten und Chancen im sozialen Umgang mit ihren Mitmenschen berichten.

Die Stärke der Goffmanschen Studien liegt in der Aufmerksamkeit für die Alltäglichkeit des zwischenmenschlichen Umgangs, wobei Alltäglichkeit sich keinesfalls mit Primitivität deckt. Die von Goffman beschriebene Alltäglichkeit ist vielmehr im Sinne Heideggers als ein Seinsmodus des Daseins zu verstehen, „auch dann und gerade dann, wenn sich das Dasein in einer hochentwickelten und differenzierten Kultur bewegt".[16]

Die Dynamik von Anerkennung und Nicht-Anerkennung erfährt durch die von Goffman gesammelten Zeugnisse zweifellos einen ersten konkreten Aufweis, nicht zuletzt deshalb, weil die Identitätsproblematik eben auch aus der Sicht von Stigmatisierten, das heißt in irgendeiner Weise behinderten, beziehungsweise andersartigen Menschen aufgezeigt wird, die in besonderer

Weise mit der leidvollen Erfahrung sozialer Nicht-Anerkennung zu leben gezwungen sind.

Im zweiten Teil der Arbeit soll als Kern der Goffmanschen Vorstellung die Bedeutung des Anerkennungsvorgangs für die Ich-Identität bzw. das menschliche Selbstgefühl aufgezeigt werden. Dies erfolgt durch eine vergleichende Betrachtung und Abgrenzung zu den mehr entwicklungslogischen und normativen Vorstellungen der Ich-Identität, wie sie etwa bei Habermas, Mead und Krappmann zu finden sind. Goffman wird zwar in der Regel zusammen mit diesen Autoren zu den Vertretern des symbolischen Interaktionismus[17] gerechnet und versteht sich auch selbst in dieser Tradition stehend, es wird aber zu zeigen sein, dass er in seinen Ergebnissen ganz aus diesem Rahmen herausfällt, auch wenn er die Grundannahmen des symbolischen Interaktionismus teilt.

Ausgehend von der Annahme, dass sich menschliche Ich-Identität immer erst in zwischenmenschlichen Interaktionen und somit im sozialen Umgang mit anderen Menschen konstituiert, fragen Mead, Habermas und Krappmann, wie diese Interaktionen optimal zu gestalten seien. Auch Goffman geht von der Annahme aus, dass die menschliche Ich-Identität sich erst im sozialen Verkehr herausbildet. Sein Interesse gilt jedoch weniger einem hypothetischen Modell optimaler Interaktionen, als vielmehr den tatsächlichen zwischenmenschlichen Anerkennungsprozessen, in denen sich menschliche Identität verwirklicht.

Hinsichtlich dieser Prozesse kommt er zu dem für die menschliche Existenz wenig schmeichelhaften Ergebnis, dass unser Identitätsgefühl sich nicht nur auf Identifizierung mit unserer Umwelt gründet, sondern allem Anschein nach auch auf Distanzierungen.

Wenn der Mensch aber tatsächlich sein Selbstgefühl einerseits aus seinem ‚So-sein-wie-Andere‘, andererseits aber auch aus seinem ‚Nicht-so-sein-wie-Andere‘ bezieht, kommt es, so Goffman, gleichzeitig zu Identifizierungen wie aber auch zu Distanzierungen. Dieser Dynamik von Anerkennung und Nicht-Anerkennung ist, wie Goffman behauptet, nicht zu entkommen, da es keinen wirklichen Rückzug von der Gesellschaft gibt. Es handelt sich um einen ‚Zwei-Rollen-Prozess‘, an dem wir zwangsweise in beiden Rollen teilnehmen.[18]

Ob diese pessimistische Einschätzung allerdings richtig ist und inwieweit die Dynamik von Anerkennung und Nicht-Anerkennung, wie Goffman in seiner soziologischen Theorie behauptet, tatsächlich als ‚allgemeines Merkmal sozialen Umgangs‘ verstanden werden muss, wird im dritten Teil der Arbeit unter Heranziehung von Sartres Strukturanalyse des ‚Für-Andere-Seins‘ untersucht und auf seine ontologisch-anthropologische Relevanz hin befragt.

Sartres Ansatz eignet es in besonderer Weise, das Verhältnis von Mensch und Mensch als eine fundamentale Bestimmung seines Daseins ins Auge gefasst zu haben. Der Mensch wird nicht mehr als ein isoliertes Objekt begriffen, sondern steht, wie Sartre sagt, von vorneherein in einem unmittelbaren „Seinszusammenhang mit dem Sein Anderer“[19], da dem einzelnen Menschen sein eigenes Sein überhaupt erst im lebendigen Erfahren der Anderen entdeckt wird: „Ich bin das Andere-Erfahren: das ist die Urtatsache“[20]. Ohne die Existenz von Anderen kann, so Sartre, der Mensch nicht einmal zu einer Vorstellung seiner selbst als Selbst gelangen.

Vor allem in seinen phänomenologischen Analysen des ‚Blicks‘ bzw. des ‚Erblickt-Werdens‘ hat Sartre implizit einen Aspekt der Anerkennungsproblematik aufgezeigt, der über Goffmans soziologische Betrachtung hinausführt und anhand eines seiner Dramen konkretisiert und vertieft werden soll.

Eine weitere Annäherung an das Phänomen Anerkennung im

Hinblick auf die Struktur mitmenschlicher Verfasstheit erfolgt im vierten Teil der Untersuchung, in dem der Vorgang der Anerkennung nicht mehr nur als Bewusstseinsphänomen, das heißt nicht nur als Gegenstand kognitiver Erfahrung von Individuen, sondern als aktual sich begebendes ,Erlebnis des Zwischen' ins Auge gefasst wird, wie dies Martin Buber in seiner Philosophie des Dialogs unternimmt.[21]

Der dialogische Ansatz ist für die Erhellung des Anerkennungsvorgangs schon insofern von Bedeutung, als er in der von Buber entworfenen Ontologie im Gegensatz etwa zu Sartre, Habermas, Mead und Goffman, „keine anderen Probleme gibt, die dem Problem des dialogischen Lebens vorgeordnet wären oder es an Tragweite überträfen".[22] Denn, so Buber, der Mensch wird erst am anderen Menschen zu dem, was er ist. Das ,Ich wird erst am Du', alle Wirklichkeit ist ,strömende Gegenseitigkeit'.[23]

Bubers Dialogik bricht unter den Ansätzen der Philosophie des zwanzigsten Jahrhunderts am radikalsten mit der Idee eines weltkonstituierenden Subjektes. Für Buber ist das Ich keine Substanz, die per Definition nichts außerhalb ihrer zur Existenz bedarf, sondern konstituiert sich allererst im Gegenüber zu einem Du.[24] „Der Mensch", so Buber, „schaut […] nach einem Ja des Seindürfens aus, das ihm nur von menschlicher Person zu menschlicher Person werden kann".[25] Das Tier braucht diese Bestätigung nicht, denn es ist, was es ist, unfraglich. „Mensch-mit-Mensch-sein" aber - und hierin zeigt sich Bubers zentrale Einschätzung der Anerkennungsproblematik - „ist dies Zwiefache und eine":

> „Der Wunsch jedes Menschen, als das was er ist, ja was er werden kann, von Menschen bestätigt zu werden, und die dem Menschen eingeborene Fähigkeit, seine Mitmenschen ebenso zu bestätigen."[26]

Ähnlich wie schon bei Sartre kommt dem Anerkennungsphänomen auch in der Buberschen Ontologie eine entscheidende Bedeutung zu. Allerdings unterscheidet sich Bubers Einschätzung des Anerkennungsphänomens in ganz erheblicher Weise von der Sartres, wie anhand eines Vergleiches ihrer Ontologien deutlich zu zeigen sein wird.

Bereits Michael Theunissen hat in seiner umfangreichen Untersuchung ‚Der Andere. Studien zur Sozialontologie der Gegenwart‘ einen solchen Vergleich angestellt und kommt zu dem Ergebnis, dass Bubers Dialogphilosophie sich zwar radikal von dem klassisch transzendentalphilosophischen Ansatz unterscheidet, dem auch Sartre letztlich verpflichtet geblieben ist, insofern Buber gegenüber diesem in seiner ‚Ontologie des Zwischen‘ erstmals den Versuch unternimmt, die zwischenmenschliche Wirklichkeit nicht als Vermittlung und Konstitutionsleistung des Einen oder des Anderen, noch als Summe oder Schnittmenge der beiden zu verstehen, sondern als eine in der Begegnung sich ursprünglich und unmittelbar ereignende Wirklichkeit, die sowohl den Einen, als auch den Anderen allererst aus sich entlässt.

Allerdings, so Theunissens zentrale These, ist Bubers Entdeckung der bislang vernachlässigten ‚Sphäre des Zwischen‘ als rein ‚negative Ontologie‘ zu verstehen, insofern sie letztlich auf die Verneinung und Destruktion des klassisch transzendentalphilosophischen Schemas der Fremdexistenz beschränkt geblieben sei und die von ihr behauptete ursprünglich neue Dimension der ‚zwischenmenschlichen Wirklichkeit‘ ihrerseits nicht positiv ausweisen konnte. In vorliegender Studie soll – ausgehend von Theunissens These – speziell am Phänomen Anerkennung untersucht werden, ob es sich bei der von Buber behaupteten ‚dialogischen Wirklichkeit‘ tatsächlich nur um eine negative und wirklichkeitstranszendierende Anzeige handelt oder ob nicht vielmehr doch die von Buber angezeigte ‚Sphäre des Zwischen‘

tatsächlich als grundlegender und positiv ausweisbarer anthropologischer Tatbestand verstanden werden kann.

Dieser Frage wird zunächst anhand einiger von Buber selbst für seine Ontologie angeführten ontischen Phänomenen nachgegangen. Sodann soll Bubers ontologische Neubestimmung, wonach sich in der zwischenmenschlichen Begegnung eine ursprüngliche, unmittelbare Wirklichkeit konstituiert, die allererst die Bedingung der Möglichkeit menschlicher Existenz stiftet, auch über seine eigenen Ausführungen hinausgehend weiterverfolgt werden.

Seine zentrale These von der seinsstiftenden Kraft mitmenschlicher Beziehung wird unter Heranziehung von verschiedenen ethnologischen, medizinischen und philosophisch-anthropologischen Untersuchungen überprüft, wobei insbesondere die von ihm angesprochene, aber nicht mehr ausgeführte Frage nach der Konstitution von ,Selbst' gestellt werden muss.

An einigen ausgewählten Phänomenen zwischenmenschlicher Anerkennung und Nicht-Anerkennung soll somit die elementare Wichtigkeit der ,dialogischen Beziehung' für das kindliche Sein, aber auch für die Befindlichkeit des erwachsenen Menschen aufgewiesen und auf ihren ontologischen Charakter befragt werden. Die große Bedeutung, die der Anerkennungsproblematik zukommt, soll unter anderem am Phänomen des ,Kafkaesken' aufgewiesen werden, das sicher nicht ohne Grund im 20. Jahrhundert zu einem weithin verstandenen Stimmungsbild geworden ist.

Obgleich Buber in der Beziehungshaftigkeit menschlichen Daseins einen anthropologischen Grundsachverhalt sieht, diagnostiziert er in Hinblick auf die gesamtgeschichtliche Entwicklung ein zunehmendes ,Brachliegen der Beziehungsfähigkeit' des Menschen. Abschließend wird daher entgegen der bisherigen Frage nach der Struktur des Anerkennungsprozesses nach den sich wandelnden historischen und gesellschaftlichen Bedingungen gefragt werden, innerhalb derer sich mitmenschliche Anerkennung realisiert.

Ausgehend von Bubers Gedanken der ‚Krisis des Zwischen‘[27] und Adornos paralleler These der ‚Dialektik der Aufklärung‘ kann an einem Beispiel gezeigt werden, wie die seit der industriellen Revolution mit atemberaubendem Tempo fortschreitende instrumentelle Manipulation der Natur, die Maschinalisierung der Welt sowie die damit einhergehende, an Konkurrenz und Profit orientierte Wirtschaftsweise zu einer Verdinglichung geführt haben, von der auch unser modernes Selbstverständnis nicht unberührt geblieben ist.[28]

Es wird dabei unter anderem zu fragen sein, in welcher Weise auch die mitmenschlichen Beziehungen zum Vexierbild technisch-maschineller Entwicklung generieren und ob nicht auch das moderne naturwissenschaftlich-biologische Selbstverständnis ein zu dieser Entwicklung äquivalentes, gleichwohl gefährliches Bild mitmenschlicher Begegnung entwirft.

1. TEIL:
DIE DYNAMIK VON ANERKENNUNG UND NICHT-ANERKENNUNG IN DER IDENTITÄTSTHEORIE DES SOZIOLOGEN ERVING GOFFMAN

1. Goffmans Arbeitsbegriffe

„Wir machen es auch im Wachen wie im Traume: wir erfinden und erdichten erst den Menschen, mit dem wir verkehren - und vergessen es sofort."[29] Diese bereits von Nietzsche entdeckte menschliche Eigenart nimmt auch Goffman zum Ausgangspunkt seiner Untersuchungen, indem er feststellt, dass die Menschen bewusst - meistens aber unbewusst - bei jeder kleinen Begegnung Antizipationen von ihren Mitmenschen machen, das heißt, ihnen bestimmte normative Erwartungshaltungen entgegenbringen.

> „Wenn ein Fremder uns vor Augen tritt, dürfte uns der erste Anblick befähigen, seine Kategorie und seine Eigenschaften, seine ‚soziale Identität' zu antizipieren [...]. Wir stützen uns auf diese Antizipationen, die wir haben, indem wir sie in normative Erwartungen umwandeln, in rechtmäßig gestellte Anforderungen."[30]

Goffman nennt diese an ein Individuum herangetragenen Identitätsannahmen (z.B. Ehrenhaftigkeit) dessen virtuale soziale Identität. Die aktuale soziale Identität ist im Gegensatz dazu diejenige, welche auf die Kategorie und die Attribute zurückzuführen ist, die das Individuum tatsächlich hat. So hat beispielsweise ein Homosexueller, der vor der Verwandtschaft eine

Freundin erfindet, eine aktual andere soziale Identität, als er vorgibt und als virtual von ihm erwartet wird. Neben Heterosexualität wird beispielsweise in bürgerlichen Kreisen oft auch Ehrenhaftigkeit, kulturelles Interesse, Bildung und Arbeitsamkeit antizipiert. Aber auch in Verbrecherkreisen werden Antizipationen gemacht, wie die folgende Aussage eines Berufsverbrechers vermuten lässt, der sich offensichtlich schämt, von seinen Kollegen dabei ertappt zu werden, etwas in seinen Kreisen virtual Geringgeschätztes bzw. Verachtungswürdiges zu unternehmen:

> „Ich kann mich an mehr als eine Gelegenheit von früher erinnern, zum Beispiel, wenn ich in eine öffentliche Bücherei in der Nähe meiner Wohnung ging, dass ich einige Male über meine Schulter zurückblickte, bevor ich tatsächlich hineinging, nur um ganz sicher zu sein, dass keiner, der mich kannte, irgendwo herumstand und mich dabei sah."[31]

Die spontan vorgenommenen Annahmen und ihre Überprüfung gehören zur Routine sozialen Verkehrs und kennzeichnen nach Goffman jede zentrierte Interaktion. Die gemeinsame Situationsdefinition ist meist im Augenblick der Begegnung durch routinemäßige Annahmen a priori gegeben und wird dann nur noch verfeinert. So liegen zum Beispiel bei Begegnungen einer Person X mit Kollegen, Polizisten, mit der Freundin, früheren Klassenkameraden, Prostituierten, Pateifreunden […] jedes Mal andere, aber doch klar definierte Rahmen des Interaktionsspielraums vor. Ist dies nicht der Fall, wird versucht, den Unsicherheitsfaktor hinsichtlich des Verhaltens der anderen durch Kategorisierungsfragen sofort zu tilgen. Treffen sich zum Beispiel zwei Menschen, die sich länger nicht gesehen haben, so orten sie sich zumeist gegenseitig zu Beginn der Interaktion durch Fragen wie: ‚Wie geht's? Was machst du so? Noch immer der Alte?', um die Gültigkeit der früheren Interaktionsebene vorsichtig abzutasten. Die vorher bestehende Unsicherheit und Spannung bedingt die meist witzelnde Art.[32] Die bisweilen an Skurrilität grenzende Zwanghaftigkeit dieses alltäglichen Mechanismus scheint auch Bertolt Brecht aufgefallen zu sein.

> „Wenn Herr K. einen Menschen liebte.-.,Was tun Sie', wurde Herr K. gefragt, ,wenn Sie einen Menschen lieben?' ,Ich mache einen Entwurf von ihm', sagte Herr K. ,Und sorge, dass er ihm ähnlich wird.' ,Wer? Der Entwurf?' ,Nein', sagte Herr K., ,der Mensch'."[33]

> „Das Wiedersehen. - Ein Mann, der Herr K. lange nicht gesehen hatte, begrüßte ihn mit den Worten: Sie ,haben sich gar nicht verändert'. ,Oh!', sagte Herr K. und erbleichte."[34]

Die Festlegung von Interaktionsrahmen und Ebene erzeugt aber nach Goffman keineswegs immer Spannungen. In allen Fällen nämlich, wo die Situationsdefinition durch die virtualen Antizipationen mit den real empfundenen Identitäten der Beteiligten zusammenfällt, kann es sogar zur Euphorie kommen. „Die Welt, die aus den Objekten unseres spontanen Engagements besteht, und die Welt, die durch die Transformationsregeln der Begegnung gebildet wird, können kongruent sein [...]. Unter solchen Umständen wird das, was das Individuum beachten muss, und die Art, in der es verpflichtet ist wahrzunehmen, was um es ist, mit dem zusammenfallen, was durch die natürliche Neigung seiner spontanen Aufmerksamkeit für es real werden kann und das auch wirklich ist. Wo diese Art von Übereinstimmung existiert, nehme ich [...] an, dass sich die Teilnehmer behaglich und natürlich fühlen."[35] Häufig aber, so Goffman, wird eine mehr oder weniger große ,Disphorie' oder Spannung entstehen und zwar in dem Grad, in dem ein Individuum sich verpflichtet fühlt, Transformationsregeln aufrecht zu erhalten, die mit der Welt, in der es leben muss, nicht vereinbar sind.

> „Wenn die Witze über ‚Verkehrte' gerissen wurden, musste ich mit den übrigen lachen, und wenn das Gespräch auf Frauen kam, musste ich Eroberungen von mir erfinden. Ich hasste mich in solchen Momenten, aber es schien nichts anderes zu geben, das ich hätte tun können."[36]

Im Unterschied zur aktualen und virtualen sozialen Identität versteht Goffman unter Ich-Identität das subjektive Empfinden seiner eigenen Situation, seiner Kontinuität und Eigenart. Während die soziale Identität aus Definitionen und Einordnungen anderer Personen hinsichtlich des Individuums erwächst, ist die Ich-Identität subjektiv und entzieht sich der Einsicht der Anderen. Die virtuale soziale Identität und das daraus sich ergebende Vorhandensein einer Euphorie oder Disphorie ist aber für Goffman ein wesentlicher Aspekt der Ich-Identität.[37]

So hält Goffman das Vorhandensein einer Sympathie, einer emphatischen Aufnahme und somit letztlich die Anerkennung, die einem Menschen von einem anderen entgegengebracht wird, für ausschlaggebend für dessen Wohlbefinden, dessen Selbstwertgefühl und damit letztlich dessen Ich-Identität. Wie wichtig diese Akzeptierung für die Ich-Identität ist, zeigt Goffman an zahlreichen Beispielen von menschlichen Schicksalen, denen eine volle Anerkennung verweigert wird und die sich dennoch verzweifelt um eine solche bemühen. Derart in die Enge getriebene Menschen können z.B. in irgendeiner Weise stigmatisiert sein.[38] Stigma wird dabei von Goffman verstanden als jede Eigenschaft eines Individuums, die es in unerwünschter Weise anders erscheinen lässt, als es von den ‚Normalen' antizipiert wurde.[39] Normale nennt Goffman alle diejenigen, die von den jeweils in Frage kommenden Erwartungen nicht negativ abweichen.

Ein Stigma wird meist anhand eines Attributes bzw. einer Eigenschaft eines Individuums sichtbar, wobei der Stigma-Effekt sich nicht aus dieser Eigenschaft selbst herleitet, sondern, wie gesagt, aus dem Maß der Abweichung dieser Eigenschaft von einem Stereotyp. In verschiedenen Gesellschaften kann nämlich ein und dieselbe Eigenschaft kreditierend oder diskreditierend sein. Man kann laut Goffman prinzipiell drei Arten von Stigma unterscheiden: Physische Deformationen (z.B. Verkrüppelung), Charakterfehler (z.B. Willensschwäche, Unehrenhaftigkeit) und phylogenetische Stigmata (z.B. Rasse, Geschlecht, Religion).

2. Haltungen Normaler gegenüber Stigmatisierten

Die Verweigerung der vollen sozialen Integration von Stigmatisierten kommt, so Goffman, an den Haltungen von Normalen gegenüber Stigmatisierten klar zum Ausdruck. Oft wird eine Person mit einem Stigma als nicht ganz menschlich angesehen. Man tendiert dazu, eine lange Kette von Unvollkommenheiten auf der Basis der ursprünglich einen zu unterstellen und zur gleichen Zeit einige unerwünschte Eigenschaften anzudichten, oft von übernatürlicher Färbung, wie zum Beispiel ‚sechster Sinn' oder ‚Intuition'.[40]

> „Einige können davor zurückscheuen, einen Blinden zu berühren oder zu führen, während für andere das wahrgenommene Unvermögen zu sehen zu einer ‚Gestalt' von Unfähigkeit verallgemeinert werden kann, so dass das Individuum die Blinden anschreit, als wären sie taub, oder versucht sie

zu stützen, als wären sie verkrüppelt. Die mit Blinden umgehen [...] glauben sich zum Beispiel einer geheimnisvollen
Beurteilung unterworfen, indem sie voraussetzen, das blinde
Individuum verfüge über besondere Informationskanäle, die
anderen nicht zugänglich sind."[41]

Die angenommene Inferiorität des Stigmatisierten manifes-
tiert sich auch sprachlich in diskriminierenden Ausdrücken wie
zum Beispiel: Krüppel, Bastard, Nigger etc. Die Folgen dieser
Haltungen sind Scham und quälender Konflikt zwischen Ich-
Ideal und Ich auf Seiten der Betroffenen, wie die Erzählung
einer im Gesicht entstellten Frau verdeutlicht:

„Ich sah in den Spiegel und war von Grauen gepackt, denn
ich erkannte mich selbst nicht. [...] Ich fühlte mich, als hätte
es mit mir nichts zu tun; es war nur eine Verkleidung. Aber
es war nicht die Art Verkleidung, die [...] freiwillig angelegt
wird, in der Absicht, andere Menschen hinsichtlich der eigenen Identität zu verwirren. Meine Verkleidung wurde mir
ohne meine Einwilligung oder mein Wissen angelegt [...]
und ich selbst war dadurch verwirrt hinsichtlich meiner eigenen Identität. [...] Jede dieser Begegnungen (mit dem Spie-
gelbild) war wie ein Schlag auf den Kopf. Sie ließen mich
jedes Mal verwirrt und sprachlos [...] zurück, bis langsam
und hartnäckig meine robuste, beharrliche Illusion, ganz in
Ordnung und von persönlicher Schönheit zu sein, sich in
mir wieder ganz und gar ausbreitete und ich die irrelevan-
te Realität vergaß und wieder ganz unvorbereitet und ver-
wundbar war."[42]

An den Worten dieser Frau erkennt man nicht nur, wie wichtig
das ‚Ganz in Ordnung sein‘ beziehungsweise das ‚Normal sein‘

26

für die Ich-Identität ist, sondern auch, dass diese Antizipation nicht bloß von den anderen an sie gestellt wird, sondern auch von ihr selbst an sich gerichtet ist.[43]

3. Strategien Stigmatisierter gegenüber Normalen

a) Korrigieren, Verstecken, Entgegenkommen

Je nach Art des Stigmas, ob es sich um ein offenliegendes, jedermann sichtbares, oder um ein äußerlich nicht auffallendes Stigma handelt, entwickeln die Betroffenen unterschiedliche Strategien, deren einfachste natürlich die Korrektur des Fehlers ist. Das Bedürfnis, seine Mankos loszuwerden, wird auch von der Industrie rücksichtslos ausgenützt, die für jedes Stigma eine ganze Palette von. Wunderheilmitteln anbietet: Hautbleichmittel für Farbige, Busenvergrößerungs- oder Straffungsmittel, Haarwuchsmittel, jugenderhaltende und verjüngende Mittel,[44] magische Öle und andere Allheilmittel gegen eigentlich unheilbare Taubheit.

Ist die Korrektur nicht möglich, wird versteckt: Narben werden verdeckt, der Gefängnisaufenthalt des Vaters wird als Reise oder Urlaub erklärt, Hörgeräte werden unterm Haar versteckt, Augenverletzte tragen dunkle Sonnenbrillen.

Wenn auch die Möglichkeit des Versteckens entfällt, etwa bei einem auffällig diskreditierenden Stigma, bleibt dem betroffenen Individuum oft nur übrig, sein Stigma ‚so gut wie möglich zu verkaufen‘. Dieses ‚Sichbekennen zu einem Stigma‘ wird aber nur als äußerste Position eingenommen, denn die Unsicherheit, beim Verstecken diskreditiert zu werden (Spannung), ist immer noch erträglicher als die Unsicherheit und Furcht, des bereits Diskreditierten, nicht mehr ‚für voll genommen‘ und nicht mehr als normales menschliches Wesen anerkannt zu werden.

„Die Inferioritätsbewusstheit bedeutet, dass man unfähig ist, aus dem Bewusstsein die Formulierung eines chronischen Gefühls der schlimmsten Sorte von Unsicherheit herauszuhalten. […] Die Furcht einer Person, dass andere sie wegen etwas, das sich an ihr zeigt, missachten könnten, bedeutet, dass sie in ihrem Kontakt mit anderen Menschen immer unsicher ist; und diese Unsicherheit entsteht […] aus etwas, von dem sie weiß, dass sie es nicht in Ordnung bringen kann. Dies repräsentiert nun fast einen Schicksalsmangel des Ich-Systems, da ja das Ich unfähig ist, eine Formulierung zu verbergen, die lautet: ‚Ich bin inferior'.[45]

Die Statusunsicherheit, das Nicht-Wissen, ob es gerade voll akzeptiert wird oder inferior eingestuft, bleibt beim stigmatisierten Individuum meist auch dann bestehen, wenn die Platzierung günstig ist, da es vermuten muss, dass es sich bei der vollen Akzeptierung nur um Höflichkeit handelt, die anderen es innerlich aber doch nach seinem Stigma definieren. Und tatsächlich ist dies oft der Fall. Die Scheinakzeptierung kommt in ihrer ganzen Skurrilität etwa dann zum Ausdruck, wenn die Normalen Behinderte bzw. sozial Stigmatisierte ob einer ganz alltäglichen Kleinigkeit wegen loben, die sie bei jedem Normalen als Selbstverständlichkeit unbeachtet ließen. Ein Insasse einer Strafvollzugsanstalt berichtet über folgende Interaktion mit dem Gefängnisbibliothekar:

„Wissen Sie, es ist erstaunlich, dass Sie Bücher wie dieses lesen, ich bin verblüfft, ja wirklich. Ich hätte gedacht, Sie würden Taschenkrimis lesen, Dinge mit knalligen Umschlägen, solche Bücher eben. Und hier finde ich Sie mit Claud Cockburn, Hugh Clare, Simone de Beauvoir und Lawrence Durell!‘ Wissen Sie, er hielt das überhaupt nicht für eine beleidigende Bemerkung: Ich glaube, er hielt es wirklich für anständig von sich, dass er mir erzählte, wie sehr er sich geirrt habe. Und das ist genau die Art, wie man von rechtschaffenen Menschen gönnerhaft behandelt wird, wenn man ein Krimineller ist, ‚Es ist komisch‘, sagen sie, ‚in mancher Hinsicht sind Sie genau wie ein menschliches Wesen!‘ Im Ernst, ich kriege dann Lust, ihnen den Hals umzudrehen.“[46]

Es wird also trotz der scheinbaren Akzeptierung und Anerkennung ‚mit zweierlei Maßstab gemessen‘, wobei an den Stigmatisierten - ähnlich wie an ein Kind - von vorne herein, aufgrund der antizipierten Inferiorität, ein niedrigerer Anspruch gestellt wird. Eine weitere Illustration der Aufdringlichkeit solcher inferioren Einschätzungen gibt ein einarmiges Mädchen:

„Immer, wenn ich hinfiel, schwärmten sofort die Frauen herdengleich aus, gluckend und aufgeregt wie ein Haufen beraubter Hühnermütter. […] Zu jener Zeit ärgerte ich mich […]. Weil sie annahmen, dass keine der Routinegefahren beim Rollschuhlaufen - kein Stock oder Stein - meine fliegenden Räder umstürzte. Es war eine ausgemachte Sache, dass ich stürzte, weil ich ein armer hilfloser Krüppel war.“[47]

Ähnlich berichtet ein einbeiniges Mädchen:

„Nicht eine von ihnen schrie schimpfend, ‚dieses gefährliche Pferd warf sie ab!‘ - was es, Gott vergeb’s, regelrecht tat. […] Alle diese guten Menschen wehklagten im Chor: ‚Das arme, arme Mädchen ist heruntergefallen!‘“[48]

Goffman berichtet noch von vielen weiteren Interaktionen, die es verständlich machen sollen, warum Behinderte so allergisch auf Mitleidsbekundungen reagieren, da sie diese meist in Nietzsches Sinne zu interpretieren gezwungen sind:

> „Mitleiden äußern wird als Zeichen der Verachtung empfunden, weil man ersichtlich aufgehört hat, ein Gegenstand der Furcht zu sein, sobald Einem Mitleiden erwiesen wird. Man ist unter das Niveau des Gleichgewichts hinabgesunken, während schon jenes der menschlichen Eitelkeit nicht genug thut, sondern erst das Hervorragen und Furchteinflößen der Seele das Erwünschteste aller Gefühle giebt. Deshalb ist es ein Problem, wie die Schätzung des Mitleids aufgekommen ist, ebenso, wie erklärt werden muss, warum jetzt der Uneigennützige gelobt wird: ursprünglich wird er verachtet oder als tückisch gefürchtet."[49]

Die vom Mitleiden ausgehende Anmaßung wird von Stigmatisierten bisweilen mutig bloßgestellt:

> „Die Fragen darüber, wie ich mein Bein verlor, ärgerten mich immer, so entwickelte ich eine stehende Antwort, die diese Leute davon abhielt, noch weiter zu fragen: ‚Ich habe mein Bein im Pfandhaus versetzen müssen, als ich knapp bei Kasse war.'"

Ein anderes Mädchen berichtet über eine ähnliche Strategie, um unliebsame Interaktionen abzubrechen: „Mein armes Mädchen, wie ich sehe, haben Sie Ihr Bein verloren.' Für den Betroffenen ist das die Gelegenheit: „Wie unachtsam von mir!"[50]

Ein weiteres Zeugnis für die Hartnäckigkeit virtualer Anforderungen gibt ein Lilliputaner. Da er als ‚Zwerg' der normativen Anforderung viriler Körpergröße nicht genügt, wird er sofort einer inferioren Kategorie zugeordnet, und damit werden wiederum inferiore Verhaltensweisen antizipiert:

> „Ich lernte auch, dass ein Krüppel sorgfältig darauf achten muss, nicht anders zu handeln, als die Leute es von ihm erwarten. Vor allem erwarten sie von dem Krüppel, dass er verkrüppelt ist; dass er [...] gemessen an ihnen inferior ist; und sie werden argwöhnisch und unsicher werden, wenn der Krüppel hinter diesen Erwartungen zurückbleibt. Es ist ziemlich befremdlich, aber der Krüppel muss die Rolle des Krüppels spielen, gerade so, wie viele Frauen das sein müssen, was Männer von ihnen erwarten, halt Frauen; und die Neger müssen vor der ‚überlegenen‘ weißen Rasse oft wie Clowns agieren, auf dass der weiße Mann sich nicht vor seinem schwarzen Bruder fürchte."[51]

Goffman zeigt nicht nur an diesem Beispiel, dass es den Normalen offensichtlich unangenehm ist, wenn ein stigmatisiertes Individuum seine virtual inferiore Kategorie verlässt oder, um es mit Nietzsche zu sagen: „Wenn wir über Jemanden umlernen müssen, so rechnen wir ihm die Unbequemlichkeit hart an, die er uns damit macht."[52]

Manche stigmatisierten Individuen geben dem virtualen Erwartungsdruck dann auch tatsächlich nach und richten ihre aktuale Identität danach aus. So fügen viele Liliputaner der Kleinheit (Kindergröße) die ohnehin antizipierte kindliche Tollpatschigkeit, Ungeschicktheit und Naivität hinzu und verdienen ihren Lebensunterhalt als Clowns. (Vgl. auch die soziale Akzeptierung des Hofnarren im Mittelalter.) Auch wird ein herumsitzender einbeiniger Bettler, der damit die antizipierte inferiore Rolle einnimmt, oft eher akzeptiert und stößt auf weniger Widerstand als etwa ein behinderter Geschäftsmann, der selbstbewusst in einer Diskothek mit einer sehr gut aussehenden Partnerin eine Mimikry des Tanzens aufführt oder ein Café betritt:

> „Aber die Leute erwarten von Dir nicht nur, dass Du Deine Rolle spielst; sie erwarten von Dir auch, dass Du Deinen Platz kennst. Ich erinnere mich zum Beispiel an einen Mann in einem Gartenrestaurant in Oslo. Er war sehr verkrüppelt, und er hatte seinen Rollstuhl verlassen, um eine ziemlich steile Treppe zur Terrasse, wo die Tische waren, hinaufzusteigen. Weil er seine Beine nicht gebrauchen konnte, musste er auf den Knien kriechen, und als er anfing, die Stufen auf diese unkonventionelle Weise zu ersteigen, stürzten die Kellner ihm entgegen, nicht um ihm zu helfen, sondern um ihm zu sagen, dass sie einen Mann wie ihn in diesem Restaurant nicht bedienen könnten, da die Leute es besuchten, um sich [...] zu amüsieren, und nicht, um durch den Anblick von Krüppeln deprimiert zu werden."[53]

Um der inferioren Antizipation und damit der ungleichen Anerkennung zu entgehen, ohne ihr zu entsprechen und sich mit der Nicht-Anerkennung abzufinden, gibt es noch die Möglichkeit, den normativen Rahmen ganz zu verlassen. Das heißt z.B. mit anderen aktual ähnlich Stigmatisierten eine eigene Gruppe mit eigenen Normen zu gründen, unabhängig von der Gesamtgesellschaft. „Dies", so Goffman „ist freilich für beide, Gesellschaft und Individuum, eine teure Lösung, selbst wenn es eine ist, die in kleinem Ausmaß fortwährend geschieht."[54] Es gibt Altersheime, Behindertenzentren und Ausländerviertel. Diese Lösung, deren Wünschbarkeit ohnehin in Frage steht, bleibt aber den meisten Stigmatisierten verschlossen, und sie stehen in dem Dilemma, dass sie sich einerseits den gesamtgesellschaftlichen Normen verpflichtet fühlen und sich um deren volle Akzeptierung bemühen, zum anderen aber auch immer die Zugehörigkeit zu ihrer inferioren Gruppe vor Augen gehalten bekommen, mit der sie sich aber auch nicht identifizieren können. Die Identifikation, die sie wollen, bekommen sie nicht; diejenige, die sie haben können, wollen sie nicht, beziehungsweise können sie nicht wollen. (Ich-Ideal!)

Es ist bemerkenswert, so Goffman, und zeugt für die große Bedeutung des ‚verallgemeinerten Anderen‘, dass die Gesellschaft sich auf jene, die am wenigsten als normale Mitglieder akzeptiert werden und die durch den Genuss leichten sozialen Umgangs mit den anderen am wenigsten entlohnt werden, verlassen kann in Bezug auf ihren loyalen Beitrag zur Aufrechterhaltung gesellschaftlicher Normen. „So vollständig ist die Herleitung des Individuums von der Gesellschaft.“[55] Je mehr das stigmatisierte Individuum von der Norm abweicht, umso intensiver muss es den Besitz des subjektiven Standard-Ichs anmelden, wenn es andere überzeugen soll, dass es dieses besitzt.[56]

b) Professionelle Lösungen

Was können aber nun solche Menschen tun, um eine Ich-Identität aufzubauen, die sie vor sich selbst akzeptieren können, die ihrer aktualen Situation kohärent ist und die gesellschaftlich akklamiert und gestützt wird? Für die Schwierigkeiten, die in gemischten Situationen mit Normalen und Stigmatisierten entstehen, gibt es laut Goffman eine Reihe von professionellen Lösungen und Verhaltensrichtlinien, die von Seiten der Behindertenorganisationen und Selbsthilfegruppen empfohlen werden.

So soll das Individuum keine überflüssige Theatralisierung betreiben, also nicht um Mitleid betteln und penetrant auf sein Stigma hinweisen. Es soll aber auf keinen Fall seine Andersartigkeit leugnen und so tun, als wäre es ganz normal, indem es z.B. gewisse Fertigkeiten erwirbt, die man ihm nicht zutrauen würde. Es soll sich seines Gebrechens nicht schämen, noch soll es dieses verstecken. Des Weiteren empfiehlt man ihm weder Bitterkeit und Groll, noch Selbstmitleid zu fühlen, sondern eine heitere, ergebene Art zu kultivieren; Normale haben ja schließlich auch ihre Sorgen.

Deshalb muss den Normalen auch im Umgang mit Stigmatisierten geholfen werden: Taktlose Bemerkungen von Normalen sollten, so der Ratschlag der Behindertenorganisationen, nicht in gleicher Weise beantwortet werden, ‚Taktvoll umerziehen‘ nennen die Professionellen die empfohlene Methode, dem Normalen mit Feingefühl und Gelassenheit zu zeigen, dass das stigmatisierte Individuum trotz allem Anschein ein vollkommen menschliches Wesen ist. Die Person, die ein Stigma trägt, sollte beim Reduzieren der Spannung hilfreich sein, indem sie zeigt, dass sie ihren Zustand spielend leicht hinnimmt, beispielsweise mit sogenannten Eisbrecher-Witzen (Witzen über das eigene Stigma). Um die Spannung zu lösen, kann man das Stigma aber auch als Gegenstand ernsthafter Unterhaltung einführen, damit es nicht länger Gegenstand unterdrückter Beachtung sein muss. Bei starken Verunstaltungen soll sich die Person auch nicht gleich zu stark in den Vordergrund drängen, sondern den Normalen erst einmal Zeit lassen, sich zu fassen. Und schließlich müssen auch Bemühungen Normaler, dem Stigmatisierten zu helfen, als willkommen angesehen werden, auch wenn diese noch so sehr als Anmaßung empfunden werden.

Das Fazit dieser professionellen Ratschläge ist, so Goffman, ein äußerst seltsames: Das stigmatisierte Individuum soll sich um dessentwillen akzeptieren, was andere während der Interaktion mit ihm gewinnen können und damit sekundär vielleicht auch es selbst.

„Selbst wenn dem stigmatisierten Individuum gesagt wird, dass es ein menschliches Wesen wie jedes andere sei, wird ihm damit gesagt, dass es unweise wäre, zu täuschen oder ‚seine‘ Gruppe fallen zu lassen. Kurzum, es wird ihm gesagt, dass es wie jeder andere ist und dass es dies nicht ist - wenngleich es unter den Sprechern wenig Übereinstimmung darüber gibt, wieviel es von jedem für sich beanspruchen sollte. Dieser Widerspruch und Witz ist sein Schicksal und seine Bestimmung.“[57]

4. Die Ubiquität von ‚Normal‘ und ‚Abweichend‘

Der Grund, warum von den Stigmatisierten ein solch groteskes Identitätsmanagement verlangt wird, ist - so folgert Goffman - die Schonung der Ich-Identität der Normalen. Anscheinend definieren sich Normale in einer Weise selbst, die es nicht zulässt, dass andere sich ebenso definieren, außer sie erfüllen dieselben Normen. Es scheint also auch ein wesentlicher Aspekt der Ich-Identität zu sein, sich von anderen zu unterscheiden, sich als Wesen auch durch ein ‚Nicht so Sein‘ zu verstehen. Die eigenen Identitätsempfindungen gründen sich damit nicht nur auf die Identifizierung des Ichs mit den Anderen und der Integration des Ichs in der Gesellschaft, sondern gleichzeitig auch auf Unterscheidungen und Abhebungen von Personengruppen beziehungsweise Kategorien. Das Erfüllen einer Norm bedeutet in der Praxis ja auch automatisch das Abheben von denjenigen, die sie nicht erfüllen. An die fatale Konsequenz, die diese Identitätspflege der ‚Normalen‘ (Norm-Erfüller) für die Nicht-Norm-Erfüller hat, wollen erstere natürlich nicht erinnert werden, um sich nicht die Begrenztheit ihres Takts und ihrer Toleranz eingestehen zu müssen. So ist auch die Forderung zu verstehen, der stigmatisierte Mensch solle sich heiter und unbefangen als den Normalen wesentlich gleich akzeptieren, zur gleichen Zeit aber jede Situation vermeiden, in der es Normale schwierig finden würden, das Lippenbekenntnis abzulegen, sie akzeptieren ihn gleichermaßen.[58] Goffman vermutet weiter, dass die Rolle ‚Normal' und die Rolle ‚Stigmatisiert' Teile des gleichen Komplexes sind, Zuschnitte des gleichen Standardstoffes:

> „Und zweitens kann man voraussetzen, dass der Stigmatisierte und der Normale die gleiche mentale Ausrüstung haben, und dass dies in unserer Gesellschaft notwendig die Standardausrüstung ist; derjenige, der eine dieser Rollen spielen kann, hat also genau die erforderliche Ausstattung, die andere zu spielen […]. Am allerwichtigsten aber ist, dass die bloße Vorstellung beschämender Andersartigkeit im Hinblick auf einen entscheidenden Glauben, den Identitätsglauben, eine Gleichheit voraussetzt."[59]

5. Stigmamanagement und Identitätsmanagement

Aufgrund dieser Gleichheit ist das Stigmamanagement als ein allgemeiner Bestandteil von Gesellschaft zu verstehen, als ein Prozess, der überall auftritt, wo immer es Identitätsnormen gibt. „Dass es allerdings jedermanns - und nicht nur des wirklich Stigmatisierten - Aufgabe ist, sich entschuldigend von dem zu distanzieren, was man am gesellschaftlichen Ideal gemessen nicht ist, ist die Pointe von Goffmans Analyse."[60]
Denn, so Goffman, „selbst der am meisten vom Glück begünstigte Normale hat wahrscheinlich einen halbversteckten Fehler,

und für jeden kleinen Fehler gibt es eine soziale Gelegenheit, bei der er ein drohendes Aussehen annehmen kann und so eine schmachvolle Kluft zwischen virtualer und aktualer sozialer Identität schafft."[61]

> „Während außerdem einige dieser Normen, wie z.B. Sehvermögen und Bildung, mit vollständiger Adäquanz von den meisten Personen in der Gesellschaft gemeinhin aufrechterhalten werden können, gibt es andere Normen, wie z.B. jene, die mit physischer Schönheit assoziiert sind, die die Form von Idealen annehmen und Standards konstituieren, hinter denen fast jeder in irgendeinem Abschnitt seines Lebens zurückbleibt [...]. Zum Beispiel gibt es in einem gewichtigen Sinn nur ein vollständig ungeniertes und akzeptables männliches Wesen in Amerika: ein junger, verheirateter, städtischer, weißer, nordstaatlicher, heterosexueller, protestantischer Vater mit Collegebildung, vollbeschäftigt, von gutem Aussehen, normal in Gewicht und Größe und mit Erfolgen im Sport [...]. Jeder Mann, der in einem dieser Punkte versagt, neigt dazu, sich - wenigstens augenblicksweise - für unwert, unvollkommen und inferior zu halten."[62]

Somit bilden Diskreditierte und vorübergehend Diskreditierbare ein einziges Kontinuum. Die Individuen sind aufgrund gleicher mentaler Ausstattung und der gleichen Art des Identitätsmanagements fähig, in dem ‚Drama: normal/abweichend‘[63] beide Rollen zu spielen.

Goffmans zentrale These und Schlussfolgerung lautet somit, dass die Dynamik von Anerkennung und Nicht-Anerkennung als ein allgemeines Merkmal sozialen Lebens verstanden werden muss, als ein durchgehender Zwei-Rollen-Prozess, an dem jedes Individuum in beiden Rollen partizipiert.

6. Identität und Selbstinszenierung im Alltag

Diese These, dass die Dynamik von Anerkennung und Nicht-Anerkennung ein allgemeines Merkmal sozialen Lebens ist, dass aufgrund des Identitätsglaubens die Selbstinszenierung immer von dieser Dynamik geprägt ist, dass die Menschen die Selbstinszenierung ständig anhand von virtualen Normen durch Identifizierungen und Distanzierungen vornehmen, dass sie dabei immer auf den gleichen Satz von Stigma-Managements und Strategien zurückgreifen, diese These wiederholt Goffman hartnäckig in zahlreichen Studien. So beschreibt er bereits in seinem Erstlingswerk mit dem bezeichnenden Titel: ,Wir alle spielen Theater - Die Selbstinszenierung im Alltag', genau den Vorgang des Identitätsmanagements unter dem Gesichtspunkt der Rolle, die sich je nach Rahmenbedingungen chamäleonartig verändert. Dies macht er auch bereits mit der ihm eigenen Ironie, nur dass er sich hier noch auf Interaktionen von ,Normalen' mit ,Normalen' beschränkt:

> „Wir wissen, dass im Dienstleistungsgewerbe Menschen, die sonst aufrichtig sind, gelegentlich gezwungen werden, ihre Kunden zu täuschen, weil diese ein tiefes Bedürfnis danach äußern. Der Arzt, der sich veranlasst sieht, harmlos unwirksame Mittel zu verschreiben, der Tankwart, der resigniert immer wieder den Reifendruck einer überängstlichen Fahrerin prüft, der Schuhverkäufer, der einen passenden Schuh verkauft, aber der Kundin die falsche Schuhnummer nennt - sie alle sind zynische Darsteller, denen ihr Publikum nicht gestattet, aufrichtig zu sein. Anscheinend führen mitfühlende Patienten in Nervenheilanstalten gelegentlich übersteigerte Phänomene vor, um die Schwesternschülerinnen nicht zu enttäuschen."[64]

Der Mensch, so Goffman, besitzt so viele soziale Persönlichkeiten, wie es getrennte Personengruppen gibt, an deren Meinung ihm gelegen ist. Im Allgemeinen zeigt er jeder dieser einzelnen Gruppen eine andere Seite seiner selbst. Mancher Jugendliche, der sich vor seinen Eltern und Lehrern bescheiden genug gibt, prahlt und flucht vor seinen raubeinigen Freunden wie ein Seeräuber.

Die inhaltlichen Ausführungen in der Studie ‚Wir alle spielen Theater' erinnern an die rhetorische Frage von Nietzsche: „Wer hat nicht für seinen guten Ruf schon einmal - sich selbst geopfert?"[65] Nur mit dem Unterschied, dass für Goffman auch dieses Selbst, welches beispielsweise in einer Interaktion geopfert bzw. verleugnet wird, natürlich auch wieder nur ein in und aus sozialen Interaktionen gewachsenes und generiertes ist.

7. Identität und Rollendistanz

In einer eigenen Studie behandelt Goffman das Phänomen Rollendistanz.[66] Er weist darauf hin, dass bisweilen von den Menschen ein leicht abweichendes Verhalten gezeigt wird bezüglich der sie betreffenden virtualen Identitätsnorm. Dies geschieht nach Goffman, um seine eigene Individualität zu demonstrieren und um den heute allgemein verlangten persönlichen Stil zu kultivieren. So findet man bei Studenten bisweilen ein an Apotheose grenzendes Engagement für die Arbeiterschaft, Justizbeamte machen sich über das Recht lustig, Polizisten prahlen vor Freunden mit Geschwindigkeitsübertretungen.

In Bezug auf die persönliche Berufskategorie wird eine gewisse Rollendistanz hinsichtlich der von ihr provozierten Antizipation bereits wieder antizipiert. Somit ist auch die Rollendistanz nur als ‚normale Abweichung' zu verstehen, als gewöhnliche Strategie des Identitätsmanagements.

8. Identität und Spaß am Spiel

Abschließend soll noch kurz die Studie ‚Spaß am Spiel' erwähnt werden, die schon deshalb interessant ist, weil das Spiel laut Goffman ein Musterexemplar eines „kleinen Kosmos" ist und Spielen eine „weltschaffende Tätigkeit".[67] So wird auch im Spiel, wo sich der Mensch doch eigentlich vom Ernst des Lebens erholen will, wieder ein meistens recht enger Rahmen aufgerichtet, mit seinen virtualen Anforderungen an die Spieler, seinen strengen Regeln, seinen Feriorität- und Inferioritätsnormen. Die Situation wird dabei lediglich vereinfacht oder umdefiniert. Es werden zum Beispiel ansonsten kulturell verpönte und negativ antizipierte Eigenschaften zu virtualen Anforderungen erhoben wie etwa beim Poker oder ‚Schummeln', wo das Täuschen, Lügen und Bluffen belohnt wird. Des Weiteren spiegelt sich im Spiel auch wider die gesellschaftliche Tendenz, sich anhand eines normativen Rahmens auf kultivierte Art gegenseitig Inferiorität nachzuweisen. Die meisten Spiele haben Gewinner und Verlierer. Der ‚Spaß am Spiel' stellt sich aber nur ein, wenn das Spiel spannend ist, das heißt, wenn es für die Spieler wirklich wird und ernst genommen wird. Ein Spiel darf daher weder unrealistisch leicht sein, noch die Spieler oder einen von ihnen überfordern. Ein Spieler ist gelangweilt, wenn er von vornherein als der Überlegene feststeht. Es verbietet ihm sogar die Höflichkeit,[68] das Spiel aufzunehmen. Dem Problem einer allzu ernsten Konkurrenzsituation wird meist durch Regeln vorgebeugt, die zum Beispiel durch Einführung eines Würfels oder das Mischen der Karten die Feriorität bzw. Inferiorität der Spieler nicht nur von Geschicklichkeit und Intelligenz, sondern zu großen Teilen vom Zufall abhängig machen, was dem

Identitätsmanagement und dem Empfinden hinsichtlich der eigenen Leistung eine gewisse Distanz erlaubt.

In der Studie ‚Spaß am Spiel' vertritt Goffman nicht nur seine übliche These von der wechselseitigen Aufrechterhaltung einer Situationsdefinition durch Normen und Regeln, denen jeder ob seines Identitätsglaubens nachzukommen gewillt ist, sondern bezeichnet am Schluss die Normen und Regeln als ‚Aufhänger für Wirklichkeit' schlechthin, ohne die wir gar keinen Sinn für die Wirklichkeit hätten.

> „Diesen schwachen Regeln und nicht dem unerschütterlichen Charakter der Außenwelt verdanken wir jedoch unseren unerschütterlichen Sinn für Realität."[69]

9. Die Dynamik von Anerkennung und Nicht-Anerkennung

Zunächst wird man Goffman durchaus zugestehen müssen, dass man sich bei der Lektüre seiner Studien leicht in einer der von ihm beschriebenen Situationen wiederfinden oder sich bei der Einhaltung von stereotypen Verhaltensmustern ertappen kann. Wer kennt nicht aus irgendeiner Lebensphase das Gefühl der Scham, der Blamage oder des Unbehagens in einer Situation? Wer hat nicht schon einmal die Aufdringlichkeit virtualer Anforderungen zu spüren bekommen oder umgekehrt diese ausgeübt, und sei es auch, ohne sich dessen bewusst geworden zu sein? So wird man sich schwer von Goffmans Verdacht freisprechen können, seine Umwelt und seine Mitmenschen - ohne es zu wollen - doch mit vorgefertigten Kategorien, Vorstellungen, Hoffnungen und Annahmen wahrzunehmen.

Es stellt sich nun aber die Frage, woher dieser Vorgang kommt und ob er sich ändern lässt, da er ja offensichtlich fatale Folgen hat. Goffman argumentiert folgendermaßen: Die Nicht-Anerkennung eines Individuums als normales, vollwertiges, gleichberechtigtes menschliches Wesen aufgrund irgendeiner abweichenden Eigenschaft oder eines abweichenden Verhaltens, erzeugt bei dem Betroffenen das Gefühl beschämender Andersartigkeit. Diese Nicht-Anerkennung und Distanzierung ist nur möglich aufgrund von Normen und Regeln, denn ohne Normen und Regeln gäbe es keinen Anhaltspunkt, das Abweichende vom Normalen zu sondieren, das Inferiore vom Ferioren zu trennen. Erst die Norm sagt uns z.B., was schön und attraktiv, was ungeschickt und verwahrlost ist. Erst sie trennt den Edlen, Frommen, Gesunden, Rechtschaffenen vom Frevler, Sünder und Verbrecher. Die Norm wiederum verdankt nun ihre Aufrichtung dem ‚Isomorphismus menschlichen Rollenverhaltens‘, welches sich ganz und gar an virtualen Normen bezüglich Geschlecht, Beruf, Alter usw. ausrichtet und durch diese Ausrichtung die Norm überhaupt erst stark macht.

Das Rollenverhalten wiederum, beziehungsweise die Anlehnung an die Norm, resultiert aus der allen Menschen gemeinsamen und gleichen Struktur der Ich-Identität, worunter Goffman, wie dargestellt, das persönliche Management hinsichtlich der Standortbestimmung und Pflege des eigenen Selbstgefühls versteht. Denn unser Selbstverständnis, so Goffman, bedient sich, um sich in seiner Eigenheit verstehen und spüren zu können und um sich von den Eigenheiten der Anderen unterscheiden zu können, einer unmittelbaren, von Regeln geschaffenen Wirklichkeit, die ihm dies ermöglicht, indem sie uns Fixpunkte und Ankerplätze hinsichtlich dieser Eigenart liefert. Diese Wirklichkeit wird von den Normen und Regeln erst geschaffen. Indem aber das Selbstverständnis der Individuen sich der gesellschaftlichen Normen und Regeln bedient, verleiht es ihnen erst ihre Bedeutsamkeit.

So tauscht dann auch Goffman in seinen Studien die Platzhalter ‚Norm', ‚Rolle', ‚Identitätsmanagement', ‚beschämende Andersartigkeit' in seinem Ursache-Wirkungs-Gefüge beliebig aus und argumentiert ebenso oft dahingehend, dass erst die Norm die Menschen zu einem solchen - oft zwanghaften - Identitätsmanagement und Rollenverhalten zwingt, wie umgekehrt das Identitätsmanagement die Normen erzeugt.

Goffman entwirft damit ein Bild einer sich selbst bedingenden und in Bewegung haltenden Dynamik, die ähnlich wie ein Perpetuum mobile weder eine als solche ausgezeichnete Ursache, noch eine deklarierte Wirkung hat. Wenn man aber dennoch eine privilegierte Variable der Dynamik festmachen will, so kann man sagen, dass Goffman das ‚Drama: Normal/Abweichend' meistens von der Norm her untersucht. Aber er spricht letztlich von einem ‚Drama', das sich ja gerade dadurch auszeichnet, dass es zur Katastrophe kommt, ohne dass man explizit einen Schuldigen festmachen kann.

In einer ersten Zusammenfassung kann man also sagen, dass die zahlreichen Phänomene zwischenmenschlicher Nicht-Anerkennung, wie sie uns Goffman vor allem in der Studie ‚Stigma' vor Augen führt, folgt man seiner soziologischen Interpretation, als ein zeitloser, mitmenschlicher Lebenswirklichkeit unmittelbar zugehöriger Umstand zu verstehen sind. Denn die Anerkennung menschlicher Eigenschaften, Leistungen und Haltungen anhand von normativen Idealen und Regeln bedeutet gleichzeitig und ubiquitär die leidvolle Nicht-Anerkennung derer, die diesen normativen Antizipationen nicht entsprechen. Die Normen sind zwar nirgends genau festgeschrieben, gleichwohl ist ihnen nicht zu entkommen, da sie fest im symbolischen Universum der Gesellschaften verankert sind, an dem jedes Individuum zwangsweise teilnimmt.

Dieser sich bereits andeutende fatale Standpunkt Goffmans

soll im Folgenden in Auseinandersetzung und Abhebung zu den anderen Vertretern des Symbolischen Interaktionismus noch genauer bestimmt und untersucht werden.

2. TEIL:
DAS PHÄNOMEN ANERKENNUNG IM SYMBOLISCHEN INTERAKTIONISMUS

1. Zur soziologischen Kritik an der totalen Soziologie

Es ist erstaunlich, wie Goffman mittels einiger weniger soziologischer Termini die ganze Welt nicht nur beschreibt, sondern auch gleichzeitig aus ihnen heraus erklärt. Die Virtuosität, mit der er dabei vorgeht, ist so groß, dass man am Ende versucht sein könnte, den Menschen tatsächlich nur noch als Opfer irgendeines offensichtlich total vertrackten Normen- und Rollenprozesses zu sehen, eines fatalen Prozesses, dessen Ursache zugleich Wirkung ist: „Dieser Widerspruch und Witz ist sein Schicksal und seine Bestimmung."[57] Die Ironie, mit der Goffman dann achselzuckend dieses groteske Schauspiel kommentiert, wirkt bisweilen äußerst provokativ. Und tatsächlich scheint hier sogar Ralf Dahrendorf, der ja selbst Soziologe ist, die vertraute professionelle Vorgehensweise etwas unheimlich zu werden. So klagt er Goffman an, wohl doch einen zu totalen Rollenverdacht auszusprechen. „Für die Soziologie", so Dahrendorf wörtlich, „sind diese bedeutenden Autoren (Goffman und Popitz) immer ein wenig ärgerlich". Erving Goffmans Buch belege in immer neuen Anläufen einen totalen Rollenverdacht:

> „Es stellt damit ein paar Fragen, die der Autor in der gelassenen Art seiner Darstellung zwar andeutet, aber mit einer wahrscheinlich täuschenden Distanziertheit dann doch unformuliert lässt. Das eine ist die Frage nach dem Selbst, das sich auf so verschiedenartige Weise darstellt, indes immer

darstellen muss. Goffman spricht mehr von den Zwängen als von den Chancen, in denen menschliches Verhalten steht, so dass mancher sein Buch ernüchtert aus der Hand legen mag, ohne einen Blick zu gewinnen für die Möglichkeiten, aus der totalen. Institution Gesellschaft auszubrechen. Hier ist Goffmans Ironie vielleicht zu wenig engagiert. Seine Darstellung des Verhaltens auf und hinter der Bühne nimmt zwei soziale Orte als gegeben hin, deren Verhältnis auch anders sein könnte. Wie, wenn die ‚Verräter‘ und ‚Denunzianten‘ sich häufen? Wie, wenn mehr und mehr Darsteller verraten, was sich hinter der Bühne abspielt? […] Das alles mag nicht zu einem Ausbruch aus der Gesellschaft führen; es kann sie aber verändern.“[70]

Diese Hoffnung einer Gesellschaftsveränderung durch kognitives Aufzeigen ihrer Funktionsweisen teilt Goffman in der Tat nur sehr begrenzt, wie sich noch einmal in der folgenden Passage zeigt:

„Jemand, der Anzeichen von abweichendem Verhalten zeigt, ist - vielleicht unvermeidlicherweise, aber jedenfalls brutal - von vertraulichen, unbekümmerten Wechselbeziehungen ausgeschlossen und teilweise exkommuniziert. Seine Isolierung wird ihm unwissentlich auf den Gesichtern der anderen durch Neugier, Gleichgültigkeit, Abneigung oder Mitleid proklamiert […]. Diese ‚Eigenartigkeit‘ ist noch kaum empfunden, als sie auch schon durch die Spiegelung in den Gedanken anderer vervielfältigt wird.“[71]

Der Vorgang der Isolierung ist also ein ‚unwissentlicher‘, ebenso wie die unzähligen Antizipationen, die wir in jeder Minute sozialen Verkehrs machen, unbewusst sind. Und selbst wenn wir uns der unsinnigen Peinlichkeit der Situation bewusstwerden, führt dies nach Goffman keineswegs zwingend zu einer Aufhebung derselben, da die katalysatorische Spiegelung auch dann ihren Lauf nehmen kann:

> „Jede mögliche Quelle von Peinlichkeit für den Stigmatisierten in unserer Gegenwart wird zu etwas, wovon wir instinktiv spüren, dass er sich dessen bewusst ist, auch bewusst, dass wir uns dessen bewusst sind, ja sogar bewusst unserer Situation von Bewusstheit hinsichtlich seiner Bewusstheit; dann ist die Bühne bereitet für den unendlichen Regress wechselseitiger Rücksichtnahme, von dem uns die Meadsche Sozialpsychologie zwar das Wie des Beginnens, aber nicht das Wie des Aufhörens verrät."[72]

2. Der ‚verallgemeinerte Andere‘ bei Mead und Goffman

An dieser Stelle wird ganz deutlich, dass Goffman den Vorgang des ‚verallgemeinerten Anderen‘ geradezu als Verhängnis beurteilt und nun die Frage stellt, wie man aus diesem unendlichen Regress wohl herauskommen könnte. Diese Frage hat der Sozialbehaviorist Mead natürlich nicht beantwortet und wollte sie auch gar nicht beantworten, da er ja gerade in dem Prozess der Hereinnahme der Haltungen und Bewusstheiten der anderen in die Ich-Identität eines Individuums die Tendenz zu immer größerer Harmonisierung der Ich-Identitäten aller Menschen sieht:

„Eine spezifisch menschliche, das heißt bewusste gesellschaftliche Haltung gegenüber einem anderen Individuum einzunehmen oder sich dieses Individuums bewusst zu werden, heißt sich durch Mitgefühl mit ihm identifizieren, indem man seine Haltung zu und seine Rolle in der jeweiligen gesellschaftlichen Situation einnimmt und dadurch implizit auf diese Situation reagiert, wie der andere explizit darauf reagiert oder reagieren wird."[73]

Die menschliche Gesellschaft stattet den einzelnen Menschen mit Geist aus, und gerade dieses gesellschaftliche Wesen seines Geistes verlangt, so Mead, automatisch von ihm, dass er sich in gewissem Ausmaß in den Erfassungsbereich der anderen Individuen begibt. Auf Grund dessen, dass sich die Menschen aber immer schon in den Erfahrungsbereich der anderen Menschen begeben müssen, verinnerlichen sie auch immer mehr Haltungen anderer Menschen und richten sich nach ihnen aus, so wie auch die anderen Menschen die eigene Haltung als eine unter vielen mit einbeziehen und in ihren Haltungen berücksichtigen. Diesen Niederschlag der Haltungen aller in der Psyche eines Individuums nennt Mead den ‚verallgemeinerten Anderen‘ beziehungsweise das ‚me‘, im Gegensatz zum ‚I‘, welches die unberechenbare, spontane und ‚selbstüberraschende‘ Komponente der Psyche bildet. Das ‚me‘ übt allerdings die Kontrolle über das ‚I‘ aus.

Im Laufe der Zeit wird aber das ‚me‘ immer stärker werden, so dass es über kurz oder lang - bei zivilisierten Völkern eher, bei primitiven etwas später - zu einer Verschmelzung von ‚me‘ und ‚I‘ kommen wird. Das bedeutet, dass sich die individuellen Eigenheiten der Menschen mehr und mehr verlieren werden und diese sich durch immer weitergehende Identifizierungen in ihren Haltungen soweit annähern und angleichen, dass es zu einem Gefühl universaler Nachbarschaft kommt:

> „In der Konstellation der universalen Nachbarschaft treten bestimmte Haltungen der Güte und Hilfsbereitschaft auf, bei denen die Reaktion des einen im anderen und in ihm selbst die gleiche Haltung auslöst [...]. Das eigene Interesse ist das Interesse aller. Die einzelnen Menschen identifizieren sich völlig miteinander [...]. Durch seine rationale Identität [...] ist der moderne Zivilisierte nicht nur ein Mitglied einer bestimmten lokalen Gemeinschaft, eines Staates oder einer Nation, sondern [...] einer Zivilisation als Ganzer."[74]

Es braucht kaum erwähnt zu werden, dass Goffman diese positive Einschätzung bezüglich der rationalen Identifikation und Weltidentität des zivilisierten Menschen nicht teilt, wenn er immer wieder dessen hartnäckiges und fast kleinliches Identitätsmanagement mit seinen vielen Distanzierungen und Identifizierungen hinsichtlich feriorer und inferiorer Gruppen aufzeigt. Überdies wäre analog zu Goffmans Beobachtungen erst zu prüfen, ob nicht die Ich-Identität und Selbstinszenierung der ‚Primitiven' vielleicht sogar offener gegenüber der Andersartigkeit ist als die der ‚Zivilisierten'.

Es bleibt also zu fragen, inwieweit das von Mead beschriebene logische Universum und die Gemeinsamkeit der ‚rationalen Identität' bereits existiert, und ob diese - falls sie existiert - jene von Goffman beleuchtete Dynamik zu durchbrechen vermag. So konstatiert zwar auch Goffman eine Gleichheit menschlicher Ich-Identität, meint damit aber nicht so sehr eine Gleichheit hinsichtlich der gegenseitigen rationalen Identifizierung, sondern eine ‚Gleichheit hinsichtlich eines entscheidenden Glaubens, des Identitätsglaubens'.[75]

Dieser Identitätsglaube äußert sich aber gleichermaßen in Identifizierungen, wie zwangsläufig auch in Distanzierungen. Wenn etwa ein Individuum eine gesellschaftlich hochgehaltene Norm erfüllt, so bedeutet das nicht nur die Identifizierung und Akzeptierung mit und durch die anderen Individuen dieser Gruppe, sondern gleichzeitig auch eine gewisse Distanzierung und Nicht-Anerkennung jener, die diese Norm nicht erfüllen. Die Nicht-Normerfüller werden sich dieser Distanz meist schmerzlich bewusst und schämen sich je nach Situation und Bedeutsamkeit der Norm ob ihrer virtualen Inferiorität, die ihnen gerade aufgrund ihres gesellschaftlichen Wesens zugänglich ist.

Zwar stimmt auch Goffman der Meadschen Beobachtung zu, dass ein Individuum in seinem Denken, Fühlen und Handeln, kurz in seinen Haltungen, immer schon durch die Hereinnahme der Haltungen aller anderen Individuen gesellschaftlich bestimmt ist; aber eben die Tatsache, dass die ‚Individuen untereinander gesellschaftliche Haltungen einnehmen' und sich aufgrund ihres gesellschaftlichen Wesens immer in „den Erfahrungsbereich der anderen begeben"[76], führt bei Goffman eben nicht nur zu einem ‚Gefühl universaler Nachbarschaft und gegenseitiger Anerkennung'[77], sondern damit einhergehend auch zur Entfaltung der Dynamik beschämender Andersartigkeit und gesellschaftlicher Nicht-Anerkennung. Auch setzt Goffman im Gegensatz zu Mead kein solches Vertrauen in die zukünftige Entwicklung einer neuen Ich-Identität, was darauf zurückzuführen ist, dass Goffman generell nicht jene im symbolischen Interaktionismus implizit angelegte geschichtsphilosophische und entwicklungslogische Spekulation zu teilen vermag.

Eine solche Tendenz ist im symbolisch-interaktionistischen Denkansatz insofern angelegt, als es nur konsequent erscheint anzunehmen, dass sich eine rationale Welt, die aus dem zunehmenden Austausch von Symbolen hervorgegangen ist, sich auch weiterhin im Sinne eines zunehmenden Austausches entwickelt. Am Ursprung dieses Austauschprozesses gibt es, so Mead, noch keinen Geist, keine Identität und keine Menschen, es gibt lediglich organische Materie. Erst mit und durch den Austausch von Gesten und Symbolen wird das impulsive Tier zunehmend zu einem rationalen Wesen, einem Menschen. Die Umwandlung eines biologischen Individuums in einen mit Geist begabten Organismus oder eine Identität findet nach Mead durch das Werkzeug der Sprache statt. Denn erst mit der Umformung von rein expressiven Gesten und Symbolen zu gesteuerten vokalen Gesten beginnt der Austausch von sogenannten signifikanten Symbolen.

Auch ein Tier tauscht zwar Gesten und Symbole aus, denn in der Übermittlung von Gesten (beispielsweise Drohgebärden, Demutsgesten) der kämpfenden Hunde bestimmt jeder Hund sein Verhalten im Hinblick auf das, was der andere Hund zu tun beginnt. Trotzdem ist die Art von Kommunikation noch nicht eigentlich Sprache. Sprachliche Verständigung beziehungsweise Verständigung mittels signifikanter Symbole bedeutet, dass mittels eines Symbols nicht mehr nur ein bestimmter Reiz beim anderen Individuum ausgelöst wird, sondern man ist sich gleichsam dieses Auslösens bewusst. Eine solche Rolle spielt beim evolutiven Übergang vom Symbol zum signifikanten Symbol, laut Mead, die vokale Geste, da wir − wenn wir beispielsweise einen Schrei ausstoßen - diesen nicht nur übermitteln, sondern auch selbst hören. Die vokale Geste ist die einzige Geste, die sich auf ein Individuum selbst gleich stark auswirkt wie auf andere. Für Mead ist die vokale Geste der eigentliche Ursprung der Sprache und aller aus dem Symbolismus abgeleiteten Formen und damit auch des Geistes.

Den Unterschied zwischen dem Austausch von signifikanten

Symbolen beim Menschen im Gegensatz zum rudimentären tierischen Symbol und Gestenaustausch veranschaulicht Mead am Beispiel einer Kinogesellschaft und einer Rinderherde:

> „Das Leittier ist ein Mitglied der Herde, das Gerüchen gegen-
> über empfindlicher ist als die anderen Tiere. Wenn eine Ge-
> fahr auftritt [...], erfasst das erstere Tier den Geruch früher
> und beginnt zu flüchten, und diese beginnende Flucht stellt
> für die anderen den Reiz dar, nun ihrerseits zu laufen [...].
> Es gibt hier einen gesellschaftlichen Reiz, wenn man so will,
> eine Geste, auf die die anderen Tiere reagieren. Das alles
> ist äußerlich, es sind keine geistigen Prozesse im Spiel. Das
> Leittier sieht sich selbst nicht als jenes Tier, das ein Signal
> geben soll; es läuft nur in einem bestimmten Moment los."[78]

Ähnlich und doch etwas differenzierter verhält es sich, so Mead, beim Menschen. Wenn beispielsweise ein Zuschauer in der letzten Reihe eines voll besetzten Kinos aus dem Projektor-Raum Rauch und somit Brandgefahr wahrnimmt, muss er auf diesen Reiz hin nicht unbedingt „Feuer, Feuer" schreien, wie der Büffel davon-rennen und durch seine Haltung und Vokalgeste bei den anderen ebenfalls den Reiz zur panischen Flucht auslösen, sondern er kann ruhig nach vorne gehen und die Kinogesellschaft auffordern, doch bitte geordnet den Saal zu verlassen, denn, so Mead:

> „Ein Mensch, der das Wort ‚Feuer' ausruft, kann in sich selbst
> jene Reaktion auslösen, die er auch in anderen auslöst. Inso-
> weit der Mensch die Haltung anderer Menschen einnehmen
> kann - ihre Reaktion auf Feuer, ihr Gefühl des Schreckens
> - macht diese Reaktion seinen eigenen Schrei, sein eigenes
> Verhalten gegenüber dem Verhalten der anderen zu einer
> geistigen Angelegenheit [...]. Der Mensch kann das Signal

nicht nur geben, sondern auch in sich selbst die Haltung der schreckerfüllten Flucht auslösen und dadurch seinen eigenen Drang zum Ausrufen in den Griff bekommen und kontrollieren. Er kann auf sich selbst zurückwirken, indem er die organisierte Haltung der ganzen Gruppe in seinen Versuch, vor der Gefahr zu flüchten, hereinnimmt."[79]

Der Mensch hat also die Möglichkeit, den Gehalt eines Symbols bezüglich seiner Wirkung auf die Haltungen der anderen im Vorhinein durch die gedachte Wirkung auf sich selbst zu erahnen und wird daher ein Symbol schon immer im Hinblick auf diese Haltungen der anderen ausrichten. Er nimmt, wie sich Mead ausdrückt, einen ‚verallgemeinerten Anderen' in sich hinein. In dem Moment also, wo wir uns dem Sinn unserer Ausdrucksgebärden, Rufe, Symbole und Gesten bewusstwerden, sind wir fähig, Reaktionen vorherzusehen; wir sind uns unserer Haltungen sowie den Haltungen der anderen bewusst, wir haben Identität und Geist. Von nun an werden immer mehr Symbole von den einzelnen Individuen gemeinsam verstanden, es entsteht das ‚logische Universum':

> „Ein logisches Universum ist einfach ein System gemeinsamer oder gesellschaftlicher Bedeutungen."[80]

Ist der Geist auf diese Weise erst einmal dem tierischen und urgesellschaftlichen Kommunikationsprozess entsprungen, entfaltet er sich nun fortschreitend in der Geschichte und bildet in dem sich weiter verdichtenden Kommunikationsprozess immer stärker jene rationale Identität aus, die bei den primitiven Völkern ihre ersten Anfänge nimmt und bei den modernen Kulturen mehr und mehr universale Konturen zeigt.

„Die Menschen entwickeln die Fähigkeit zur Kommunikation, und dieser Kommunikationsprozess tendiert dazu, die einzelnen Individuen enger miteinander zu verbinden."[81]

Im Verlauf der Geschichte äußert sich diese Verbindung in der Entstehung immer universalerer Gesellschaften und damit einhergehend universaleren Ich-Identitäten der Individuen. Mead skizziert die Entfaltung der rationalen Identität anhand der Haltung eines Stammesmitglieds, eines Bürgers des griechischen Stadtstaates, eines Bürgers des Römischen Reiches, eines Mitglieds einer mittelalterlichen Gilde [...] bis hin zu den nationalen bzw. internationalen Identitäten moderner Staatensysteme. So hat beispielsweise der kommunistisch organisierte Arbeiter - sofern er sich als Mitglied einer weltweiten Klasse versteht - bereits eine wesentlich universalere Identität als etwa ein preußischer Patriot im 19. Jahrhundert. Am Ende dieser Entwicklung kommt es wahrscheinlich, so Mead, zur Ausbildung einer rationalen Weltgesellschaft und somit beim Individuum zu einer Weltidentität.[82]

„Die rationale Gesellschaft ist natürlich nicht auf irgendeine spezifische Gruppe von Mitgliedern beschränkt. Jede vernunftbegabte Person kann ihr angehören [...]. Es ergibt sich eine Universalgesellschaft, die die ganze Menschheit umfasst und in der alle durch das Mittel der Kommunikation Beziehungen zueinander aufnehmen können. Sie können andere Wesen als Mitglieder und sogar als Brüder erkennen."[83]

Im Gegensatz zu dieser vom Ursprung des Geistes bis hin zu seiner Entfaltung in modernen Staatensystemen reichenden genetischen Überlegungen zur Identität macht Goffman in seinen

Untersuchungen lediglich Momentaufnahmen von der Beschaffenheit menschlicher Identität, obgleich sich auch Goffman selbst als ein Vertreter des symbolischen Interaktionismus versteht. Bevor nun näher auf die doch unterschiedliche Art und Weise der Fragerichtung sowie der Ergebnisse von Goffman und Mead eingegangen wird, soll noch eine weitere Identitätsvorstellung aus dem Umkreis des symbolischen Interaktionismus herangezogen werden, in welcher ebenfalls der entwicklungslogische Aspekt zum Ausdruck kommt.

3. Identität bei Habermas und Goffman

Auf die Frage nach den Möglichkeiten zur Auflösung von Handlungsproblemen gibt Jürgen Habermas eine interessante Antwort. Die Ich-Identität eines Individuums werde im Laufe seiner ontogenetischen Entwicklung deshalb mehr und mehr zu optimalen Problemlösungen befähigt sein, da sie aufgrund ihrer zunehmenden Interaktionskompetenz sich entwicklungslogisch dahingehend vervollkommnet, dass sie auf ihrer höchsten Stufe (Stufe 7) in der Lage ist, ihre problematischen Geltungsansprüche und Normen gegenüber einem anderen Individuum oder der Gesellschaft diskursiv zu lösen, wobei es zur völligen Offenlegung der Bedürfnisse kommt:

> „Die innere Natur wird in dem Maße kommunikativ verflüssigt und transparent gemacht, wie Bedürfnisse […] aus ihrer paläosymbolischen Vorsprachlichkeit erlöst werden können […]. Erst auf der Stufe einer universalen Sprachethik können auch die Bedürfnisinterpretationen selber, also das, was jeder Einzelne als seine ‚wahren' Interessen verstehen und vertreten zu sollen glaubt, Gegenstand des praktischen Diskurses werden."[84]

Für Habermas ist menschliche Ich-Identität - in diesem Punkt schließt er sich Piagets Entwicklungskonzept an - das Ergebnis eines langjährigen ‚Bildungsprozesses‘, der nach einem rational nachvollziehbaren Entwicklungsmuster mit der Geburt einsetzt und im Erwachsenenalter seine Vollendung findet.

> „Der Bildungsprozess sprach- und handlungsfähiger Subjekte durchläuft eine irreversible Folge diskreter und zunehmend komplexer Entwicklungsstufen, wobei keine Stufe übersprungen werden kann und jede höhere Stufe im Sinne eines rational nachkonstruierbaren Entwicklungsmusters die vorangehende ‚impliziert‘.“[85]

Der Bildungsprozess vollzieht sich zwar unter verschiedenen Reifungskrisen, ist aber in seiner Entwicklungsrichtung durch zunehmende Autonomie gekennzeichnet. Damit meint Habermas „die Unabhängigkeit, die das Ich durch erfolgreiche Problemlösungen und wachsende Problemlösungsfähigkeiten im Umgang mit der Realität der äußeren Natur [...] mit der nicht vergegenständlichten symbolischen Struktur einer teilweise verinnerlichten Kultur und Gesellschaft und mit der inneren Natur der kulturell interpretierten Bedürfnisse [...] erwirbt.“[86]

a) Ich-Identität als sich entwickelnde Handlungskompetenz

Ich-Identität definiert Habermas als eine ‚Kompetenz, die sich in sozialen Interaktionen bildet.‘[87] Ihre Herausbildung skizziert er in einer siebenstufigen Entwicklungstheorie, in deren Verlauf das Kind mehr und mehr in die allgemeinen Strukturen kommunikativen Handelns hineinwächst.

Stufe 1, 2: Auf den ersten beiden Stufen (Vorschulalter) besteht die Identität des Kindes lediglich darin, dass es gelernt hat, sich und seinen Leib von der Umgebung zu unterscheiden. Seine Interaktionen bleiben unvollständig, weil es noch nicht gleichzeitig die Rolle des Interaktionspartners einnehmen kann, weil es noch ganz und gar egozentrisch ist. Seine Handlungen werden integriert und gesteuert vom unmittelbar wirksamen Motiv der Lust bzw. der Unlust. Das Kind besitzt eine ‚natürliche Identität‘. Das Kind unterscheidet noch nicht zwischen Personen und Sachen, findet etwas gut oder schlecht, je nachdem, ob es Belohnung oder Strafe erfährt (Punishment obedience orientation).

Stufe 3, 4: Auf Stufe drei und vier (Schulalter) hat das Kind gelernt, soziale Rollen zu spielen. Es weiß, was die Familie, die Nachbarn, die Lehrer etc. von ihm erwarten. Es weiß ferner, dass es ein Junge oder Mädchen ist, dass es ein bestimmtes Alter hat, ein Schüler, ein Mitglied einer Mannschaft ist, und es weiß, was man deshalb zu tun hat. Es hat damit einen ‚verallgemeinerten Anderen‘ in sich hineingenommen; die Verhaltenserwartungen sind reziprok miteinander verknüpft, vollständige Interaktionen werden möglich. Die Bedürfnisbefriedigungen werden nun auch davon abhängig, wie weit das Kind den allgemeinen, sozial anerkannten Erwartungen gerecht wird. Seine Handlungen werden nun integriert und gesteuert durch Motive in Form von kulturell interpretierten Bedürfnissen. Das Kind wird also sozialisiert. Die ‚natürliche Identität‘ ist, so Habermas, durch die ‚Rollenidentität‘ überformt. Wenn das Kind die ihm zugewiesene Rolle richtig spielt, empfindet es sich als ‚gutes Kind' bzw. später als ‚guter Mensch'. Andernfalls schämt es sich. Im Bereich der dritten Entwicklungsstufe geht es also darum, ein guter Junge, ein nettes Mädchen oder ein guter Sohn zu sein (Good boy orientation). Mit dem Erreichen der vierten Entwicklungsstufe spürt man die Verpflichtung über die familiären Rollenzuweisungen hinaus gegenüber dem weiteren Normensystem, in das man hineingewachsen ist, unabhängig von konkreten Bezugspersonen (Law and order Orientation).

Stufe 5: Die Rollenidentität wird jetzt durch die Ich-Identität abgelöst. Dieser Prozess setzt zeitlich etwa mit der Adoleszenz ein. Der Jugendliche leitet seine Identität nun nicht mehr nur aus konkreten Rollen ab. Er sieht z.B. den Vater nicht mehr nur in der Rolle des Vaters und Erziehers, den Lehrer nicht mehr nur in der Rolle des Lehrers und sich selbst nicht mehr nur in der Rolle des Sohnes. Der Jugendliche beginnt bereits den Normen zu misstrauen und fragt nach ihren Grundsätzen. Er rechnet auch damit, dass sich traditionell eingewöhnte Lebensformen als unvernünftig erweisen können. Darum nimmt er sein Ich hinter die Linie aller besonderen Normen und Rollen zurück. Die Akteure „können nicht länger als eine Kombination von Rollenattributen verstanden werden, sie gelten vielmehr als individuierte Einzelne".[88] Sie begegnen sich durch ihre objektiven Lebenszusammenhänge hindurch als Individuen. Einhergehend mit der Fähigkeit, zwischen Normen und den ihnen zu Grunde liegenden Rechtfertigungen zu unterscheiden, nimmt nun auch die allgemeine Qualifikation des Rollenhandelns, das heißt die interaktive Kompetenz, zu. Moralische Geltung stützt sich auf letztlich universale Prinzipien, die gänzlich unabhängig von den konkreten Personen, Gruppen und Traditionen gelten. Innerhalb der fünften Entwicklungsstufe stellt man sich die Geltung von Normen auf der Basis fiktiver Verträge vor, wobei sich die einzelnen Individuen nach ihrem jeweiligen Nutzen richten. Es werden die Bedürfnisse als Grundlage der Normen erkannt und die bestehenden Normen nach ihrem Nutzen für die eigenen Bedürfnisse gemessen. Universalistische Handlungsnormen haben daher den Charakter von nutzenmaximierenden Regeln und allgemeinen Rechtsnormen, die Spielräume für die Verfolgung von Privatinteressen unter der Bedingung einräumen, dass die egoistische Freiheit eines jeden mit der egoistischen Freiheit aller kompatibel ist. Der unreflektierte Egozentrismus der zweiten Stufe wird somit auf der fünften Stufe zum bewussten Prinzip erhoben (Contractual legalistic orientation).

Stufe 6: Der Mensch versteht jetzt seine eigenen Bedürfnisse sowie die der Anderen immer schon als kulturell interpretierte und nimmt sie in sein symbolisches Universum auf. Er prüft jetzt die Normen sowie seine eigenen Geltungsansprüche auf ihre Verallgemeinerungsfähigkeit hin. Nur solche Ansprüche und Handlungen gelten dabei als moralisch gerechtfertigt, welche auch von anderen Menschen vollzogen werden können und sich somit universalistisch bewähren. Die Verallgemeinerungsfähigkeit von Normen wird monologisch geprüft. Im Bereich der sechsten Entwicklungsstufe gilt somit der kategorische Imperativ: ‚Du sollst so handeln, dass dein Handeln zur Maxime für das Handeln aller werden kann.' (Conscientious orientation) Eine solche aus dem kategorischen Imperativ abgeleitete Norm ist dann allerdings nicht mehr diskursfähig.

Stufe 7: Die Interaktionskompetenz der siebten Stufe ergibt sich, so Habermas, aus dem Mangel der sechsten Stufe. Das, was der Einzelne als seine wahren Interessen und Bedürfnisse verstehen und vertreten zu sollen glaubt, kann nun auch noch Gegenstand des praktischen Diskurses werden. „Das Prinzip der Rechtfertigung von Normen ist nun nicht mehr der monologisch anwendbare Grundsatz der Verallgemeinerungsfähigkeit, sondern das gemeinschaftlich befolgte Verfahren der diskursiven Einlösung von normativen Geltungsansprüchen."[89]

b) Ich-Identität als normatives Ideal

Erst mit der Argumentationsfähigkeit der siebten Stufe wäre somit das Ziel des Bildungsprozesses, die volle Interaktionskompetenz der Ich-Identität erreicht. Das handelnde Individuum wäre nun in der Lage, die in Interaktionen auftretenden Handlungsprobleme aufzulösen, indem im Falle eines Interessens- und Bedürfniskonfliktes die sich widersprechenden Bedürfnisse nicht mehr länger als gegebene angenommen, sondern als kulturell interpretierte verstanden werden, die deshalb ebenfalls in die diskursive Willensbildung eingebracht werden können.

„Auf dieser Stufe darf nämlich die innere Natur nicht mehr nur […] nach einem monologisch angewendeten Prinzip der

Verallgemeinerung überprüft und dann in legitime und illegitime Bestandteile, Pflichten und Neigungen aufgespalten werden. Die innere Natur wird [...] kommunikativ verflüssigt und transparent gemacht [...]. Dieser Kommunikationsfluss verlangt freilich [...] einen als Feldabhängigkeit gekennzeichneten kognitiven Stil, den das Ich auf dem Wege zur Autonomie zunächst einmal überwinden und durch einen feldunabhängigen Stil der Wahrnehmung und des Denkens ersetzt hat."[90]

Es wird an dieser Textstelle bereits deutlich, dass der Begriff Ich-Identität bei Habermas nicht nur einen deskriptiven, sondern vielmehr einen stark normativen Charakter hat. So weist Habermas auch selbst darauf hin, dass sein Modell der ungezwungenen Ich-Identität zwar das Ziel des Bildungs- und Lernprozesses sei, dass dieses aber keineswegs immer erreicht würde:

> „Der Begriff der Ich-Identität [...] beschreibt eine symbolische Organisation des Ich, die einerseits universelle Vorbildlichkeit beansprucht [...]; andererseits stellt sich eine autonome Ich-Organisation keineswegs regelmäßig, etwa als Resultat naturwüchsiger Reifungsprozesse ein, sie wird sogar meistens verfehlt."[91]

Ähnlich wie Habermas dem einzelnen Menschen die voll ausgebildete Ich-Identität als ideelles, gleichwohl mögliches und in seiner Entwicklung bereits angelegtes Ziel vor Augen stellt, sieht er auch das phylogenetische Entwicklungsideal von Nationen und Gesellschaftssystemen in der zukünftigen Herausbildung einer neuen kollektiven Identität:

> „Die neue Identität einer erst im Entstehen begriffenen Weltgesellschaft kann sich nicht in Weltbildern artikulieren; [...]

Eine solche Identität braucht keine fixen Inhalte mehr, um stabil zu sein."[92]

Umso mehr die „motivbildenden Traditionen ihre naturwüchsige Kraft verlieren", umso mehr „treten die Strukturen wert- und normbildender Kommunikation in ihr Recht, die als einzige Motivgeneratoren übrig bleiben". Die neue kollektive Identität soll, so Habermas, ihren Wertkonsens nicht mehr aus Traditionen und Weltbildern, sondern aus einer „gefilterten Willensbildung auf breiter Basis" beziehen.[93]

Genauso wie bei Mead tritt also auch bei Habermas in seinen Beschreibungen der gesellschaftlichen wie individuellen Entwicklung des Menschen jene Vorstellung einer sich progressiv im kommunikativen Austausch vervollkommnenden Identität zutage.

4. Die Ich-Identität bei Krappmann

Der von stark normativen Elementen durchzogene Ansatz von Habermas findet seine konsequente Weiterführung in dem Identitätsmodell von Krappmann. Krappmann greift explizit[94] die Habermassche Intention eines universal vorbildlichen Identitätsentwurfs auf und beschäftigt sich mit der Frage, wie eine Ich-Identität auszusehen habe, die in der Lage ist, in den verschiedenen, auch problematischen zwischenmenschlichen Interaktionen, unbeschadet ihre Kontinuität und Kontingenz zu bewahren.

Eine Person findet nach Krappmann in der Interaktionssituation dann ihre unbeschädigte Identität, wenn ihr eine der Situation angemessene Selbstdarstellung gelingt, ohne dass sie Diskrepanzen und Konflikte verleugnet. Für die erfolgreiche Gestaltung der Interaktionen hat das Individuum zweierlei zu vollbringen: zum einen eine Anpassung an die Erwartungen und Situationsdefinitionen der anderen Beteiligten und zum anderen die Darstellung der eigenen Erwartungen und Bedürfnisse in der Situation. Soll die Interaktion erfolgreich sein, so sollte das Individuum folgende Leistung erbringen:

> „Es soll divergierende Erwartungen in seinem Auftreten berücksichtigen und dennoch Konsistenz und Kontinuität behaupten. Es soll einem vorläufigen Konsens über die Interpretation der Situation zustimmen, aber seine Vorbehalte gleichfalls deutlich machen. Es soll sich um gemeinsame, eindeutige Handlungsorientierungen durch identifizierbare Präsentation seiner eigenen Erwartungen bemühen und zugleich anzeigen, dass völlige Übereinstimmung gar nicht denkbar ist."[95]

Die Forderungen, die hier Krappmann analog zu Habermas an die Ich-Identität stellt, laufen auf das gemeinsame zentrale Moment hinaus, dass ein Individuum die Erwartungen eines anderen Individuums ebenso anerkennt und gewillt ist, ihnen nachzukommen, wie es auch umgekehrt seine eigenen Erwartungen von den anderen anerkannt und erfüllt wissen will. Unter dem Vorbehalt, dass beide Individuen dabei nach Krappmann von der selbst bescheidenden Einsicht ausgehen sollten, dass vollständige Übereinstimmung wohl nicht möglich ist, sollen nun die gegenseitigen Erwartungen und Bedürfnisse eingelöst werden, indem die an der Interaktion Beteiligten sich auch der diesen Bedürfnissen zu Grunde liegenden inneren Natur sowie ihrer gesellschaftlichen Bedingtheit bewusst werden und somit auch die Motive dieser Bedürfnisse noch transparent machen, aus ihrer Vorsprachlichkeit erlösen und damit als diskurs- und diskussionsfähige Momente in die Interaktion einbringen können.

Nimmt man aber nur einige Beispiele von den zahlreichen Handlungsproblemen, die Goffman unter anderem zwischen Stigmatisierten und Normalen aufzeigt, sieht man bald, dass die Menschen oft eben nicht in der Lage sind, im Moment einer von ihnen bedrohlich empfundenen Situation das innerste Sein ihres Handelns oder ihrer Unsicherheit überhaupt kognitiv zu erkennen, geschweige denn diskursiv in die Interaktion einzubringen.

Auch lässt sich zum Beispiel der Wunsch oder das Bedürfnis, physisch und psychisch gesund und von äußerer Schönheit zu sein, nur schwer diskursiv auflösen und verflüssigen, und gerade auch dann nicht, wenn man weiß, dass das bedürfnismotivierende Schönheitsideal der gesellschaftlichen Konvention und Interpretation entspringt. Im Gegenteil, gerade das Wissen um die zutiefst historisch gesellschaftliche Akklamation eines vom Individuum nicht erfüllten Ideals ist ja gerade das Problem, mit dem das Individuum belastet ist. Die Erkenntnis der gesellschaftlichen Interpretiertheit der inneren Natur, beziehungsweise die Erkenntnis, wie Habermas sagt, dass auch ,das, was das Individuum als sein ureigenstes Bedürfnis vertreten zu sollen glaubt', in Wirklichkeit auch nur historisch gesellschaftlicher Interpretation entspringt, führt noch keineswegs zu einer ,kommunikativen Verflüssigung des durch kulturelle Interpretationen ,naturwüchsig fixierten Interpretationsrahmens' bei gleichzeitiger transparenter ,Erlösung der Bedürfnisse aus paläosymbolischer Vorsprachlichkeit'.

Im Gegenteil, gerade das Wissen, dass das nicht erreichbare Ideal sowie das Bedürfnis, ihm nachzukommen, eine Wirklichkeit ist, die der gesellschaftlichen Übereinkunft entspringt und von den Menschen selbst geschaffen und an das Individuum herangetragen wird, genau dieses Wissen erzeugt und bekräftigt ja nur jene vom Individuum als belastend erfahrene zwischenmenschliche Wirklichkeit. Es entbindet nicht von der inneren Natur und erlaubt von sich her auch nicht, wie Habermas meint, einen freien Umgang mit ihr im Sinne einer möglichen Neuinterpretation:

> „ [...] die innere Natur [...] erhält durch ein dependentes Ich hindurch einen freien Zugang zu den Interpretationsmöglichkeiten der kulturellen Überlieferungen [...]. Im Medium von wert- und normbildenden Kommunikationen [...] können die Bedürfnisse ihre angemessenen Interpretationen finden. Dieser Kommunikationsfluss verlangt freilich Sensitivitäten, Entgrenzungen, Dependenzen [...]."[96]

Eine solche Entgrenzung oder, wie Habermas auch sagt, ein feldunabhänger Stil der Wahrnehmung ist aber in einer wirklichen Interaktion gerade nicht vorhanden. Zwischenmenschliche Begegnung zeichnet sich im Positiven wie im Negativen ja gerade dadurch aus - und das ist der von Habermas unberücksichtigte Kern des Problems – dass die Beteiligten eben nicht voneinander unberührt, unabhängig oder entgrenzt sind und vice versa auch gegenüber ihrer eigenen Befindlichkeit, gerade in einer zwischenmenschlichen Begegnung, alles andere als einen feldunabhängigen Stil kultivieren, insbesondere dann nicht, wenn die Bedürfnisse zu Konflikten führen. Habermas und Krappmann machen letztlich in ihrem Modell gelingender Intersubjektivität ungewollt den paradoxen Vorschlag, dass man in einem Moment bzw. in einer Interaktion, in der man aufgrund einer ergreifenden zwischenmenschlichen Wirklichkeit keine Distanz mehr zu der ja ebenfalls in dieser Wirklichkeit wurzelnden real erlebten inneren Natur mehr halten kann, unbedingt Distanz wahren sollte. Denn, so Habermas und Krappmann, nur ein selbstbescheidender, entgrenzter und distanzierter Umgang mit der eigenen, als gesellschaftliches Interpretament erkannten inneren Natur erlaubt deren diskursive Verflüssigung,

Neubestimmung bzw. Einlösung. Unversehrte und gelingende Intersubjektivität hat für Habermas somit das zur Voraussetzung, was Intersubjektivität gerade nicht ist und auch nicht sein kann, nämlich Feldunabhängigkeit, Entgrenzung und Distanz.

In einem späteren Teil der Untersuchung wird daher zu fragen sein, ob es nicht von vorneherein am Wesen der dialogischen Wirklichkeit vorbeigeht, anzunehmen, dass die kognitive Einsicht, dass auch die eigenen Bedürfnisse nur gesellschaftlicher Interpretation und situativer Konvention entspringen, einhergehend mit der zu dieser Einsicht notwendigen Selbstentgrenzung bzw. dem erforderlichen feldunabhängigen Stil der Wahrnehmung bereits ausreiche, um eine erneute, für das Individuum glücklichere Konvention in einer wert- und normbildenden Kommunikation zu ermöglichen.

Richtig an den Überlegungen von Habermas und Krappmann ist zweifellos, dass eine durch gesellschaftliche Übereinkunft entstandene Wirklichkeit durch eine ebensolche auch wieder verändert werden kann. Wenig sinnvoll ist aber der Vorschlag, durch Entgrenzung in Situationen zu wirken, deren Wesen gerade die Aufhebung derselben ist.

Für die ungeheuren Belastungen menschlicher Identität und die Schwierigkeiten, diese diskursiv aufzulösen, soll dieser von Goffman ganz an den Anfang einer Studie gestellte Brief eines Mädchens an eine ‚Briefkastentante' bzw. psychologische Beraterin einer Jugendzeitschrift eine letzte Veranschaulichung geben:

„Dear Miß Lonelyhearts -
Ich bin jetzt sechzehn Jahre alt, und ich weiß nicht, was
ich tun soll, und ich möchte Sie bitten, mir zu sagen, was
ich tun soll. Als ich ein kleines Mädchen war, war es nicht
so schlimm, weil ich mich daran gewöhnt hatte, dass die
Kinder aus unserem Viertel sich über mich lustig machten,

aber jetzt möchte ich gerne Freunde haben wie andere Mädchen und samstags abends ausgehen, aber kein Junge will mit mir gehen, weil ich ohne Nase geboren wurde - obwohl ich gut tanzen kann und eine hübsche Figur habe und mein Vater mir schöne Kleider kauft. Den ganzen Tag sitze ich da und sehe mich an und heule. Mitten im Gesicht habe ich ein großes Loch, das die Leute und selbst mich erschreckt, so dass ich es den Jungen nicht übelnehmen kann, wenn sie nicht mit mir ausgehen wollen. Meine Mutter liebt mich, aber wenn sie mich ansieht, weint sie schrecklich. Was habe ich nur getan, um ein so schlimmes Schicksal zu verdienen. Selbst wenn ich wirklich etwas Böses getan habe, tat ich es doch nicht, bevor ich ein Jahr alt war, und ich wurde schon so geboren. Ich habe Papa gefragt, und er sagt, er weiß es nicht, aber es kann ja sein, dass ich etwas in der anderen Welt tat, bevor ich geboren wurde, oder es kann sein, dass ich für seine Sünden bestraft bin. Aber das glaube ich nicht, weil er ein sehr netter Mann ist. Sollte ich Selbstmord begehen?
Es grüßt Sie Ihre Verzweifelte."[98]

Aus diesem Brief geht nicht nur auf eindringliche Weise hervor, wie sehr der Mensch hinsichtlich der Aufrechterhaltung einer irgendwie erträglichen Identität auf den Zuspruch und die Anerkennung der anderen Menschen angewiesen ist, es wird darüber hinaus deutlich, dass dieser Zuspruch für die Ich-Identität nicht nur in besonderer Weise zuträglich, sondern sogar lebenswichtig ist. Letztlich wirft dieser Brief einer Ausgeschlossenen aber auch ein fatales Licht auf die Beschaffenheit der Ich-Identität der Ausschließenden, deren Identitätspflege offensichtlich nicht einmal die Identifizierung mit einem Menschen von geringfügiger Andersartigkeit zuzulassen scheint.

Im Unterschied zu der Meadschen und Habermasschen Vorstellung, wie sich durch das wachsende symbolische Universum eine zukünftige universale Identität herausbilden wird, und im Gegensatz zu den Überlegungen von Habermas und Krappmann, wie ein optimales Modell menschlicher Ich-Identität aussehen sollte, gilt Goffmans Interesse der real gelebten Identität bzw. dem situativen Identitätsgefühl, wie es sich in zwischenmenschlichen Interaktionen einstellt.

Die Beschaffenheit dieses Identitätsgefühls sowie die Bedingungen seiner Konstitution entdeckt er dann weniger in einem entwicklungslogischen Lern- und Bildungsprozess, beziehungsweise in einer wachsenden kognitiven Fähigkeit oder Interaktionskompetenz, sondern einfach in der unmittelbaren gegenseitigen Angewiesenheit und Selbstdefinition des Einen durch den Anderen, deren Struktur das ganze menschliche Dasein zu durchziehen scheint.

So lässt sich denn auch die von Goffman aufgewiesene Struktur des gegenseitigen Angewiesenseins bezüglich der Aufrechterhaltung und Konstituierung der eigenen Identität auf keine bestimmte Stufe der von Habermas beschriebenen Entwicklungshierarchie festlegen (Natürliche Identität - Rollenidentität - Ich-Identität). In Goffmans Sichtweise kann beispielsweise ein fünfjähriges Kind, welches von anderen Kindern ob seiner roten Haare gehänselt wird, durchaus ähnliche Probleme hinsichtlich der Aufrechterhaltung einer einigermaßen erträglichen Identität haben wie ein Vierzehnjähriger, welcher der Kleinste in der Klasse ist, oder ein Erwachsener, der beruflich erfolglos und als Arbeitsloser stigmatisiert ist. Die Verschiedenheit der Goffmanschen Identitätsvorstellung gegenüber der von Habermas, Mead und Krappmann kommt auch in der Verwendung des Begriffs ‚Rollendistanz‘ zum Ausdruck. Bei Habermas und Krappmann hat der Begriff einen stark emanzipatorischen

Charakter,[99] während er bei Goffman, wie gezeigt, lediglich eine weitere Strategie bezeichnet, die er eher als vorhersagbare Reaktion denn als emanzipatorische Kompetenz versteht. Rollendistanz ist für ihn nicht wie für Habermas ein wirkliches ,Zurücknehmen des Ichs hinter die Linie aller konkreten Rollen und Normen', sondern im Gegenteil gerade das subtile Erfüllen verschiedener gleichzeitig anstehender Normen und Erwartungen, wie er an seinem auch in der deutschen Soziologie bekannt gewordenen Karussell-Beispiel erläutert. Beobachtet man, so Goffman, ein Jahrmarktskarussell, wird man Zeuge eines vielfältigen Rollendistanz-Repertoires. Bereits die kleinen vier- bis fünfjährigen Kinder genießen zwar noch auf dem Karussell ihre Reiterrolle, zeigen aber bereits deutlich, dass sie sehr wohl wissen, dass es sich nur um ein Holzpferd handelt, auf dem sie da sitzen, und dass sie selbst weit mehr sind als nur Karussellfahrer. Mit ostentativer Geringschätzigkeit wird das Pferd an seinem hölzernen Ohr oder Schwanz gehalten.

> „Durch seine Handlungen sagt das Kind, ,Was ich auch bin, ich bin nicht bloß jemand, der mit knapper Not auf einem hölzernen Pferd bleiben kann.' […] Mit sieben oder acht (Jahren) trennt sich das Kind nicht nur verlegen von der Art Reiten, die ihm ein Karussell ermöglicht, es stellt auch fest, dass viele der Mittel, die Jüngere dafür benützen, jetzt unter seiner Würde sind."[100]

Mit lässiger Gebärde und nonchalanter Kompetenz fährt es jetzt im Kreis herum. „Mit elf und zwölf ist die Männlichkeit für Jungen eine wirkliche Verantwortung geworden - und für Karussells scheint es kein leichtes Mittel der Rollendistanzierung zu geben. Man muss ganz wegbleiben, oder schöpferische Akte der Distanzierung ausüben, so wenn etwa ein Junge ein

Holzpferd im Scherz so behandelt, als ob es ein Rennpferd sei […]. Der Junge ist gerade alt genug, um Rollendistanz zu erreichen, indem er das ganze Unternehmen als Gaudium, als eine Situation zum Verspotten definiert."[101]

Erwachsene schließlich haben Erwachsenen-Techniken. So wenn sich zum Beispiel ein erwachsener Reiter auf seinem Holzpferd mit gespielter Ängstlichkeit den Sicherheitsgurt umbindet.

Mit Ausnahme der allerjüngsten, zwei- und dreijährigen Karussellfahrer, die zumindest noch allem Anschein nach selig und hingebungsvoll in ihrer Reiterrolle aufgehen können, distanzieren sich alle anderen Rollenspieler auf ihre Weise von einer Karussellreiterrolle, die darzustellen Rückschlüsse auf einen sehr kindlichen Charakter gestatten würde. Die zur Schau getragene Rollendistanz eines solchen, gewissermaßen ‚überalterten Reiters' ist somit für Goffman kein Akt wirklicher Distanz, sondern nur das spielerische Einbeziehen und Rechnung tragen gegenüber der virtual von ihm erwarteten Altersidentität und der damit verbundenen Dignität.

5. Das dreifache Herausfallen der Goffmanschen Identitätsvorstellung aus dem Symbolischen Interaktionismus

Als Ergebnis kann man festhalten, dass sich Goffmans Vorstellung der Ich-Identität doch ganz erheblich von derjenigen von Mead, Habermas und Krappmann unterscheidet, obgleich auch er der Denktradition des Symbolischen Interaktionismus zugerechnet wird und sich selbst als dessen Vertreter sieht. Zwar geht auch Goffman von der symbolisch-interaktionistischen Theorie aus, dass die Komplexität menschlichen Verhaltens sich nur im kommunikativen Austausch von Symbolen körperlicher und sprachlicher Art vollzieht und somit auch nur aus diesem Austausch heraus zu verstehen ist. Ferner teilt Goffman mit Mead, Habermas und Krappmann die Vorstellung, dass der Mensch in seinem ganzen Denken, Fühlen und Handeln, kurz, in seinen Haltungen zwangsweise immer schon die Haltungen der anderen miteinbezieht und anerkennt, dass er mit diesen aufgrund der gemeinsam erworbenen und verfügbaren Symbole ein allgemeines symbolisches ‚Universum‘ teilt.

Trotz dieser gemeinsamen Paradigmen fällt Goffman aber in seinen Studien dann doch in drei wesentlichen Punkten aus dem Denken des Symbolischen Interaktionismus heraus. Zum ersten teilt Goffman nicht jene im Symbolischen Interaktionismus implizit angelegte onto- und phylogenetische Entwicklungslogik, zum zweiten verzichtet er auf jedwede normative Bestimmung der Ich-Identität und zum dritten, und darin liegt zweifellos der fundamentalste Unterschied zu Mead und Habermas, setzt Goffman nicht jenes Vertrauen in die Vernünftigkeit des symbolischen Universums sowohl hinsichtlich des einzelnen Menschen als auch hinsichtlich der gesellschaftlichen Entwicklung als ganzer.

Dieser dritte Unterschied, durch den sich die Identitätsvorstellung Goffmans am deutlichsten von denjenigen der anderen Interaktionisten abhebt, liegt bereits an der Wurzel beziehungsweise an der treibenden Kraft der entwicklungslogischen Konzeption. Befragt man nämlich Habermas und Mead, warum die ‚rationale Identität‘ heute noch nicht verwirklicht ist, und worauf die Annahme ihrer zunehmenden Verwirklichung beruht, so verweisen diese zum einen wieder auf die eigengesetzlich verbindende Wirkung der Kommunikation, zum anderen aber - und das ist vor allem bei Habermas das eigentlich emanzipatorische Element der Geschichte - auf die Wirksamkeit der Vernunft. Habermas hält daran fest, dass es ein die Gattung Mensch bestimmendes Moment gibt, und dieses bestimmende Moment sind die auf Entfaltung angelegten Gattungskompetenzen, deren qualitativ hervorragendste die Sprache und die darin eingelassene Potentialität von Vernünftigkeit ist:

> „Ich meine zeigen zu können, dass eine Gattung, die ihr Leben in den Strukturen von sprachlicher Verständigung und kooperativem zweckrationalem Handeln erhalten muss, wesentlich auf Vernunft angewiesen ist. In den Geltungsansprüchen, an denen wir uns im kommunikativen Handeln, wie implizit auch immer, orientieren müssen, ist ein hartnäckiger, wenn auch immer wieder unterdrückter Vernunftanspruch angelegt."[102]

Inwiefern kann aber Habermas die Entwicklung zur ‚ungezwungenen Ich-Identität‘ beziehungsweise zur ‚unversehrten Intersubjektivität‘ als in der Sprache, zumindest potentiell, bereits angelegt sehen? Die Antwort von Habermas ist einfach:

Indem der Mensch spricht, kann er gar nicht umhin, an sich selbst sowie an den Gesprächspartner einige ganz bestimmte Geltungsansprüche zu stellen, die sich unmittelbar aus dem der Sprache innewohnenden Telos der Verständigung ergeben.

Wenn beispielsweise ein Mensch einen Satz spricht, so will er gleichsam auch, dass er verstanden wird, sonst würde er ja gar nicht erst zu sprechen beginnen. Indem der Sprecher aber solchermaßen, allein indem er spricht, immer schon das Grundanliegen hat, dass das Gesprochene verstanden wird, stellt er automatisch an seinen eigenen Satz implizit den Anspruch, dass dieser irgendwie verständlich formuliert ist, dass er einen Inhalt hat, dass das, was er beinhaltet, auch seine wirkliche Absicht ist, und dass das Gesagte richtig ist. Oder, um es mit Habermas zu sagen:

> „Ich werde die These entwickeln, dass jeder kommunikativ Handelnde im Vollzug einer beliebigen Sprechhandlung universale Geltungsansprüche erheben und ihre Einlösbarkeit unterstellen muss. Sofern er überhaupt an einem Verständigungsprozess teilnehmen will, kann er nicht umhin, die folgenden, und zwar genau diese universalen Ansprüche zu erheben:
> - sich verständlich auszudrücken,
> - etwas zu verstehen zu geben,
> - sich dabei verständlich zu machen,
> - und sich miteinander zu verständigen."[103]

Zwar kommt es, so Habermas, keinesfalls immer zur reziproken Anerkennung und Einlösung dieser vier Geltungsansprüche, ihre Realisierung wird sogar meistens verfehlt. Dennoch lässt sich aus den in der Sprache implementierten Geltungsansprüchen zumindest die ‚Idee einer unversehrten Intersubjektivität‘ entwickeln.

> „Unversehrte Intersubjektivität ist der Vorschein von symmetrischen Verhältnissen freier reziproker Anerkennung.“[104]

Die ideale Sprechsituation, in der in einem herrschaftsfreien Raum die Sprecher ihre jeweiligen Ansprüche einbringen und einlösen können, ist zwar, wie Habermas einräumt, noch keinesfalls empirisch als gesellschaftliche Wirklichkeit erreicht, sie darf aber auch nicht als bloßes Konstrukt im Sinne einer idealistischen Setzung verstanden werden, da sie eben als Disposition aus der Sprache selbst universalpragmatisch abgeleitet werden kann. Und eben diese durch die Sprache gegebene Disposition ist auch der Grund der möglichen Verwirklichung eines allgemeinen und ungezwungenen Konsensus. Da die Vernünftigkeit der Menschen und der Gesellschaft in der Sprache bereits angelegt ist, aus dieser hervorgeht und sich in der sprachlichen Interaktion entfaltet, spricht Habermas von der kommunikativen Vernunft. Diese kommunikative Vernunft ist bei Habermas in Abhebung zum marxistisch-materialistischen Ansatz, dessen Rekonstruktion[105] er damit zu unternehmen trachtet - zur eigentlichen Triebfeder der gesellschaftlichen Entwicklung avanciert.

> „Das, was uns aus der Natur heraushebt, ist nämlich der einzige Sachverhalt, den wir seiner Natur nach kennen können: die Sprache. Mit ihrer Struktur ist Mündigkeit für uns gesetzt. Mit dem ersten Satz ist die Intention eines allgemeinen und ungezwungenen Konsensus unmissverständlich ausgesprochen.“[106]

Wenn der in der Gattung angelegte Vernunftanspruch heute noch nicht eingelöst ist, so liegt dies am ‚Auseinandertreten der Vernunft in der Moderne‘.[107] Vor allem die rein instrumentelle

Vernunft, genauer, die Zweck-Mittel-Vernunft steht der Ausbreitung der kommunikativen Vernunft noch im Wege und verlangsamt die Freisetzung der „auf merkwürdig verstellte Weise"[108] existenten Rationalitätsstrukturen der Lebenswelt oder, wie Habermas in ähnlichem Zusammenhang sagt: „Das Mobile [...] hat sich hartnäckig verhakt".[109] Dennoch hält Habermas wie auch Mead an dem Gedanken fest, dass es Vernünftigkeit für den Menschen gibt und dass diese sich auch im Verlauf der Geschichte entfalten wird. Die von Habermas vorgezeichnete Verwirklichung kommunikativer Vernunft ist das Ergebnis der Existenz kommunikativer Strukturen, oder wie es Mead formuliert:

„Gerade die Universalität der Prozesse, die für die menschliche Gesellschaft typisch sind, ob sie nun vom Standpunkt der Religion, des Handels oder des logischen Denkens aus gesehen werden, bildet die Ansätze zu einer Universalgesellschaft."[110]

6. Das Phänomen Anerkennung im symbolischen Interaktionismus

Der Symbolische Interaktionismus geht davon aus, dass die Ich-Identität und somit das Selbstverhältnis eines Individuums sich erst in dem zunehmenden Austausch von Sprachsymbolen bildet und entwickelt. Die Bedeutung, die insbesondere Habermas und Mead der Sprache bei der Identitätsbildung zuordnen, basiert darauf, dass der Mensch, indem er beispielsweise ein Wort sagt, den Sinn dieses Wortes ebenso selber hört und versteht, wie es auch der andere hört und versteht. Aufgrund dieser Fähigkeit kann der Mensch die Haltung, die er beim Anderen durch sein Wort auslöst, vorher schon bedenken, sich gewissermaßen in den Anderen hineinversetzen und seine eigene Haltung vorab an der Hereinnahme der Haltung des Anderen ausrichten. Im Laufe unseres Lebens nehmen wir mehr und mehr solcher Haltungen und Erwartungen Anderer in unser symbolisches Universum auf sowie umgekehrt auch die Anderen sich an unserer Haltung orientieren. Diesen Vorgang der Ausrichtung der eigenen Haltung an der hereingenommenen allgemeinen Haltung der Anderen nennen die Symbolischen Interaktionisten den verallgemeinerten Anderen. Und eben aufgrund dieses Vorgangs kommt es, so Mead, im Laufe der individuellen sowie weltgeschichtlichen Entwicklung zu immer größerer Identifizierung der einzelnen Individuen untereinander bis zur Entstehung einer universalen Weltidentität. „Die Menschen", so Mead, „entwickeln die Fähigkeit zur Kommunikation, und dieser Kommunikationsprozess tendiert dazu, die einzelnen Individuen enger miteinander zu verbinden."[111]

Ähnlich wie Mead sieht auch Habermas die Möglichkeit der Entwicklung hin zur ,ungezwungenen Ich-Identität' und ,unversehrten Intersubjektivität' in der Sprache bereits angelegt. Das zentrale Anliegen von Habermas ist es, wie er selbst sagt, aus den Bedingungen sprachlicher Verständigung und den in der Sprache eingelassenen Geltungsansprüchen die Idee der unversehrten Intersubjektivität abzuleiten.

Während die Überlegungen von Mead, Habermas und Krappmann somit gleichermaßen von der Intention getragen sind, aus dem Phänomen Sprache Hinweise für die mögliche Entwicklung zu einer ungezwungenen Intersubjektivität und damit zur freien reziproken Anerkennung zu gewinnen, gilt Goffmans Interesse den tatsächlichen mitmenschlichen Anerkennungsverhältnissen.

Zwar sieht auch er, wie gezeigt, den Menschen wesenhaft eingebunden in jenen komplexen Austauschprozess von Gesten und Sprachsymbolen, er gesteht aber diesem kommunikativen Austausch weder eine positive noch negative Tendenz zu, geschweige denn eine immanent wirksame Vernunftdisposition. Wenn Goffman etwa in seinem Buch ‚Rahmenanalyse' versucht, die beobachtbaren ‚Elemente und Strukturen' zu erfassen, in denen sich menschliches Verhalten vollzieht, kommt er auch zu bestimmten Transformationsregeln und Rahmen, innerhalb derer sich zwischenmenschliche Interaktion bewegt. Er ordnet diese, in gewisser Weise logisch zu nennenden Prozesse sozialen Verkehrs, aber nicht in eine Wertung im Sinne ihrer Wünschbarkeit beziehungsweise Rückständigkeit vom Standpunkt einer sich in Entwicklung befindlichen Interaktionskompetenz ein.

Insofern hat seine Vorstellung von der Ich-Identität und Intersubjektivität sowohl hinsichtlich der Beurteilung ihrer aktuellen Erscheinung sowie auch hinsichtlich der Art und Weise ihres Zustandekommens einen ganz anderen Charakter als die von Mead, Habermas und Krappmann. Letztere verstehen die Ich-Identität als eine aus dem Bildungsprozess hervorgehende kognitive Fähigkeit bzw. Kompetenz der Ratio, welche sich in komplexen Gesellschaften durch kommunikative Interaktion beziehungsweise durch das Hineinwachsen in das symbolische Universum einstellt und sich aufgrund des Vorhandenseins der kommunikativen Vernunft entwicklungslogisch vervollkommnet.

Goffman hingegen beschreibt die Ich-Identität als Befindlichkeit, die zwar ebenfalls von zwischenmenschlichen Beziehungen geprägt ist, deren Zustandekommen aber weniger einer rationalen Leistung oder Fähigkeit zu danken ist, als vielmehr einem der Kognition teilweise verschlossenen und unbewussten Vorgang, der sich selbst bei rationaler Aufdeckung noch einer verstandesmäßigen Beeinflussung entziehen kann. So spricht Goffman von einem ‚Identitäts-' bzw. ‚Rollenglauben'.

Das Selbstsein, das Bewusstsein oder die Empfindung eines Menschen von sich selbst ist nach Goffman immer schon abhängig von den Bestätigungen der anderen Menschen hinsichtlich dieses seines Selbstseins. Jede soziale Interaktion mit einem Anderen bedeutet somit eine Definition des eigenen Selbst durch diesen Anderen sowie zugleich des Anderen durch uns selbst. Da sich aber der Mensch laut Goffman ebenso aus seinem ‚So sein wie Andere' definiert, als auch aus seinem ‚Nicht so sein wie Andere', wird zwangsläufig auch er selbst von Anderen ebenso oft als ein ‚So Seiender wie diese' akzeptiert, als auch als ein ‚Nicht so Seiender' zurückgewiesen.

Das Verhältnis von Mensch zu Mensch ist somit nach Goffman ein immer etwas angespanntes, da der Mensch eben oft nicht selbstverständlich auf die für sein Selbstgefühl so notwendige Anerkennung durch die Anderen hoffen darf. Es scheint, so Goffman, als benötigen die Menschen die gesellschaftlichen Normen als eine Art Identitätsaufhänger, anhand dessen sie sich erst gegenüber den Anderen ihrer eigenen Identität vergewissern können.

Wenn der Mensch aber tatsächlich sein Selbstgefühl einerseits aus seinem ‚So sein wie Andere' bezieht, andererseits aber auch aus seinem ‚Nicht so sein wie Andere', kommt es, so Goffman, gleichzeitig zu Identifizierungen wie aber auch zu Distanzierungen. Wo immer aber ein Individuum eine Identifizierung wünscht, diese ihm aber versagt bleibt, kann dies zu schweren Selbstzweifeln führen. Denn ebenso, wie die gesellschaftliche Anerkennung und der Zuspruch der Anderen einem Menschen das Gefühl vermitteln können, ‚jemand zu sein', kann umgekehrt das Ausbleiben dieser Bestätigung das Gefühl erzeugen, ‚ein Niemand zu sein'. Dieser Dynamik von Anerkennung und Nicht-Anerkennung ist, wie Goffman behauptet, letztlich nicht zu entkommen, da es keinen wirklichen Rückzug von der Gesellschaft gibt.

Das Problem der Nicht-Anerkennung, wie es uns Goffman vor Augen führt, kann somit nicht wie in den entwicklungslogischen Identitätstheorien von Habermas und Mead als ein kognitiv aufhebbarer Missstand verstanden werden, bedingt etwa durch eine noch nicht voll entfaltete Interaktionskompetenz, sondern man ist hinsichtlich der Ursache dieses Problems von Goffman auf einen anthropologisch-existenziellen Umstand menschlichen Daseins schlechthin verwiesen.

Wenngleich man in Goffmans Studien vergebens nach begrifflich klaren Aussagen hinsichtlich der Struktur menschlicher Existenz suchen wird, lassen doch auch seine genuin soziologisch gehaltenen Feststellungen eine derartige Sichtweise durchscheinen, etwa wenn er bezüglich der Ich-Identität vom ‚Isomorphismus menschlicher Situation‘ spricht oder wenn er feststellt, dass das ‚Drama normal/abweichend‘ als ein ‚allgemeines Merkmal sozialen Lebens‘ verstanden werden muss, als ein ‚durchgehender Zwei-Rollen-Prozess‘, an dem jedes Individuum an beiden Rollen partizipiert.

Im Folgenden wird daher zu fragen sein, ob den von Goffman gemachten Beobachtungen sowie seinen theoretischen Überlegungen zur Zwangsläufigkeit sozialer Nicht-Anerkennung tatsächlich ein existenzieller Charakter zukommt, inwieweit er somit auf einen ursprünglichen anthropologischen Sachverhalt mitmenschlicher Lebenswirklichkeit verweist oder ob er nicht, trotz seiner zweifellos weitreichenden und aufmerksamen Beobachtungen zwischenmenschlicher Interaktionen und Situationen, das Phänomen Anerkennung in seiner soziologischen Analyse und Terminologie letztlich doch verfehlt hat. Die Untersuchung ist damit aber vor die Frage nach der Struktur menschlichen ‚Mitseins‘ schlechthin gestellt; einer Frage, die im Fortgang der Untersuchung vertieft werden wird.

3. TEIL:
ANERKENNUNG UND NICHT-ANERKENNUNG ALS ONTOLOGISCHES PROBLEM DES ‚FÜR-ANDERE-SEINS' BEI SARTRE

„Es sollte also gesehen werden, dass Stigma-Management ein allgemeiner Bestandteil von Gesellschaft ist [...]. Der Stigmatisierte und der Normale sind Teile voneinander [...]. Als Konklusion kann ich wiederholen, dass ein Stigma nicht so sehr eine Reihe konkreter Individuen umfasst, die in zwei Haufen, die Stigmatisierten und die Normalen, aufgeteilt werden können, als vielmehr einen durchgehenden sozialen Zwei-Rollen-Prozess. Der Normale und der Stigmatisierte sind nicht Personen, sondern Perspektiven."[112]

Mit dieser Konklusion beendet Goffman seine Ausführungen über Identität, Identitätskrisen und Identitätsmanagement. Die Dynamik von Anerkennung und Nicht-Anerkennung muss somit, folgt man Goffmans Intention, als ein ahistorischer, dem Menschsein unmittelbar zugehöriger Umstand verstanden werden. Der Identitätsglaube und die mit ihm einhergehende Sozialisation anhand von Identitätsnormen gehören zur gleichen mentalen Ausstattung aller Individuen, die sich dann mittels dieser Normen im gesellschaftlichen Prozess gegenseitig ihrer Identität versichern beziehungsweise berauben.

Um zu klären, inwieweit diesem Sachverhalt ein existenzieller Charakter zukommt, und ob es sich bei der Dynamik von Anerkennung und Nicht-Anerkennung um eine ontologische Struktur handelt, soll nun Sartres ‚Versuch einer phänomenologischen Ontologie' herangezogen werden, da es dieser Studie (‚Das Sein und das Nichts') in besonderer Weise eignet, die grundlegende Struktur des Verhältnisses von Mensch und Mensch in den Mittelpunkt des Interesses gestellt zu haben. Das ,pour-autrui' bzw. das ,Für-Andere-Sein', wie Sartre zunächst diese grundlegende Struktur abstrakt benennt, gilt es aufzuzeigen, um sie dann mit den von Goffman entdeckten Phänomenen und daraus abgeleiteten Prozessen sozialen Verkehrs zu konfrontieren.

1. Sartres ontologische Struktur des Für-Andere-Seins

Das zentrale Anliegen in Sartres Studie ,Das Sein und das Nichts' kann in dem Versuch gesehen werden, eine Theorie menschlichen Seinszusammenhangs mit dem Sein Anderer zu erstellen, wobei der Andere weder als bloße Implikation von Verhaltensweisen begriffen wird, noch spekulativ als ein uns begegnender Anderer, dessen Beziehung zu uns einem höheren Ganzen entspringt.[113]

Sartres Anliegen besteht darin, das Faktum der Anwesenheit Anderer und die sich daraus ergebende phänomenologisch aufweisbare Struktur des ,Für-Andere-Seins' als irreduzibles Moment nachzuweisen, das gleich ursprünglich wie die menschliche Transzendenz oder das ,Für-sich-Sein' als absolute Gegebenheit verstanden werden muss und sich daher auch nicht aus letzterer ableiten lässt.

So ist der Mensch nach Sartre bereits durch seine Zugehörigkeit zu einer bewohnten Welt je schon immer mit der Tatsache der Gegenwart von konkret Anderen konfrontiert, so dass im Prinzip die Beziehung zu diesem Faktum nur noch enthüllt werden muss. Die Enthüllung der Struktur des ,Für-Andere-Seins' ist für Sartre aber nur möglich, wenn man sich nicht darauf beschränkt, den begegnenden Anderen als bloßes Objekt der Erkenntnis zu sehen. Eine solche Vorgehensweise müsste scheitern, da sie von der falschen Annahme ausgeht, dass der Mensch zuerst alleine existiert und erst dann auf seine Mitmenschen zugeht. In Wirklichkeit aber, so Sartre, bewegt sich der Mensch bereits von Beginn an im Bereich des Mitmenschlichen. Er ist wesentlich auf diesen angewiesen, sein Sein vollzieht sich immer schon im Bereich des Zusammenseins mit Anderen. Man bedürfte einer sehr künstlichen Abstraktion, wollte man sich ein vollkommen isoliertes menschliches Dasein auch nur vorstellen.

a) Erblicken und Erblickt-werden

Die Struktur dieses fundamentalen gegenseitigen Angewiesenseins und damit die Struktur des ‚Für-Andere-Seins‘ versucht Sartre nun durch seine Analysen über den Blick (le regard) offenzulegen. Mit dem ‚Blick‘ ist dabei nicht die psychophysische Eigenschaft ‚zu sehen‘ gemeint, als vielmehr das ‚Empfinden der Gegenwart des Anderen‘. Wenn wir beispielsweise, ohne überhaupt etwas zu sehen, hinter uns ein Rascheln im Gebüsch hören, können wir uns dennoch erblickt fühlen, da wir auf die nahe Anwesenheit eines anderen verwiesen sind, der uns in irgendeiner uns unbekannten Weise in seinen Handlungsentwurf einbezieht; sei es, dass er uns als Räuber überfallen oder als Freund begrüßen oder als Passant unbeachtet lassen will.

Ferner ist mit dem Erblicken auch kein einzelnes Ereignis gemeint, sondern das Faktum, dass der Einzelne je erblickt ist, indem er immer schon ‚für Andere‘ da ist. Im Erblicken und Erblickt-werden offenbart sich nun nach Sartre ganz deutlich, dass der Andere keinesfalls nur ein gewöhnliches Objekt unter vielen Objekten ist, auf die wir mit unserer Wahrnehmung subjektiv zugehen. Wir können zum Beispiel ganz gelassen und ungeniert auf einer Parkbank sitzen, den Weg, den Rasen, das Beet und einige Stühle betrachten. Sobald nun aber ein menschliches Wesen den Weg entlangspaziert, geht in uns etwas Seltsames vor sich. Irgendwie gelingt es nicht mehr die alte Betrachtungsweise aufrecht zu erhalten und den Spaziergänger etwa wie eine Puppe oder ein anderes unbelebtes Objekt in die Reihe der anderen Objekte einzureihen. Denn, so Sartre:

> „Wenn ich denken müsste, dass es weiter nichts als eine Puppe ist, würde ich ihm jene Kategorien beilegen, die mir gewöhnlich dazu dienen, die raum-zeitlichen ‚Dinge‘ zu gruppieren. Das heißt, ich würde ihn als etwas auffassen, das ‚neben‘ den Stühlen ist, 20 m vom Rasen weg und einen gewissen Druck auf den Erdboden ausübt und so weiter. Seine Beziehung zu den anderen Objekten würden von einem rein additiven Typus sein; das bedeutet, dass ich ihn verschwinden lassen könnte, ohne dass die gegenseitigen Beziehungen der anderen Objekte dadurch merklich geändert würden."[114]

Dies scheint nun aber auf einmal nicht mehr möglich zu sein, und wir müssen feststellen, dass die bisher von uns wohlgeordneten Dinge durch das Erscheinen des Anderen ganz neue und unkontrollierbare Bewandtniszusammenhänge erfahren haben. Die grüne Wiese, auf der der Spaziergänger geht, der Stuhl, an den er sich lehnt, beziehen ihre Bedeutung und ihre Entfernungen nun auf seltsame Weise aus dieser Person heraus, die ich da sehe. Ein ganzer Raum ordnet sich um den Anderen herum neu an, und dieser Raum wird aus meinem Raum gebildet: „Er ist eine Neuanordnung aller meinen Mikrokosmos anfüllenden Dinge, der ich beiwohne und die sich mir entzieht."[115] Der Spaziergänger erweist sich somit keineswegs nur als Gegenstand, der sich wie die anderen Gegenstände vor meinen Augen liegend entfalten lässt, sondern er entfaltet selbst, wie Sartre sagt, als ‚priviligierter Objekt-Anderer' seine Welt.

> „So ist plötzlich ein Gegenstand sichtbar geworden, der mir die Welt gestohlen hat. Alles ist an seinem Platz, alles ist immer für mich da, aber alles ist von einem unsichtbaren und regungslosen Ausrinnen auf einen neuen Gegenstand hin durchwaltet. Die Erscheinung des Anderen in der Welt entspricht also […] einer Dezentrierung der Welt, die die Zentrierung unterminiert, die ich zur selben Zeit erwirke."[116]

Der Andere ist somit, so resümiert Sartre, zunächst „die beständige Flucht der Dinge auf ein Ziel hin, was ich in einer gewissen Entfernung von mir als Objekt erfasse, was mir aber gleichzeitig insoweit entgeht, als es um sich herum seine eigenen Entfernungen entfaltet."[117]

Darüber hinaus gewinnt nun der Andere für uns eine noch größere Bedeutung, fasst man nämlich den Umstand ins Auge, dass der Andere nicht nur die von ihm erblickte Welt neu ordnet und dieser Welt ihre Bedeutung gibt, sondern auch uns selbst in diese Welt mit einbeziehen kann. Der Andere erscheint somit nicht nur als ‚privilegierter Objekt-Anderer', sondern als ‚Subjekt-Anderer'. Er wird als solcher in meiner beständigen Möglichkeit erfahren, von ihm gesehen zu werden, das heißt, im Erblickt-werden durch den Anderen erfasse ich ihn als Subjekt, werde aber zugleich auf mich zurückgeworfen und fixiert, insofern, als ich mich der jeweiligen Bedeutung und Identität, die mir von einem Subjekt-Anderen zugeschrieben wird, nicht entziehen kann, wie Sartre am Phänomen der Scham erläutert:

> „Nehmen wir an, ich sei aus Eifersucht, aus Neugier oder lasterhafterweise so weit gekommen, mein Ohr an die Tür zu

legen oder durch ein Schlüsselloch zu spähen […]. Jetzt habe ich Schritte im Vorsaal gehört: man sieht mich. Was soll das heißen? Das soll heißen, daß ich in meinem Sein plötzlich von etwas betroffen werde und daß in meinen Strukturen wesentliche Veränderungen auftreten. Veränderungen, die ich erfassen und durch das reflexive cogita begrifflich festlegen kann."[118]

Der Andere überrascht mich und legt mein Ich ganz auf das des Lauschers fest. Als ein solchermaßen Erblickter schäme ich mich, und in diesem Mich-Schämen vor dem Anderen erfahre ich mich als durch ihn fixiert. Er sieht mich in diesem Augenblick einzig und allein als einen neugierigen, eifersüchtigen Schlüssellochhorcher, er beraubt mich aller meiner anderen Möglichkeiten, die mein Ich darüber hinaus noch hätte, und reduziert mich auf eben diese von mir eingenommene Haltung, die Haltung des Lauschers. Der Blick des Anderen lässt somit in diesem Moment meine Freiheit erstarren. Sartre verweist hier auf den Mythos der Medusa, deren versteinernder Blick letztlich auch jenem Phänomen Ausdruck gibt, dass wir durch den Anderen erblickt, eine totale Objektivierung erfahren können, indem er uns in dieser Situation alle Möglichkeiten verweigert und uns damit zu einem ‚An-Sich' reduziert, einem ‚An-Sich', das ist, was es ist.

Gleichzeitig aber, so Sartre, erfahre ich im Erblickt-werden durch den Anderen auch, dass es mir selbst unmöglich ist, in diesem mir momentan zugeschriebenen ‚An-Sich' aufzugehen. Im Gegenteil, ich empfinde höchstes Unbehagen, und in diesem Unbehagen drückt sich die Unmöglichkeit aus, für mich reiner Gegenstand zu sein. Denn der Mensch ist nicht ein einfaches Seiendes, ‚das ist, was es ist', sondern er ist ‚Für-Sich', das heißt, er ist Anwesenheit bei sich, steht zu sich im Verhältnis, worin auch seine Freiheit liegt. Der Mensch muss sich daher erst zu dem ma-

chen, was es ist, oder wie Sartre überspitzt formuliert: „Das ‚Für-
Sich' ist nicht das, was es ist" und es ist „das, was es nicht ist."[119]

Trotz dieser mir eigenen Transzendenz oder besser gesagt, gerade aufgrund dieser Transzendenz werde ich nun aber von einer
anderen Transzendenz gezwungen, mich mit dem ‚An-Sich-Sein'
zu identifizieren, als das mich eine andere Freiheit erblickt hat.
Würde ich mich nicht erkannt fühlen, würde ich mich auch nicht
schämen. Letztlich offenbart sich also in der Scham nichts anderes als der Vorgang des Wiedererkennens des eigenen Selbsts im
Blick des Anderen. Während ich anfänglich, als ich versunken
an der Tür lauschte, mir überhaupt nicht als Lauscher gegen-
ständlich wurde, erkannte ich mich dann aber im Moment des
Erblickt-werdens umso schriller als einen solchen.

Die reine Scham, so fasst Sartre zusammen, ist damit weniger
„das Gefühl, dieser oder jener tadelnswerte Gegenstand zu sein',
sondern ‚überhaupt ein Gegenstand zu sein, das heißt mich in
jenem degradierten, abhängigen und starr gewordenen Gegenstand, der ich für Andere geworden bin, wiederzuerkennen."[120]
Demnach, schlussfolgert Sartre, ist der Blick seinem Wesen
nach reine Verweisung auf mich selbst, denn erst im Blick des
Anderen werde ich mir selbst vorstellig. Ich benötige sogar den
Blick des Anderen, um überhaupt ein Selbst zu erlangen und zu
erfahren, da ich nur Objekt meines eigenen Bewusstseins bin,
insofern ich mir des Bewusstseins, das Andere von mir haben,
bewusst geworden bin. Erst der Andere wirft mir das Bild zurück, das ich von mir selbst habe. So wie ich für Andere existiere, existiere ich auch für mich selbst. Meine Identität hängt
somit zutiefst von den Anderen ab.

> „Als Bewusstsein ist der Andere für mich der, der mir mein
> Sein gestohlen hat, und zugleich der, der es bewirkt, dass es
> ein Sein ‚gibt', welches mein Sein ist."[121]

Erblickt werden heißt primär auch, sich als unbekanntes Objekt unerkennbarer Beurteilungen zu erfassen. Indem ich angeblickt werde, bin ich Objekt für den Anderen, und weil der Andere frei ist, kann ich seine Beurteilung niemals sicher vorauswissen, seine Beurteilung, auf die ich bezüglich meiner Selbsterkenntnis notwendig angewiesen bin.

> „So konstituiert mich das Gesehenwerden als ein wehrloses Wesen für eine Freiheit, die nicht meine Freiheit ist. In diesem Sinne können wir uns, so weit wir Anderen sichtbar werden, als ‚Knechte' betrachten […]. Ich bin in dem Maße Knecht, in dem ich in der Tiefe meines Seins von einer Freiheit abhängig bin, die nicht die meine ist und die doch die Bedingung meines Seins ist."[122]

Diese Situation des Ausgeliefertseins an die Anderen hinsichtlich der eigenen Identitätsfindung beschreibt Sartre nicht nur eindringlich als eine Art Versklavung, sondern auch als ‚ontologische Gefahr' insofern, als ich mir der Anerkennung durch die Anderen nie ganz sicher sein kann.

> „Ich bin in Gefahr […]. Und diese Gefahr ist kein unangenehmer Zufall, sondern die dauernde Struktur meines Für-Andere-Seins."[123]

Nun könnte man angesichts dieser ständigen Unsicherheit versucht sein, einfach auf das Urteil und die Anerkennung der Anderen zu verzichten. Dies ist aber nach Sartre unmöglich, weil ich überhaupt erst in der Auseinandersetzung mit den Anderen und im Rückblick von deren Blick mein Ich gewinne. Wohl aber ist es möglich, so Sartre, zu versuchen, dem Anderen so zu erscheinen, dass er von uns ein Bild entwirft, welches dem von uns erwünschten und somit von uns selbst entworfenen Bild zumindest entgegenkommt. Ganz analog zu diesen Ausführungen Sartres hat der Psychiater Ronald D. Laing eine einfache und anschauliche Beschreibung gegeben:

> „Andere Menschen werden zu einer Art Identitätsbaukasten, mit dessen Hilfe man ein Bild von sich selbst zusammenbauen kann. Man erkennt sich selbst in diesem Lächeln des Wiedererkennens auf dem Gesicht dieses alten Freundes."[124]

An dieser Stelle kann bereits ein erster Vergleich mit den von Goffman aufgestellten Thesen hinsichtlich der Konstituierung von Identität angestellt werden. Es zeigt sich nämlich eine weitgehende Übereinstimmung von Sartre und Goffman. So scheint Sartre zunächst ganz jene von Goffman in seinen Phänomenbeschreibungen anklingenden Thesen hinsichtlich der allgemeinen Merkmale sozialer Prozesse als ontologische Strukturen zu bestätigen. In ähnlicher Weise wie Sartre von der Gefahr der Objektivierung des ‚Für-Sich', von transzendierter Transzendenz spricht oder von der ständigen Unsicherheit, im Blick der Anderen objektiviert und entworfen zu werden, und zwar in einer Weise, die nicht unbedingt dem eigenen Entwurf entspricht, beschreibt auch Goffman die Disphorie bzw. Spannung und Statusunsicherheit, die sich zwangsweise in sozialen Interaktionen durch die gegenseitigen virtuellen Antizipationen und Identitätszuschreibungen ergibt. Und wenn Sartre schreibt, dass, wenn wir schon darauf angewiesen sind, uns von einer fremden Freiheit entwerfen zu lassen, wir immerhin als ‚Für-sich-Sein' versuchen können und auch immer schon versuchen, nach eigenem Entwurf entworfen zu werden, so scheint dies dem nahe zu kommen, was Goffman mit dem saloppen Wort

‚Identitätsmanagement' zu beschreiben intendiert.

Die weitgehende Gemeinsamkeit von Sartre und Goffman in ihren Aussagen bezüglich der ontologischen Struktur des Mit-seins kann noch deutlicher an Sartres Drama ‚Bei geschlossenen Türen' aufgewiesen werden, denn in diesem Stück hat Sartre klarer als in allen anderen seine philosophischen Axiome aus ‚das Sein und das Nichts' direkt in ein literarisches Werk über-setzt. Es ist auch kein Zufall, dass das Drama in seiner ersten Fassung von Sartre schlicht ‚Die Anderen' betitelt wurde.[125]

b) ‚Die Hölle, das sind die Anderen'

Das Drama ist so weit von äußeren Vorfällen entblößt, dass sich sein Inhalt leicht zusammenfassen lässt. Drei Personen werden in einen Raum gesperrt und man sagt uns, dass dies für alle Ewigkeit dauern soll. Niemand kommt hinzu und niemand darf den Raum verlassen. Es wird uns weiter mitgeteilt, dass die Personen, ein Mann namens Garcin und zwei Frauen, Ines und Estelle, bereits gestorben sind und wir sie nach ihrem Tode in der Hölle sehen. Diese Hölle besteht aber nicht, wie man mei-nen könnte, aus lodernden Flammen, Pech, Teufeln und Fol-terknechten mit Spießen und Dreizack, sondern ganz im Ge-genteil aus einem völlig nichtssagenden, im Second-Empire-Stil eingerichteten Zimmer, so dass man mit den der Reihe nach eintretenden Personen das Erstaunen über den offensichtlich ganz uninfernalischen Zustand der Hölle teilt:

> Garcin: Ach? Na, gut, gut, gut, gut. (Er sieht sich um.) Im-
> merhin hatte ich nicht erwartet, dass ich hier... Sie
> wissen ja wohl, was man sich draußen erzählt?
> Kellner: Worüber?

Garcin: Na… (mit einer unbestimmten, die Szene umfassenden Gebärde) über all das.

Kellner: Wie können Sie solche Narreteien glauben? Leuten,
die hier niemals den Fuß über die Schwelle gesetzt
haben. Denn schließlich, wenn sie hergekommen wären…

Garcin: Ja. (Beide lachen)

Garcin: (plötzlich wieder ernst werdend) Wo sind denn die
Pfähle?

Kellner: Was?

Garcin: Die Marterpfähle, die Bratroste, die Blasebälge?

Kellner: Sie machen wohl Witze?

Garcin: (ihn ansehend) Ach? … Na, schön. Nein, das sollte
kein Witz sein. (kurzes Schweigen. Er geht im Zimmer umher.) Keine Spiegel, kein Fenster, natürlich.
Nichts Zerbrechliches. (Plötzlich heftig auffahrend)
Aber warum hat man mir meine Zahnbürste wegge-
nommen? Da haben wir's. Schon kommt die Men-
schenwürde wieder zum Vorschein. Ist ja toll! (zornig
auf die Sessellehne schlagend) Wollen Sie mich gefäl-
ligst mit Ihren Vertraulichkeiten verschonen! Ich bin
mir keineswegs darüber im Unklaren, wo und was ich
hier bin; aber ich dulde nicht, daß Sie…

Kellner: Na, na… Entschuldigen Sie schon. Was wollen Sie;
alle Gäste stellen die selbe Frage. Sie kommen daher:
‚Wo sind die Pfähle?' Aber ich kann ihnen schwören,
in dem Augenblick, da denken sie nicht an Körper-
pflege. Aber wenn man sie dann ein bisschen beruhigt
hat - gleich haben sie's mit der Zahnbürste […]. [126]

Es kommt an dieser Stelle nicht nur die Überraschung als typisch
menschliche Reaktion zum Ausdruck, sondern auch der Drang,

die gewohnten Haltungen sofort wieder einzunehmen, sobald die gefürchtete Mythologie der Hölle sich aufgelöst hat. Gleich in diesen ersten Dialogen wird die Dimension des ‚Allgemeinen‘ eröffnet. Der Charakter des ‚Allgemeinen‘ geht auch aus dem weder hässlichen noch schönen Durchschnittsstil des Zimmers hervor. Das Zimmer hat keine Fenster, und es gibt ein gleichmäßiges elektrisches Licht, das von den Bewohnern nicht abgeschaltet werden kann, was andeuten soll, dass es keinen Rhythmus von Tag und Nacht, Wachsein und Schlafen mehr gibt. Die Zeit ist zum Stehen gebracht, Ereignisse sind unmöglich.

In diese Hölle werden der Reihe nach Garcin, Ines und Estelle hereingeführt. Bereits die Art, wie sie sich von dem Kellner (Höllendiener) hereinführen lassen, macht ihre Person auf zweifache Weise transparent. Zum einen wird schon angedeutet, um was für Charaktere es sich handelt, zum anderen, und das ist später noch von Bedeutung, wird gesagt, als was jeder einzelne von ihnen gerne gelten möchte. Garcin möchte als Held gelten, als ein überzeugter Pazifist, den man bei Kriegsausbruch wegen seiner standhaften Wehrdienstverweigerung erschossen hat. Er ist, wie er selbst sagt, entschlossen, der Situation ins Auge zu sehen und sich keine Angst einjagen zu lassen. Ines verbirgt sich zunächst vor den anderen, stellt auch dem Kellner keine Fragen, wirkt illusionslos und ist offensichtlich völlig mit dem Leben fertig. Ihre wenigen Bemerkungen gegenüber Garcin sind aber nicht ohne intellektuelle Schärfe. Estelle, die dritte im Bunde, gibt sich laut, anmaßend und unzufrieden. Sie ist eitel und hübsch und möchte dies auch von den anderen bestätigt wissen; über den Ernst der Situation ist sie sich im Gegensatz zu Ines überhaupt nicht im Klaren. Sie echauffiert sich über die Ausstattung des Salons und den Kellner, der, nachdem er alle drei zusammengeführt hat, für immer verschwindet. Die drei sind nun ganz auf sich verwiesen. Im ersten Gespräch versucht Estelle mehr und mehr verzweifelt, den anderen beiden vorzumachen, dass es sich bei ihrer Anwesenheit in der Hölle um einen Irrtum handle:

> Estelle: Lächeln Sie nicht. Denken Sie an die Unzahl von Leuten, die [...] alltäglich [...] abwesend werden. Zu Tausenden kommen sie hierher, und haben es immer nur mit Unterbeamten zu tun, mit ungebildeten kleinen Angestellten. Wie sollen da keine Irrtümer vorkommen! Lächeln Sie doch nicht. (Zu Garcin) Und Sie, sagen Sie auch etwas. Wenn die sich in meinem Fall geirrt haben, so können sie das auch in Ihrem Fall getan haben. (Zu Ines) Und in Ihrem ebenfalls. Ist es nicht besser, wir glauben, dass wir irrtümlich hier sind?
>
> Ines: Ist das alles, was Sie zu sagen haben?
>
> Estelle: Was wollen Sie noch wissen? Ich habe nichts zu verheimlichen. Ich war eine arme Waise, hatte meinen jüngeren Bruder aufzuziehen. Ein alter Freund meines Vaters hielt um mich an. Er war reich und gutmütig, so nahm ich an. Was hätten Sie an meiner Stelle getan? Mein Bruder war krank; seine Gesundheit erforderte sorgsame Pflege. Sechs Jahre habe ich mit meinem Gatten ungetrübt zusammengelebt. Vor zwei Jahren traf ich den Mann, den zu lieben mir bestimmt war. Auf der Stelle haben wir einander erkannt; er wollte, ich solle mit ihm davongehen; ich weigerte mich. Dann bekam ich meine Lungenentzündung. Das ist alles. (Zu Garcin) Halten Sie das für eine Schuld?
>
> Garcin: Gewiss nicht.[127]

Aber Ines, die am Anfang nur soviel von ihrer Identität preisgibt, dass man daraus entnehmen kann, sie sei Postangestellte gewesen, durch Gas umgekommen und mache sich nichts aus Männern, kann diese Heuchelei von Estelle nicht ertragen. ‚Für wen spielen Sie diese Komödie? Wir sind unter uns', ruft sie den anderen zu.

Estelle: Unter uns?

Ines: Unter Mördern. Wir sind in der Hölle, mein Kind. Irrtümer sind ausgeschlossen; umsonst wird keiner verdammt.

Estelle: Schweigen Sie!

Ines: In der Hölle! Verdammt! Verdammte!

Estelle: Schweigen Sie! So schweigen Sie doch! Ich verbiete Ihnen, gemeine Worte zu gebrauchen. Eine Verdammte, die kleine Heilige. Ein Verdammter, der untadelige Held. Wir haben unsere Stunde des Vergnügens ausgekostet, nicht wahr? Andere Leute haben unseretwegen auf den Tod gelitten, und das machte uns viel Vergnügen. Jetzt heißt es bezahlen.

Garcin: Wollen Sie jetzt den Mund halten?

Ines: (Ihn furchtlos, nur äußerst erstaunt ansehend) Ha! (Pause) Halt! Ich verstehe jetzt! Ich weiß, warum man uns zusammengesperrt hat!

Garcin: Sehen Sie sich vor, was Sie sagen!

Ines: Sie werden erkennen, wie dumm das ist. Dumm wie Bohnenstroh! Körperliche Folter gibt's keine, nicht wahr? Und doch sind wir in der Hölle. Es kommt auch niemand. Niemand. Wir, allein bleiben wir zusammen, bis ans Ende [...]. Das ist das Ganze. Die Gäste bedienen sich selbst, wie in Gemeinschaftsküchen [...] der Henker - das ist jeder von uns für die beiden andern.[128]

Mit dieser Feststellung spricht Ines den Grundgedanken des Stückes aus. Die Hölle, das sind nicht quälende Bratroste, die Hölle, das sind die Anderen. Auch Garcin und Estelle ahnen nun, dass sie von einer höllischen Vorsehung als Gruppe genau so ausgewählt und zusammengebracht wurden, um sich gegenseitig in, für die Identität aller Beteiligten, infernalische Beziehungen zu verstricken. Sie beschließen daher auf Vorschlag Garcins, die Höllenordnung zu durchbrechen, indem sie sich jeder in eine Ecke zurückziehen und sich ganz in Ruhe lassen. Doch der Versuch scheitert, weil die schöne, narzisstische Estelle zu ihrer Selbstbestätigung zumindest einen Spiegel braucht, um die Einsamkeit zu ertragen. Da es im Raum keine Spiegel und Fenster gibt, erbietet sich die Lesbierin Ines, ihr, Estelle, ein lebendiger Spiegel zu sein und ihr zu sagen wie schön sie ist und ihr somit die gewünschte Anerkennung zuteilwerden zu lassen. Und damit beginnt der Konflikt, der das eigentliche Geschehen des Dramas ausmacht: Da die Beteiligten von den Anderen jeweils eine ganz spezifische Anerkennung benötigen, geraten sie unweigerlich in das Spannungsfeld des gegenseitigen ‚Erblickens' und ‚Erblickt-werdens', Die scharfsinnige Ines erkennt auch dies sofort, und als sich Estelle ihrer körperlichen Annäherung entzieht, droht sie ihr:

> Ines: Wie wäre denn das, wenn der Spiegel sich aufs Lügen
> verlegte? Oder; wenn ich die Augen schlösse, wenn
> ich mich weigerte, dich anzuschauen, was fingest du
> mit all deiner Schönheit an?![129]

Estelle rettet sich daraufhin zunächst in die Arme von Garcin, der aber, wie sich herausstellen wird, im Grunde vor allem am Urteil von Ines interessiert ist und von ihr als aufrechter Pazifist anerkannt werden will. Gegenseitig zwingen sich nun alle drei zu dem Geständnis ihrer wahren Lebensläufe und Verbrechen. Ines hat den Mann ihrer Freundin zum Selbstmord getrieben und sich dann in sadistischer Weise ihrer selbst bemächtigt.

> Ines: Ich brauche die Leiden anderer, um bestehen zu können. Eine Fackel [...]. Wenn ich allein bin, verlösche ich. Ein volles Jahr habe ich in ihrem Herzen gelodert, habe ich es ausgebrannt. Alle Tage sagte ich ihr: Na, Kindchen, wir haben ihn umgebracht. Eines Nachts stand sie auf; sie muss, ohne dass ich es merkte, den Gashahn geöffnet und sich dann wieder neben mich gelegt haben.[130]

Der pazifistische ‚Held' Garcin hat in Wirklichkeit gar keinen Widerstand gegen seine Mobilmachung geleistet, sondern ist bei Ausbruch des Krieges feige geflohen, wurde dabei gefangen und auf ganz unrühmliche Weise zu Tode gebracht.

Auch Estelle ist nicht irrtümlicherweise hier. Sie wird zu dem Geständnis getrieben, eine Kindsmörderin zu sein, die das Kind, das sie von einem heimlichen Liebhaber bekam, beseitigte, ohne dass ihr Mann etwas davon merkte; ihr Liebhaber beging Selbstmord. Estelle flüchtet sich nach diesem Geständnis in die Arme von Garcin, von dem sie als Frau begehrt werden will. Dieser aber will nicht oberflächlich lieben, sondern seinerseits geliebt werden, und das heißt für ihn vor allem: als der anerkannt werden, der er auf Erden gern hätte sein mögen - kein Feigling!

> Garcin: Estelle, du musst mir dein Vertrauen schenken.
> Estelle: Wozu die Umstände! Du hast doch meinen Mund, meine Arme, meiner ganzen Körper, und alles könnte so einfach sein. Mein Vertrauen! Ich, ich habe kein

Vertrauen zu vergeben, du bringst mich in schreckliche Verlegenheit [...].
Garcin: Estelle, bin ich ein Feigling?
Estelle: Das weiß ich doch nicht, mein Schatz; ich stecke doch
nicht in deiner Haut. Darüber hast du die Entscheidung zu fällen.[131]

Was aber Garcin quält, ist die Situation, dass er eben keine
Entscheidungen mehr fällen kann, dass er seinen Taten nichts
mehr hinzufügen kann. Er ist deshalb ganz auf das Urteil der
Anderen angewiesen. Nur die Anerkennung durch die Anderen
könnte ihn von seinen Zweifeln befreien. Es gelingt ihm zwar
im Fortgang des Gesprächs, sich bei Estelle zu versichern, dass
er kein Feigling, sondern durchaus ein ‚ganzer Mann' ist, doch
Ines zerstört ihm diese Illusion sofort wieder, indem sie Estelle
zu dem Geständnis zwingt, dass sie Garcin alles und jedes ver-
sprechen würde, wenn er sie nur begehren würde. Garcin muss
daher erkennen, dass einzig und allein das Urteil von Ines ihn
vor sich selbst freisprechen kann, da er auf Estelles Urteil nichts
geben kann.

Ines ist somit die Henkerin Garcins. Garcin wiederum ist der
Henker von Estelle, denn Estelle braucht gegen die Hölle ihrer Einsamkeit einen Mann. Sie bezieht ihre ganze Identität
daraus, sexuell begehrt zu werden, und sei es auch von einem
Feigling. Garcin aber entzieht sich ihr beharrlich, da er bezüglich seiner Identität der unbestechlichen Anerkennung von Ines
bedarf. Estelle wiederum ist die Henkerin der Lesbierin Ines,
der sie als Möglichkeit und Unmöglichkeit zugleich vor Augen
steht. Damit schließt sich der Höllenkreis.

2. Goffman und Sartre: ‚Ich-Identität' als ‚entworfener Entwurf'?

Das Drama ist somit nichts anderes als ein ständiger Kampf um das Erblickt-werden'. Zur Aufrechterhaltung oder Wiederherstellung seiner Identität, seiner Sich-selbst-Gleichheit bzw. umgangssprachlich gesagt, ‚um mit sich selbst ins Reine zu kommen', muss ein jeder um die Anerkennung und damit um ein günstiges Bild in den Augen der Anderen kämpfen. Der Kampf um Anerkennung entspricht genau der ontologischen Struktur, die Sartre in ‚Das Sein und das Nichts' vorstellig gemacht hat: „Ich bin das Andere-Erfahren, das ist die Urtatsache."[132] In dem Drama ‚Bei geschlossenen Türen' fügt Sartre allerdings noch hinzu, dass wir uns in einigen Menschen mehr, in anderen hingegen weniger erfahren. So ist Garcin hinsichtlich der Selbstzweifel an seiner Identität als Pazifist ganz auf den Zuspruch der unbestechlichen Ines verwiesen, während er auf die leicht zu erlangende Anerkennung der hübschen, aber gleichgültigen Estelle nichts geben kann. Als Garcin schließlich erkennt, wie verzweifelt er um das Urteil von Ines wird kämpfen müssen, stürzt er zur Türe:

> Garcin: Aufmachen! Aufmachen! […] Mir ist alles recht: spanische Stiefel, Zangen, […] Daumenschrauben. Lieber hundert Natternbisse, als diese Hirnqual […]. All diese Blicke, die mich verzehren […]. Also, dies ist die Hölle. Niemals hätte ich geglaubt […]. Ihr entsinnt euch: Schwefel, Scheiterhaufen, Bratrost […]. Ach ein Witz! Kein Rost erforderlich, die Hölle, das sind die andern.[133]

Mit dieser Aussage, dass die Hölle schlicht in dem ‚Ausgeliefertsein und Verzehrtwerden‘ durch die Blicke der Anderen besteht, weist uns Sartre auf ein ähnliches Phänomen hin, welches Goffman soziologisch als ‚Dynamik beschämender Andersartigkeit‘ beschrieben hat. So verfällt etwa Garcin dieser Dynamik, insofern seine Selbstdefinition nicht mit der Identität übereinstimmt, die ihm virtual von den Anderen zuerkannt wird. Diese inferiore soziale Identität, als Feigling stigmatisiert zu sein, wirkt wieder verunsichernd auf ihn zurück. Während allerdings Sartre in seinem Drama die Situation eines Menschen beschreibt, der verzweifelt bemüht ist, sein Ideal-Ich, also das eines überzeugten Pazifisten, eines Helden, aufrechtzuerhalten oder wiederherzustellen, geht es in den von Goffman beschriebenen Situationen oft sogar nur darum, dass die Leute bemüht sind, wenigstens ein ‚normales Standard-Ich‘ für sich in Anspruch nehmen zu können, das heißt, darum bemüht sind, von den Anderen als ‚gleiches, vollwertig normales menschliches Lebewesen‘ anerkannt zu werden.

Die Feststellung jener Grundstruktur aber, wonach die Ich-Identität schicksalhaft in die Dynamik von Anerkennung und Nicht-Anerkennung eingebunden ist und der Mensch daher immer schon in einem Seinszusammenhang mit dem Sein Anderer steht, ist bei Sartre und Goffman zunächst dieselbe. Insofern kann man vorerst sagen, dass dieselben Phänomene, die Goffman in seiner soziologischen Terminologie mit Begriffen wie Identitätsglaube, Identitätsmanagement oder als ubiquitären Zwei-Rollenprozess beschreibt, von Sartre als ontologische Struktur des ‚Für-Andere-Seins‘ ausgewiesen werden. Verfolgt man aber nun das Stück zu Ende, wird auch der Unterschied zwischen der Sozialontologie Sartres und Goffmans interaktionistischer Sichtweise deutlich.

Garcin: Hör mich an, ein jeder hat sein Ziel, nicht? [...] Ich
pfiff auf das Geld, auf die Liebe. Ich wollte ein Mann
sein. Ein Kerl. Ich habe alles auf ein einziges Pferd
gesetzt. Ist es möglich, dass man ein Feigling ist, wenn
man sich die gefährlichsten Wege erwählt hat? Kann
man ein Leben nach einer einzigen Tat beurteilen?

Ins: Warum nicht? Dreißig Jahre hast du dich in dem Traum
gewiegt, du habest Mut; du ließest dir tausend kleine
Schwächen hingehen, weil den Helden alles erlaubt
ist. Wie bequem das war! Und dann, in der Stunde der Gefahr, als du Farbe bekennen solltest [...]
nahmst du den Zug nach Mexiko.

Garcin: Von solchem Heldentum habe ich nicht bloß ge-
träumt. Ich habe es erwählt. Man ist, was man will.

Ines: Beweise es. Beweise, dass es kein Traum war. Nur die
Taten entscheiden über das, was man gewollt hat.

Garcin: Ich bin zu früh gestorben. Man hat mir keine Zeit
gelassen, meine Taten zu tun.

Ines: Man stirbt immer zu früh - oder zu spät. Aber das Leben
ist nun einmal da zu Ende; der Strich ist gezogen, es
gilt die Rechnung abzuschließen. Du bist, was dein
Leben ist.[134]

Garcin vertritt hier gegenüber Ines die existenzialistische These:
Man ist, was man sein will. Doch Ines entgegnet ihm schroff,
dass der Verweis auf die Wahl seines Wegs ein Akt der Selbsttäuschung (Mauvaise foi) sei, wenn man diesen Weg nicht auch
tatsächlich in seinen frei gesetzten Taten durchlebt. Es sei leicht,
sich als großzügigen und tapferen Menschen zu ‚projizieren‘,
ohne diesen Entwurf auch in Taten umzusetzen. Als Garcin
sich auf seinen frühen Tod herauszureden versucht, der ihm die
Zeit für seine Taten gestohlen habe, entgegnet ihm Ines, dass

er, gerade als er die Chance zu einer Heldentat gehabt hätte, seinem Entwurf untreu geworden sei. Jetzt ist es für Garcin freilich zu spät, seine Entschlossenheit unter Beweis zu stellen, denn sein Leben ist zu Ende. Er kann keine Taten mehr erbringen, so wie überhaupt in der Hölle die Zeit stehen geblieben ist und keine Ereignisse mehr stattfinden können.

Die Hölle zeichnet sich also nicht nur dadurch aus, dass es drei Menschen sind, die auf ewig miteinander zusammensein müssen, sondern – und dies ist eine zweite Komponente – auch dadurch, dass diese Menschen keine wirklich lebenden Menschen mehr darstellen. Sie haben nur mehr eine äußerst zwielichtige Existenz, insofern sie zwar noch irgendwie ‚sind‘ aber dennoch ihre volle existenzielle Freiheit bereits verloren haben.

An dieser Stelle wird deutlich, warum sich das literarische Geschehen in ‚Bei geschlossenen Türen‘ nur zum Teil auf dem von Sartre ausgewiesenen ontologischen Boden erhebt. Denn anders als in der ‚Hölle‘ hat der Mensch nach Sartre im Vollzug seiner Existenz immer und überall die Möglichkeit zu einer existenziell entschlossenen Tat; das heißt, der Mensch ist als Transzendenz immer schon frei oder, wie Sartre sagt, ‚verurteilt, frei zu sein‘. Er kann sich selbst nicht nur entwerfen, sondern diese Entwürfe auch in seinen Taten umsetzen und damit die Anderen gerade durch die frei gesetzte Tat von der Aufrichtigkeit seines Entwurfes überzeugen. ‚Der Mensch ist‘ als Für-sich-Sein ‚nichts anderes als wozu er sich macht‘.[135]
Eine Zusammenschau von Sartres ontologischer Strukturanalyse des ‚Für-sich-Seins‘ und des ‚Für-Andere-Seins‘ ergibt demnach folgendes Bild: Der Mensch ist frei, aber als Freiheit wird er für eine andere Freiheit zum Objekt, durch welches hindurch er sich überhaupt erst vorstellig wird. Als eine solche Freiheit, die sich erst in der Freiheit des Anderen erschaffen lassen kann, ist er auch immer schon auf diese angewiesen. Wie er sich aber durch

eine andere Freiheit hindurch selbst erfährt, kann er durch seine eigenen, von ihm selbst frei gesetzten Taten mitbestimmen.

So wäre etwa Garcin, unter die Lebenden zurückgekehrt, zumindest der Möglichkeit nach sehr wohl in der Lage, durch eine entschlossene Tat Ines von der Ernsthaftigkeit seiner Idee und seiner Person zu überzeugen.

Goffman vollzieht diese Wende nicht mit. Im Gegenteil, für Goffman sind auch die Handlungen, ja gerade die Handlungen direkter Ausdruck und Reaktion auf gesellschaftliche Erwartungen. Der Vorgang des Sichentwerfens und sein Vollzug in den Taten ist für ihn kein spontaner Freiheitsakt, sondern auch wieder nur Ausdruck der Wirkung des ‚verallgemeinerten Anderen‘.

Goffman nimmt ferner an, dass auch jenes Ich, als was wir uns entwerfen und als welches wir gelten wollen, nicht eine freie Wahl im Sinne Sartres ist, sondern höchstens die Wahl dessen, was von dem im symbolischen Universum längst verinnerlichten gesellschaftlichen Subjekt (verallgemeinerter Anderer) ohnehin gerade virtual antizipiert und gestützt ist. Es entsteht also nicht etwa, wie bei Sartre, eine Kluft zwischen Selbstentwurf und gesellschaftlicher Objektivation bzw. der Antizipation dieses Selbstentwurfs durch die Anderen, sondern es entsteht eine Kluft zwischen einem ebenfalls gesellschaftlich produzierten Ich-Ideal und dem gesellschaftlich zugewiesenen sozialen Ich. In der Scham leidet somit nicht eine Freiheit an der sie negativ objektivierenden anderen Freiheit, sondern ein gesellschaftliches Ideal an seiner gesellschaftlich festgestellten Nichtverwirklichung.

Der Mensch gerät so bei Goffman zu einer Schablone, deren individuelle Form sich dadurch ergibt, dass sie sich auf der weit größeren Schablone der Kultur positiv oder negativ abhebt. Auch in seiner Studie ‚Rahmenanalyse‘, wo der Leser vielleicht auf eine Analyse der gesellschaftlichen Rahmen unter Hinblick auf das, wenn auch eingerahmte, so doch dahinterstehende Selbst hoffen mag, findet sich keine schlüssige Erklärung, sondern nur wieder eine, wenngleich subtile Beschreibung der vielfältigen, sich überlappenden und teilweise verschmelzenden Bedingtheiten, in die das menschliche Verhalten eingebunden ist. Am Ende stellt Goffman zwar dann doch noch die Frage, wie es sich denn mit dem eigentlichen Ich als letztem Kern des Individuums verhalte, aber nur, um sie mit einer lakonischen Antwort zu tilgen.

> „Und was ist der Kern? [...] Das Ich ist also keine halb hinter den Ereignissen verborgene Entität, sondern eine veränderliche Formel, mit der man sich auf die Ereignisse einlässt. Genau wie die augenblickliche Situation den offiziellen Schleier vorschreibt, hinter dem wir uns verbergen, so sorgt sie auch dafür, dass wir an bestimmten Stellen in bestimmter Weise durchscheinen, und die Kultur selbst schreibt vor, für was für eine Art Wesen wir uns zu halten haben, um auf diese Weise etwas durchscheinen lassen zu können [...]. Und ‚ich selbst', dieses greifbare Gebilde aus Fleisch und Blut? - Ein System von Funktionen [...]."[136]

Ein System von Funktionen, eine veränderliche Formel, die sich je nach Aufgabenstellung und normativer Anforderung verändert und anpasst, ist also der Kern unseres Selbst. Der Mensch denkt, die Norm lenkt, könnte man überpointiert Goffmans Fazit kommentieren.

Mit diesem Fazit entfernt er sich aber von seinen phänomenologischen Beobachtungen zwischenmenschlicher Interaktion und nähert sich zweifellos jenem radikalen soziologischen Theorem, wonach das Individuum gänzlich in seinen verschiedenen Rollen aufgeht. Eine solche Annahme ist allerdings schon insofern uneinsichtig, als es für den Menschen, wenn man ihn im Sinne Goffmans als veränderliche Formel verstehen würde, gar keine Identitätsprobleme geben könnte, da er ja chamäleonartig jeder gesellschaftlichen Antizipation flexibel nachzukommen in der Lage wäre. Dies ist aber für den Menschen, wie ja Goffman selbst in seinen Studien immer wieder feststellt, eben nicht möglich. Die Probleme, die aus der Dynamik von Anerkennung und Nicht-Anerkennung erwachsen, lassen sich letztlich nicht dadurch erklären, dass ein gesellschaftliches Ideal an seiner gesellschaftlichen Nicht-Verwirklichung leidet. Der oder das, was da leidet, mag seiner Natur nach vieles sein, aber sicher keine Formel.

In der Sekundärliteratur und Rezeption der Goffmanschen Studien werden dann auch die ‚atomistische Reduktion der Gesellschaft auf ein Aggregat von Situationen‘, sowie die implizit funktionalistischen Annahmen seiner ‚situated activity systems‘ kritisiert.[137] Vor allem aber wird Goffman in der angelsächsischen Rezeption das Fehlen einer durchgängigen theoretischen Konzeption vorgeworfen, so u.a. auch von Ashworth, der in seiner Studie einen dezidierten Forschungsüberblick zur Goffmanliteratur gibt:

> „Meltzer finds no theory in Goffman, and neither does Tiryakian. Rothstein (1974) agrees that there is a lack of theoretical depth‘ which renders the work trivial and deprives the ‚examples‘ of analysis. For him, the major reason of disappointment with Goffman is ‚the lack of a firm theoretic base to give significance to the concepts beyond their use as vehicles for their own presentation‘. Goffman´s work does not seem to belong to the sociological or social psychological world of his reviewers.“[138]

Es ist zweifellos richtig, dass Goffman in seinen Studien trotz oder vielleicht gerade wegen seiner viel gepriesenen[139] phänomenologischen Sensitivität auf eine explizite Theorie des Subjekts bzw. des Selbst verzichtet hat. „Goffman", so Brumlik, „gibt recht eigentlich nie eine exakte Definition des ‚Selbst', wie etwa Krappmann gezeigt hat, sondern beschreibt es vielmehr in Aktion."[140] Dieses Loch an Theorie hat zu den unterschiedlichsten Versuchen geführt, Goffman einer, zumindest latent bei ihm nachweisbaren, Theorietradition zu überführen:

> „Durkheim, symbolic Interactionism, and - especially with reference to Frame Analysis - structuralism, have been candidates as latent theories in Goffman, but none of these seem to have allowed the desired integration of Goffman's work into the general thinking of our disciplines."[141]

Auch der in vorliegender Untersuchung, insbesondere anhand von Goffmans Studie ‚Stigma' angestellte Vergleich mit Sartres Strukturanalyse des ‚Für-Andere-Seins', wurde hinsichtlich einer möglichen existenzialistischen Fundierung und Unterlegung des Goffmanschen Gesamtwerks bereits unternommen, allerdings oft mit einer zu direkten Synthetisierung wie etwa bei Gray und Lofland, die Goffman eine ‚existentialist sociology' zuschreiben.[142] Ashworth kommt dagegen in seiner Studie zu einem differenzierteren Ergebnis, insofern er zu Recht betont, dass Sartres Ontologie natürlich keineswegs deckungsgleich ist mit Goffmans Soziologie, dass es aber gleichwohl möglich ist, Goffman mit einem Sartreschen Vorverständnis zu lesen. Und eben dies unternimmt er in seiner Untersuchung und demonstriert damit, dass es durchaus möglich ist, den ‚theorielosen Goffman' in seinen phänomenologischen Bestandsaufnahmen mit Sartreschen Begriffen zu interpretieren und aus ihnen heraus zu verstehen. Man könnte Ashworths These noch dahingehend erweitern, dass es nicht nur möglich, sondern sogar notwendig ist, Goffmans Interaktionismus auf dem von Sartre ausgewiesenen existenziellen Hintergrund zu lesen, da sich sonst die von Goffman immer wieder aufgezeigten und von den betroffenen Individuen als tragisch erlebten Konflikte letztlich nicht mehr verstehen ließen.

In der hier vorliegenden Untersuchung zum Phänomen Anerkennung und Nicht-Anerkennung kann es aber nur am Rande darum gehen, Sartres Existenzphilosophie als mögliche bzw. notwendige Lesart von Goffmans Studien anzuzeigen. Wesentlicher ist es hier, durch die Beobachtungen Goffmans zur Dynamik zwischenmenschlicher Beziehung sowie durch Sartres Analysen des Blicks eine erste Annäherung an das Anerkennungsphänomen zu gewinnen.

3. Das ‚Für-Andere-Sein' als Konflikt und Kampf um Anerkennung

a) Anerkennung und Nicht-Anerkennung als ontologische Gefahr

Als Schlussfolgerungen aus den Analysen des Blicks konstatiert Sartre ein unvermeidbares Paradox menschlicher Existenz. Zum einen kann der Mensch sich erst in und durch die Anerkennung der anderen Menschen selbst erkennen, andererseits fürchtet er eben diese Anerkennung als Objektivierung und Versteinerung seiner Möglichkeiten.

> „Die Scham ist das Gefühl des Sündenfalles, nicht deshalb,
>   weil ich diesen oder jenen Fehler begangen hätte, sondern

einfach deshalb, weil ich in die Welt ‚gefallen‘ bin, mitten in die Dinge hinein, und weil ich der Vermittlung des Anderen bedarf, um zu sein, was ich bin." [143]

Sich schämen ist in diesem Sinne letztlich zu verstehen als Anerkenntnis seiner selbst, als das, als was man von den Anderen anerkannt wird - auch dann, wenn das einem solchermaßen Zu- oder Anerkannte unangenehm ist, wie im Falle des Lauschers, der sich, von anderen als ein solcher erkannt, auch selbst in dieser Identität zu erkennen gezwungen ist.

Auch der Schriftsteller, um ein beliebtes Beispiel Sartres zu nehmen, ist hinsichtlich seiner Identität immer zur Anerkenntnis der Anerkennung bzw. Nicht-Anerkennung seiner Leser verurteilt. So wird ein Werk erst im Blick der Anderen zum Kunstwerk und der Künstler zum Künstler.

‚Literatur‘, so Sartre, ‚verlangt die vereinte Anstrengung des Autors und des Lesers [...]. Kunst gibt es nur für und durch den anderen.‘ Der Anerkennung durch die Anderen kann ich mir aber im Vorhinein niemals sicher sein, insofern ich von einer Freiheit abhängig bin, die nicht die meine ist und doch die Bedingung meines Seins. Deshalb birgt das Ausgeliefertsein an den Blick bzw. die Anerkennung oder Nicht-Anerkennung durch den Anderen eine ständige Gefahr:

"Ich bin in Gefahr [...]. Und diese Gefahr ist kein unangenehmer Zufall, sondern die dauernde Struktur meines Für-Andere-Seins." [144]

Auch das Phänomen des ‚Lampenfiebers‘ eines Schauspielers oder Sängers vor dem öffentlichen Auftritt lässt sich auf dem Hintergrund der ‚ontologischen Gefahr‘ verstehen. Zwar spielen sich Anerkennungssituationen, in denen man dem Blick des

Anderen ausgesetzt ist, bei den meisten Menschen alltäglich meist mit großer Selbstverständlichkeit ab und bestimmen in ihrer geschichtlichen Gestalt die persönliche Wirklichkeit auch dann noch, wenn sie alleine sind, doch ist die aktuelle Situation des Schauspielers oder Künstlers vor dem Auftritt insofern besonders aufschlussreich, als er es sich zum Beruf gemacht hat, sich den Blicken der Anderen auszusetzten, ja diese auf sich zu ziehen. Der vielzitierte Spruch, die ‚Bretter, die die Welt bedeuten‘ hat für den Schauspieler deshalb eine doppelte Evidenz, da der Erfolg oder Misserfolg seiner Darstellung auf der Bühne nicht nur über Gelingen oder Zusammenbruch der inszenierten und von ihm bedeuteten Welt entscheidet, sondern darüber hinaus auch über seine wirkliche Welt als Künstler, deren Bedeutung ja ebenfalls im glaubhaften Bedeuten des Darzustellenden liegt.

Das Lampenfieber, das von Schauspielern als diffuser Erregungszustand, als Mischung aus Angst und Lust erlebt wird, ist auf dem Hintergrund der Anerkennungsproblematik einfach zu verstehen. Einerseits lässt die Erwartung eines baldigen tosenden Applauses und somit die vielstimmige Anerkennung seiner Selbst den Schauspieler dem kommenden Ereignis und dem Erblicktwerden durch die Anderen erwartungsfroh entgegenfiebern, andererseits aber fürchtet und flieht er genau diese Situation der Zur-Schau-Stellung im Rampenlicht, da sie gleichermaßen die Möglichkeit blamabler Nichtanerkennung birgt, die in Folge der extremen Entäußerung im Rampenlicht dann auch als extreme Vernichtung empfunden wird. Auch wenn der Schauspieler seinen Text gut beherrscht und durchaus die nötigen Fähigkeiten mitbringt, seine Rolle glaubhaft zu spielen, kann der bloße Gedanke an den Blick des erwartungsvollen und zumindest ontologisch freien Publikums genügen, das Lampenfieber zu entfesseln.

Die Unvorhersehbarkeit der Anerkennung im Blick der Anderen ist, so Sartre, eine Realität, der die Menschen vor allem dadurch zu entkommen versuchen, dass sie sich Anerkennungsverhältnisse zu schaffen trachten, in denen sie sich der Anerkennung durch die Anderen absolut sicher sein können. Der Tyrann beispielsweise versichert sich der Anerkennung durch die Anderen, indem er diese in Furcht hält und dazu zwingt, ihn als bedeutsam zu konstituieren. Allerdings ist diese Anerkennung, auch wenn sie immer wieder gesucht wird, letztlich defizitär, da sie nicht freiwillig erfolgt. Die wahre Objektivierung bleibt dem Tyrannen verborgen, weshalb er in der Unsicherheit verbleibt.

Im Gegensatz zu Macht und Tyrannei ist nach Sartre die Liebe der bizarre und gerade deshalb so oft unternommene Versuch, sich die Anerkennung des Anderen ‚aus freien Stücken‘ für immer zu sichern und sich dadurch, freilich vergeblich, der ontologischen Gefahr zu entziehen:

> "Wir haben ja betont, dass die Freiheit Anderer die Grundlage meines Seins ist. Aber gerade weil ich durch diese Freiheit Anderer existiere, bin ich ohne Sicherheit, bin ich in dieser fremden Freiheit in Gefahr; sie formt mein Sein und lässt mich sein‘, sie verleiht und raubt mir Werte [...]. Mein Vorhaben, mein Sein wiederzuerlangen, kann nur verwirklicht werden, wenn ich mich dieser Freiheit bemächtige und wenn ich sie darauf reduziere, eine meiner Freiheit unterworfene Freiheit zu sein."[145]

b) Liebe als scheiternder Versuch der Überwindung des Konflikts im absoluten Anerkennen

Die Idee der Liebe ist für Sartre somit zunächst ganz plausibel. Man versucht sich eine Freiheit zu unterwerfen, die, obgleich sie unterworfen ist, das eigene Sein immer neu und aus freien Stücken bestätigt und anerkennt!

Gelingt dies, verliert der Blick des Anderen und dadurch die Objektivierung durch ihn seine ganze Bedrohlichkeit und verleiht im Gegenteil dem Geliebten jene Seinssicherheit, die aus der verlässlichen und bedingungslosen Anerkennung durch den Anderen erwächst.

Die Liebenden bringen sich in ihrer Freiheit gegenseitig beim jeweils Geliebten in Sicherheit, lassen sich von diesem um ihrer selbst willen entwerfen. Sie sind der bedrohlichen Nichtigkeit des ‚Für-sich-Seins' enthoben, das in seinem Kern nichts anderes ist als das Verurteiltsein, unser Sein in und aus seiner ihm wesenhaften Nichtigkeit heraus selbst übernehmen zu müssen.

> „Während wir, bevor wir geliebt wurden, beunruhigt waren von jenem ungerechtfertigten und nicht zu rechtfertigenden Auswuchs, der unser Dasein war, während wir uns vorher ‚überzählig' vorkamen, fühlen wir jetzt, dass dieses Dasein bis in die geringsten Einzelheiten neu gemacht und gewollt ist von einer absoluten Freiheit […]. Dies ist der Grund für die Freude der Liebe, wenn sie vorhanden ist: uns in unserem Dasein gerechtfertigt zu fühlen."[146]

Die Liebe ist ihrem Wesen nach der Entwurf, sich lieben zu lassen oder auch zu wollen, dass der Andere will, dass ich ihn liebe. Der Liebende unternimmt alles um zu erreichen, dass der An-

dere ihn als bevorzugtes Objekt seiner Welt begehrt und letztlich als unüberschreitbare Freiheit anerkennt. Geliebt werden
wollen heißt, so Sartre, „den Anderen mit der eigenen Faktizität
infizieren, heißt ihn zwingen wollen, mich fortwährend neu zu
erschaffen".[147]

Wie aber kann ein Mensch eine andere Freiheit darauf ver-
pflichten? Indem er sich, so Sartre, für den Anderen als äußerste Seinsfülle, als bedeutungsvollen Gegenstand konstituiert oder
versucht, wie die Liebenden sagen, für den Anderen die ganze
Welt zu sein. Das heißt, er entwirft sich selbst als bezauberndes
Objekt, als eine ‚unendliche Tiefe' in der Hoffnung, den Anderen zu verzaubern, um dadurch auf seine Freiheit derart einzu-
wirken, dass diese von seiner Person so fasziniert ist, dass sie sich
um seinetwillen sozusagen freiwillig in Ketten legen lässt.

Dies bedeutet dann, so die Illusion des Liebenden, die freiwillige und doch beständige und zuverlässige Anerkennung durch
den Anderen, die ihm erlaubt, nachdem er sich zuvor als Objekt
entäußern musste, nun zu sich zurückzukehren und zwar genau
in der Weise, wie er es wollte. Da die andere Freiheit eine von
ihm abhängige geworden ist, entwirft sie ihn in der Weise, wie
er von ihr entworfen werden will. Der Blick des Anderen verliert
seine Bedrohung, da er vom Anderen fortan nur mehr mit ‚den
Augen des Liebenden' gesehen wird. Zunächst hört sich dieser
Versuch, sich die Anerkennung des Anderen in der Liebe ein
für allemal zu sichern, sehr verheißungsvoll an. Sartre zeigt nun
aber, dass auch er letztlich zum Scheitern verurteilt ist:

> „Ich wünsche, dass der Andere mich liebt, und tue alles, um
> meinen Wunsch in Erfüllung gehenzulassen; aber wenn der
> Andere mich liebt, enttäuscht er mich gründlich gerade
> durch seine Liebe. Ich verlangte von ihm, er möge mein Sein
> als einen bevorzugten Gegenstand begründen und sich mir

gegenüber als reine Subjektivität behaupten; und sobald er mich liebt, empfindet er mich als Subjekt und versinkt in seiner Gegenständlichkeit angesichts meiner Subjektivität."[148]

Hier ist das Paradox, welches zum Scheitern der Liebe führt, klar ausgesprochen. Der Liebende darf in seinem Versuch, sich die beständige und freie Anerkennung des Anderen zu sichern, den Anderen nicht gänzlich von sich abhängig machen und damit seiner Subjektivität berauben. Dann nämlich wäre der Andere nur noch Objekt, seine Anerkennung nicht mehr frei gesetzt und daher bedeutungslos. Umgekehrt darf der Liebende den Anderen aber auch nicht in seiner absoluten Freiheit belassen, dann nämlich bliebe die Anerkennung der freien Entscheidung des Anderen ausgesetzt und der Liebende verbliebe hinsichtlich ihrer in der Unsicherheit, der er ja in der Liebe zu entfliehen versuchte. Oder wie es Danto treffend formuliert: „Bis sie mich liebt, ist sie frei, wenn sie mich liebt, ist ihre Freiheit zerstoben. Daher das ewige Unbefriedigtsein der Liebenden".[149]

Der Versuch, in der Liebe der ‚ontologischen Gefahr' und der beständigen Möglichkeit der Nicht-Anerkennung zu entgehen, scheitert somit mehrfach. Zum einen scheitert der Versuch, sich der Anerkennung durch eine andere Freiheit zu versichern, an dem Paradox, dass, wenn er erfolgreich ist, er gleichzeitig die Aufhebung dieser Freiheit bedeutet.

Zweitens ist das Wesen der Liebe zu wollen, dass man geliebt wird, weshalb jeder der beiden versucht, seine Freiheit beim Anderen in Sicherheit zu bringen, sich vom Anderen erschaffen zu lassen. Ferner, merkt Sartre noch an, besteht die ständige Möglichkeit, dass sich einer der beiden seiner Ketten entledigt und eine andere Freiheit zum bevorzugten Objekt wählt. Liebe ist somit bereits in ihrem Ursprung zum Scheitern verurteilt: Die von ihr ausgehende Verheißung aber, sein Sein in der absoluten

Anerkennung durch den Geliebten aufheben zu lassen, ist so groß, dass verständlich wird, warum die Menschen sich diesem Versuch trotz allem nicht entziehen können. Danto verweist in seiner Interpretation von Sartres Phänomenologie der Liebe an dieser Stelle auf den Refrain des Liedes ‚O Lucky Man‘, wo es heißt: ‚Love must always end in sorrow, and everyone must play the game‘.

Es gibt somit für Sartre kein Entkommen aus der paradoxen Situation bzw. dem Konflikt, dass wir einerseits die Objektivierung durch die Anderen fürchten und uns gegenseitig unserer Freiheit zu entledigen versuchen, andererseits uns aber nur in und durch den freien Blick des Anderen erfahren können. Es handelt sich um einen Kreislauf, um einen dauernden Konflikt und Kampf um Anerkennung. „Der Konflikt“, so Sartres Ergebnis, „ist der ursprüngliche Sinn des Für-Andere-Seins.“[150]

Deshalb gibt es für Sartre auch keine Dialektik der Anerkennung, wie etwa für Hegel, der uns in seiner ergreifenden Schilderung des Herr-Knecht-Verhältnisses zu zeigen versuchte, wie das Bewusstsein in der Erfahrung der ungleichen Anerkennung über diese hinauskommt bzw. wie sich die ungleichen Anerkennungsverhältnisse im Gang der Erfahrung ihrer Widersprüchlichkeit letztlich von selbst aufheben, indem sie sich zu jenem Punkte forttreiben, an dem der ‚reine Begriff der Anerkennung‘ und damit die vollendete Gegenseitigkeit verwirklicht ist: „Sie anerkennen sich als gegenseitig sich anerkennend.“[151] Die Entwicklung zum reinen Begriff der Anerkennung hält Sartre für eine Spekulation, die letztlich die totale Assimilierung und konsequenterweise die Aufhebung des konkret Anderen als Anderer bedeute, eine rein spekulative Aufhebung, die angesichts des Phänomens des konkret Anderen, der auch als solcher erfahren wird, nicht zulässig sei.[152]

Es ist also unmöglich, sich die dauerhafte und absolute Anerkennung des Anderen zu sichern. Der Mensch bleibt darauf angewiesen, stets aufs Neue im Rückblick vom Blick des Anderen sich selbst zu erkennen, das heißt sich immer wieder neu der Bestätigung und dem Urteil der Anderen auszusetzen, um sich in seinem ‚Selbst' zu erkennen. Da der Mensch das Urteil der Anderen einerseits als ‚Selbstbestätigung' benötigt, dieses Urteil andererseits aber unvorhersehbar ist, verbleibt der Mensch in der ‚ontologischen Unsicherheit'. Auch die Liebe führt aus diesem Kampf um Anerkennung nicht heraus.[153]

4. Sartres Verstellung des Anerkennungsphänomens in der Urwahl

Sowohl in seinen phänomenologischen Analysen des Blicks, der Scham, der Liebe als auch in seinem literarischen Werk ‚Bei geschlossenen Türen' steht bei Sartre die Anerkennungsproblematik zu Recht an entscheidender Stelle. Die Quintessenz des ‚Für-Andere-Seins', wonach jeder in einem unmittelbaren Seinszusammenhang mit dem Sein Anderer steht, stellt sich als Anerkenntnis der Anerkennung dar. Ich kann nicht umhin, mich als das anzuerkennen, als das ich von den Anderen anerkannt werde. Erst die Anerkennung der Anderen macht mich zu dem, was ich für sie, aber auch für mich bin. Zugleich aber schreibt Sartre in seiner bekannten ‚Humanismus-Vorlesung': „Der Mensch ist, wozu er sich macht, das ist der erste Grundsatz des Existenzialismus".[154] Es stellt sich hier die Frage, ob Sartre die immer wieder betonte absolute Freiheit, den Selbst-Entwurf mit der doch so zwingenden Struktur des Entworfen-Werdens im Blick der Anderen vereinbaren kann.

Seine Beschreibung der Freiheit als absolutes Möglichsein lässt keinen Zweifel offen. Der Mensch ist frei, und zwar nicht nur in der Weise, dass er Freiheit hat oder ihm diese als Möglichkeit zukommt, sondern er ist je selbst Freiheit. Freiheit ist eine existenzielle Tatsache, braucht daher nicht bewiesen, sondern muss ohnehin als solche gelebt werden. Diese in Situationen - und nur in Situationen - zu lebende Freiheit als ‚Verdammnis zu wählen' wird als beängstigend erfahren, kann aber niemals abgeschüttelt werden. Denn auch ein ‚sich vor Entscheidungen drücken' und ‚sich die Wahl von anderen abnehmen lassen' ist selbst wieder eine Wahl, nämlich die Wahl, ‚nicht zu wählen'.

> „Die Freiheit ist eben das Nichts, das im Herzen des Menschen zu einem gewesenen geworden ist und die menschliche Realität zwingt, sich zu machen, anstatt zu sein."[155]

Deshalb ist auch jeder für sein Sein verantwortlich. Ein Herausreden auf determinierende Faktizitäten wie Konstitution, Anlagen, Milieu und Zufälle ist reine Unaufrichtigkeit (mauvaise foi). Die Freiheit ist immer absolut, unabhängig, ob man als Frau oder Mann, arm oder reich, in einem Dorf oder in der Stadt geboren ist. Selbst als Gefangener in Ketten bin ich, so Sartre, nicht weniger frei als jeder andere, da es letztlich meine freie Entscheidung ist, wie ich mich zu den Faktizitäten verhalte. Sartre verdeutlicht dies an seinem Felsenbeispiel. Ein Felsblock versperrt die Straße nur für den, der sich daraufhin entwirft, ihn zu überklettern. Für denjenigen, der ihn nur betrachtet, ist er kein Hindernis. In diesem Sinne wählen wir sogar geboren zu werden und zu sterben, insofern wir frei entscheiden, welchen Stellenwert wir Geburt und Tod in unserem Leben zukommen lassen und inwieweit wir damit beide Ereignisse zu unserer Angelegenheit machen wollen. Wie verhält es sich aber mit den Anderen? Sind auch Beziehungsverhältnisse und somit auch alle Erfahrungen der Objektivation durch die Anderen nur Faktizitäten, zu denen ich mich frei verhalten kann? Sartre bejaht auch dies. Die Schulzeit, der Ödipuskomplex, die Kindheit überhaupt, wie auch immer sie sich zutrug, bekommt ihre Bedeutung für die Gegenwart nur durch den freien Entwurf, in den sie gegenwärtig eingebunden ist und mit jeder Entscheidung situativ neu eingebunden wird. So obliegt es der eigenen Freiheit, eine ‚schlechte Kindheit' rückwirkend als notwendigen und positiven Ansporn für eine gelingende Zukunft oder als Entschuldigung für ein misslingendes Dasein zu erwählen.

> „Die Umwelt kann auf das Subjekt nur in genau dem Maße einwirken, in dem dieses sie versteht, das heißt, in dem dieses sie in Situation verwandelt […]. Von Anfang an verweist die als Situation verstandene Umwelt auf ein wählendes Fürsich […]."[150]

Indem unsere Vergangenheit durch den Entwurf des Ziels erst ihren Sinn erhält, wählen wir auch unsere Vergangenheit. Im Gegensatz zu den klassischen Ontologien geht Sartres Ontologie der Zeitlichkeit von der Zukunft auf die Vergangenheit zurück. Es gibt für Sartre deshalb weder geschichtliche noch präsente Motive, die - wie in den empirischen Sozialwissenschaften angenommen - per se als objektive Determinanten das Verhalten ursächlich bestimmen. Immer ist es erst der Mensch, der unter den verschiedenen Motiven auswählt und erst durch diese Wahl die Motive zu Ursachen seiner Handlung erhebt. Deshalb kann es natürlich konsequenterweise in der von Sartre geforderten existenziellen Psychoanalyse im Gegensatz zur klassischen Psychoanalyse auch keine unbewussten Ursachen von Handlungen geben, die sich der ‚Wahl' des Bewusstseins entziehen.

Wenn aber der bewusste Entwurf auf die Zukunft die Macht der Vergangenheit bricht, der Mensch in jeder Situation aufs

Neue auf seine Freiheit und Spontaneität verwiesen ist und, wie Sartre sagt, jede Entscheidung eine ‚creatio ex nihilo‘ ist, so stellt sich die Frage, warum dann nicht konsequenterweise die Vielzahl der situativen Entwürfe, die ein Menschenleben ausmachen, eine völlig zusammenhanglose, willkürliche und unvorhersehbare Aneinanderreihung unterschiedlichster Handlungen ergeben. Es stellt sich die Frage, wie angesichts der stets neuen spontanen Entscheidungen überhaupt so etwas wie ‚Identität‘ noch möglich ist.

Auch Sartre stellt sich diese Frage. Da er selbst mehrere Biographien schrieb, konnte und wollte er natürlich nicht leugnen, dass die Ereignisse und Akte eines Lebens in ganz evidenter Weise eine sinnhaft zusammenhängende Ganzheit und Kontinuität aufweisen, die nicht nur nachträglich von den Biographen hineingelegt wird, sondern sich von sich selbst her zeigt. In seiner Studie über Flaubert betont er selbst die durchgängige Ordnungsstruktur, die sich durch das Leben Flauberts und auch durch das Leben eines jeden anderen Menschen ziehe, wonach jede Information in ihrem Kontext zum Teil eines Ganzen wird, das nicht aufhört sich hervorzubringen und zugleich seine eigentliche Homogenität mit allen Teilen offenbart.

Der Grund, warum alle einzelnen freien Entwürfe letztlich ein homogenes Ganzes ergeben, ist für Sartre der sogenannte ‚Urentwurf‘ bzw. die ‚Urwahl‘ eines Menschen. Hat man sich beispielsweise als Feigling erwählt, so wird man immer Gründe finden, um in einer bestimmten Situation nicht zu intervenieren und sich in den meisten Situationen für den weniger risikoreichen Weg zu entscheiden. Es gibt eine ursprüngliche Spontaneität des Sich-Wählens, die jeglichem Willensentschluss vorausgeht. Diese ‚Urwahl‘ hält sich in allen Willensentscheidungen als Thema durch.

Baudelaire beispielsweise hat sich, so Sartre, als ein zur Einsamkeit Verdammter erwählt, in dem Augenblick der erschütternden Trennung von seiner Mutter. Die Faktizität der Trennung kann dabei nicht Ursache dieser Wahl gewesen sein, denn er hätte sich im Hinblick auf die Trennung auch als notwendig in die Selbstständigkeit Befreiter entwerfen können oder das Ereignis des Verlustes auch mit einer übertriebenen Anlehnung an die Mitmenschen beantworten können. Er aber hat das Ereignis zum Anlass genommen, sich als Einsamen und Verlassenen zu erwählen, was dann als Urentwurf in all seinen späteren Entwürfen durchscheint, wenn er etwa später nur zu abstoßenden Frauen Beziehungen aufnimmt, um mit dem unterschwellig provozierten Scheitern sich selbst zu beweisen, dass Bindungen für ihn sinnlos sind.

Im Zusammenhang mit seiner Auseinandersetzung mit Adlers Psychologie verweist Sartre auch auf die Urwahl der Minderwertigkeit. Es gibt demnach keinen Minderwertigkeitskomplex, sondern nur eine Minderwertigkeitswahl:

> „So ist die gefühlte und erlebte Minderwertigkeit das erwählte Werkzeug, um uns einer Sache ähnlich zu machen, das heißt, um uns als reines Draußen inmitten der Welt existieren zu lassen.“[157]

Auch im Leben von Genet und Flaubert sucht Sartre nach dem Moment, in dem die Würfel fielen und die Form für alles andere gegossen wurde. Eine gute Biographie hat somit ebenso wie die von Sartre geforderte existenzielle Psychoanalyse zum Ziel, in jeder einzelnen Wahl auch den Urentwurf zu erkennen und freizulegen.

> „Wir verwerfen im Gegenteil die Theorie des folgsamen Töpfertones ebenso wie die des Triebbündels und entdecken die Person in dem Anfangsentwurf, der sie konstituiert.“[158]

Von der neu zu begründenden existenziellen Psychoanalyse fordert Sartre daher, die Bedeutung des Anfangsentwurfs eines Menschen und damit das, wie er sagt, individuelle Geheimnis seines In-der-Welt-Seins herauszuschälen. Die existenzielle Psychoanalyse müsste, so Sartre weiter, die subjektive Wahl ans Licht ziehen, durch die jede Person sich zur Person macht. Weil es ihre Aufgabe ist, die ursprüngliche Wahl eines Menschen zu entdecken, ist ihr Gegenstand auch keine „in den Finsternissen des Unbewussten vergrabene Gegebenheit, sondern eine freie und bewusste Selbstbestimmung."[159]

> „Außerdem wird der Psychoanalytiker niemals den Umstand aus den Augen verlieren dürfen, dass die Wahl etwas Lebendiges ist und dass sie folglich von dem untersuchten Subjekt jederzeit widerrufen werden kann."[160]

So wie an dieser Stelle betont Sartre über weite Passagen seiner Ausführungen zur existenziellen Psychoanalyse den freien und bewussten Selbstentwurf mit solcher Intensität, dass sich dem Leser am Schluss die Frage aufdrängen muss, wozu überhaupt eine existenzielle Psychoanalyse noch benötigt wird. Wenn nämlich der Patient sich tatsächlich in einem Akt bewusster und freier Selbstbestimmung als krank erwählt hat und sich jederzeit wieder anders erwählen kann, so bleibt dem existenzialistischen Psychoanalytiker gegenüber dem Patienten nur der im Grunde überflüssige Ratschlag, er solle doch von seiner Freiheit Gebrauch machen und sich neu erwählen. Es bleibt unklar, was angesichts der Bewusstheit der Urwahl mit ‚herausschälen' bzw. ‚ins volle Licht rücken' gemeint ist. Es bleibt ferner unklar, warum von einem identitätsverbürgenden und allen einzelnen Entwürfen zu Grunde liegenden Anfangsentwurf bzw. von einem Urentwurf gesprochen werden kann, wenn dieser reversibel und durch andere Entwürfe ausgetauscht werden kann. Ist er aber nicht willkürlich austauschbar und hält sich, wie Sartre an anderer Stelle ja auch behauptet, als Einheit durch, so bleibt unklar, wie er in allen einzelnen Entscheidungen präsent sein kann, ohne diese vorab zu determinieren. Mit diesen Ausführungen über die Freiheit, die über die situative Entscheidung hinaus letztlich in der Urwahl gründet, hat Sartre, wie jetzt deutlich zu zeigen ist, die in seiner Analyse des ‚Für-Andere-Seins‘ gewonnenen Einsichten nicht nur vernachlässigt, sondern in ihrem Kern verstellt.

Selbst Danto und Biemel konstatieren in ihren zweifellos wohlwollenden Interpretationen an dieser Stelle eine Inkonsistenz. So widerspricht laut Danto zunächst schon die Annahme eines Urentwurfs, der als Unterstruktur allen anderen Entwürfen und somit auch den künftigen Entscheidungen als Garant der phänomenalen Ganzheit der Person als Muster zu Grunde liegt, der These, wonach die Vergangenheit keinen Zwang auf die Zukunft ausübt. Aber auch wenn man, wie Danto dann als Problemlösung vorschlägt, die ‚unvollständigen Ausführungen Sartres zur Urwahl‘ als einen bestimmten ‚Stil des Wählens‘ versteht, der sich zwar in allen Akten durchhält, aber gleichwohl die jeweilig situativ zu leistenden Akte des Wählens in ihrem Ausgang und Ziel nicht determiniert, so bleibt doch ein erheblicher Makel an der von Sartre beschworenen Absolutheit der Freiheit haften.

Wichtiger aber als diese Inkonsistenz ist in unserem Zusammenhang die Ausklammerung der Anerkennungsproblematik. ‚Ich bin das Andere-Erfahren: das ist die Urtatsache‘, stellt Sartre noch in der Analyse des Für-Andere-Seins fest. Jetzt heißt es: „Die einzigen Grenzen, auf die die Freiheit jeden Augenblick stößt, sind diejenigen, die sie sich selbst auferlegt.“[161] Wird damit nicht der von ihm vormals konstatierte Seinszusammenhang mit dem Sein Anderer wieder gänzlich ausgeblendet?

Biemel unternimmt den interessanten, aber letztlich vergeblichen Versuch, Sartres Denken um diese Klippe herumzusteuern:

> „In der Freiheit des Anderen findet meine Freiheit ihre Grenze. Das hebt keineswegs das bisher über die Situation Gesagte auf […]. Indem ich das Entfremdetsein durch den Anderen übernehme, freiwillig übernehme, erfahre ich seine Transzendenz, seine Möglichkeit des Überstiegs. Dass die Übernahme freiwillig ist, muss betont werden. Ich kann die Übernahme auch verweigern, dann bedeutet das, dass ich dem Anderen nicht das Recht zuerkenne, dass er mich beurteilt. Merkwürdigerweise wird diese Möglichkeit von Sartre nur am Rande vermerkt, wogegen, das Ausgeliefertsein an den Anderen im Mittelpunkt steht."[162]

Es ist aber aus zwei Gründen keineswegs so merkwürdig, dass Sartre diese Möglichkeit, dem Anderen das Recht abzusprechen, uns zu beurteilen, sowie den Trick, das Ausgeliefertsein an den Anderen und somit das Transzendiertwerden selbst nochmals zu transzendieren, nur ganz am Rande vermerkt[163], denn im Grunde war es Sartre verboten, noch einmal einen Haken zu schlagen.

Es gibt nämlich entweder den absolut freien Entschluss und die freie Wahlmöglichkeit, sich von anderen objektivieren bzw. nicht objektivieren zu lassen. Dann aber dürfte Sartre nicht mehr davon sprechen, dass wir je schon immer Erblickte im Blick des Anderen sind, so wir überhaupt Kenntnis von uns haben. Könnten wir uns nämlich dem Blick des Anderen entziehen, dann wäre die Knechtschaft und das Ausgeliefertsein an den Seinszuspruch der Anderen durchaus vermeidbar, jedenfalls keine ‚ontologische Knechtschaft' mehr. Oder Sartre bleibt bei seiner These der Unhintergehbarkeit des Für-Andere-Seins, dann aber wäre die freiwillige Zustimmung zu der im Erblickt-Werden immer schon stattfindenden Objektivierung kein freier Entschluss, sondern nur mehr eine Art Einverständnis in eine ohnehin unabdingbare Wirklichkeit, ganz im Sinne der Formel der älteren Stoa: ‚Freiheit ist Einsicht in die Notwendigkeit‘.

Beides konnte nicht in Sartres Sinne sein. Es bleibt somit eine Unvereinbarkeit, die daraus resultiert, dass Sartre seine Entdeckung der Beziehungshaftigkeit menschlichen Daseins letztlich zu Gunsten der von ihm radikal gefassten absoluten Freiheit wieder in den Hintergrund stellte. Auch Planty-Bonjour beendet seine Abhandlung über Sartres Freiheitsbegriff mit der kritischen Frage nach dem Anderen:

> „Gott kann gegen meine Freiheit nichts ausrichten, denn es gibt ihn nicht. Die äußere Welt vermag nichts gegen meine Freiheit, denn immer bin ich es, der sich in Bezug auf sie entscheidet. Aber es bleiben noch die anderen Menschen, welche frei sind wie ich. Kann ich mir erlauben, sie zu nichten, wie ich die Dinge in der Welt nichte?“[164]

Die Ambivalenz zwischen der von Sartre radikal festgestellten Freiheit des Für-sich-Seins auf der einen Seite und der als ebenso zwingend erkannten Struktur des Für-Andere-Seins auf der anderen Seite wird auch von Theunissen in seinen ‚Studien zur Sozialontologie der Gegenwart‘ fertiggestellt, allerdings auf dem Hintergrund einer mehr theoriegeschichtlich systematischen Einordnung des Sartreschen Denkens im Hinblick auf die transzendentale Intersubjektivitätstheorie Husserls und Bubers dialogisches Denken. Sartre nimmt, so Theunissens Ergebnis, eine „eigentümlich doppelgesichtige Übergangsposition“ zwischen den beiden Theorietraditionen ein.[165] Einerseits geht

Sartre gerade in seiner Analyse des Blicks weit über Husserls transzendentale Intersubjektivitätstheorie hinaus, indem er die Erfahrung des Anderen bzw. der Fremdexistenz nicht mehr als Appräsentation, Einfühlung und damit letztlich als subjektive Eigenkonstitution begreift, sondern als direkte und unmittelbare Begegnung, deren Unvermitteltheit durch etwaige subjektive Konstitutionsleistungen Sartre nach Theunissens Interpretation am Phänomen der passiven Veranderung im Blick des Anderen zunächst durchaus erfolgreich aufzeigt.

> „Zeugnis für die Unmittelbarkeit legt die völlige Passivität meiner Objektheit ab. Ist doch das, was bei Husserl mein Gesehenwerden zu einer bloß mittelbaren Erfahrung macht, die Aufweichung der Passivität meines Gesehenwerdens durch die Aktion der Einfühlung in den fremden Akt. Wenn ich hingegen tatenlos, ohne quasi-agierend in das fremde Aktionszentrum auszubrechen, mein Gesehenwerden ausstehe, dann spüre ich unmittelbar, entblößt vom Mittel des handelnden Entwurfs, die auf mir ruhende Gegenwart des Anderen."[166]

Sartre hat insbesondere am Phänomen der Scham diese unmittelbare Gegenwart des Anderen aufgezeigt. Aufgrund dieser im Prinzip bereits dem dialogischen Denken zugehörigen Entdeckung der Unmittelbarkeit des Für-Andere-Seins als absoluter Evidenz kommt die Sozialontologie Sartres, laut Theunissen, im Vergleich mit Husserls Theorie der Intersubjektivität und mit Heideggers Analyse des Mitseins, „dem Wesen und der Wirklichkeit der zwischenmenschlichen Begegnung ein gutes Stück näher".[167] Andererseits aber bleiben Sartres Ausführungen über die unmittelbare Selbstkonstitution in und durch den Anderen auf verschiedene Stellen beschränkt, und das ‚Für-Andere-Sein' verschiebt sich, so Theunissen, vom Mittelpunkt des Selbst-Seins, in dem es Sartre zunächst lokalisierte, an die Peripherie:

> „Aus dem Für-Andere-sein, das sich statt im Zentrum an der Peripherie meines Seins befindet, muss sich nun das Selbst, als das Innerste meines Seins, zurückziehen. Es konstituiert sich nicht in und aus ihm, sondern ihm gegenüber. Damit erneuert die Sozialontologie Sartres die Heideggersche Theorie des Zusammenhangs von eigentlichem Selbstsein und Miteinandersein: auch nach ihrer Grundtendenz geht das Selbst aus dem Absprung vom Anderen hervor.“[168]

Damit aber fällt Sartre hinter seine zweifellos weitreichende Entdeckung wieder zurück, wonach sich das ‚Selbst‘ allererst im Seinszuspruch bzw. in der Anerkennung der Anderen erkennt und konstituiert. Indem Sartre das Ich-Selbst als Spontaneität letztlich doch noch einmal radikal hinter die Linie des ‚sozialen Selbsts‘ der Begegnung zurücknimmt und letzteres nur mehr als ‚Außenseite‘ des Selbsts bezeichnet, verstellt er sich die Möglichkeit, den zuvor erkannten Seinszusammenhang mit dem Sein Anderer bis in jene Region der Selbstwerdung zurückzuverfolgen, an der das, was wir als ‚Selbst‘ bezeichnen, seinen Anfang nimmt.

Wie aus der Untersuchung der Textstellen von Sartres Ausführungen zum Urentwurf und zur Urwahl deutlich hervorgeht, hat er den Ursprung der Person und somit des Selbsts mit geradezu auffälliger Eindringlichkeit als absolut freien Entwurf und freie Wahl postuliert. Wäre er dagegen konsequent seiner Entdeckung treu geblieben, wonach - wie er selbst formuliert - nicht ich, sondern ‚der Andere es ist, der bewirkt, dass es ein Sein gibt, welches mein Sein ist‘, und hätte er somit das Anerkennungsphänomen in seiner ganzen Tragweite bis in jene Region zurückverfolgt, so hätte sich ihm jenes freilich schwierige Feld eröffnet, auf dem über Urwahl und Urentwurf hinaus über Urbeziehung nachgedacht werden muss.

Sartre hat diesen Schritt nicht mehr getan. Im Gegenteil: In seinen Ausführungen zur Urwahl und zur existenzialistischen Psychoanalyse sowie in seiner Ontologie der Zeitlichkeit betont Sartre in immer neuen Anläufen die freie subjektive Entscheidung, mit der ich mich als mich selbst erwähle, sowohl in meiner Grundhaltung zur Welt und zu den Menschen, als auch gegenüber meiner Vergangenheit, Gegenwart und Zukunft als Ekstasen der gelebten und noch zu lebenden mitmenschlichen Erfahrungen.

Wenn aber somit auch die vergangenen und aktuellen Begegnungen ihren Wert und ihre Bedeutung tatsächlich, wie Sartre behauptet, letztlich nur aus meinem eigenen Entwurf beziehen, aus meiner Stellungnahme zu ihnen, so heißt dies nichts anderes, als dass ich mit ihnen umgehen kann wie mit Weltstücken bzw. Objekten. Und wenn somit die Begegnung mit dem Anderen in diesem Sinne objektivierbar ist, dass das Ereignis der Begegnung erst durch meine freie Stellungnahme und Vermittlung dieses Ereignisses seine Bedeutung für mich erhält, so ist sie alles andere, nur nicht unmittelbar. Die Unmittelbarkeit der lebendigen Begegnung aber und das unmittelbare konkrete Ergriffen-Werden des Einen durch den Anderen war die Parole, unter der Sartre ursprünglich angetreten war, die Theorie der Fremdexistenz zu revolutionieren.

Sartres Ausführungen über die Urwahl, die existenzielle Psychoanalyse sowie seine Ontologie der Zeitlichkeit bestätigen somit Theunissens These von der Doppelgesichtigkeit und dem Rückfall der Sartreschen Sozialontologie, wonach die Entfaltung des Selbst letztlich doch wieder im Abstoß vom Anderen und nicht durch und mit dem Anderen verstanden wird.

Auch Peter Kampits kommt in seiner Untersuchung ‚Sartre und die Frage nach dem Anderen‘ zu einem ähnlichen Ergebnis. Einerseits hätte Sartre von seinen Intentionen her den ursprünglichen Seinszusammenhang und die Angewiesenheit des Einen mit dem Anderen erkannt und aufzeigen wollen, andererseits aber hätte er gerade diesen Aspekt der ‚Gleichursprünglichkeit' in der Ausarbeitung seiner Ontologie am Ende wieder aufgegeben:

> „Der Mensch kommt nicht erst einmal zu sich, um dann auch noch angesichts und gegenüber dem Anderen sich zu verwirklichen, sondern er ist immer schon auf den Anderen angelegt […]. Sartre hat freilich - in bestimmtem Sinn gegen seine eigene Intention - diese Gleichursprünglichkeit wieder preisgegeben […]. Die Gleichursprünglichkeit des Anderen und meiner selbst und damit das Gegenüber zum Anderen bleiben verfehlt […]. Das ‚Ich bin' - wenn auch durch die Vermittlung des Anderen - steht vor dem ‚Du bist' des Anderen, dieses erhält von jenem sein Maß."[169]

Kampits und Theunissen kritisieren hier zu Recht, dass Sartre, wie auch in seinen Ausführungen zur ‚Urwahl' deutlich wurde, letztlich die von ihm zunächst behauptete ‚Ursprünglichkeit und Unmittelbarkeit' des ‚Für-Andere-Seins' zugunsten der freien Selbstkonstitution wieder ausgeblendet hat. Es stellt sich in der Tat die Frage, ob eine solche Selbstkonstitution in der ‚Urwahl' bzw. eine solche Grundlegung seiner selbst im Absprung von den Anderen überhaupt möglich ist.

In den von Goffman gesammelten Selbstzeugnissen und Phänomenbeschreibungen von Stigmatisierten, aber auch in Sartres eigener Analyse des Schamphänomens sowie in seinem Drama ‚Bei geschlossenen Türen' ist immer wieder deutlich geworden, dass ein Rückzug eben oft nicht möglich ist und gerade auch dann nicht, wenn er von den Betroffenen sogar gewünscht wird.

Aber auch wenn man Sartres Ausführungen zur ‚Urwahl' bei Seite lässt, stellt sich die Frage, ob die von ihm ausgewiesene Struktur des ‚Für-Andere-Seins' die zwischenmenschliche Wirklichkeit zureichend erfasst. Goffman und Mead haben uns den gesellschaftlichen Prozess aufgezeigt, dass der Mensch immer schon die Haltungen der anderen Menschen anerkennt und seine eigene Haltung danach ausrichtet, indem er die allgemein anerkannten Normen und Verhaltensmuster als ‚Verallgemeinerten Anderen' in sich hineinnimmt, um wiederum seinerseits anerkannt zu werden.

Sartre hat über diese zumindest bei Mead abstrakt bleibende gesellschaftliche Dimension des Anerkennungsvorgangs hinaus das Anerkennungsphänomen in der konkreten Begegnung des Einen mit dem Anderen ins Auge gefasst und dabei ebenfalls einen, die Menschen direkt verbindenden, ontologischen Seinszusammenhang entdeckt. „Ich bin das Andere-Erfahren, das ist die Urtatsache."[170] Und dieses ‚Andere-Erfahren' erweist sich prinzipiell als bedrohlich, denn, so Sartre, „der ursprüngliche Sinn des Für-Andere-Seins ist der Konflikt".[171]

Allerdings wirft auch diese von Sartre beschriebene ontologische Struktur nun im einzelnen einige entscheidende Fragen auf: So wird zum einen zu fragen sein, ob sich der Anerkennungsvorgang als Phänomen in seinem Kern tatsächlich als reine Objektivation bzw. Versteinerung und somit immer als Konflikt zu erkennen gibt. Zum anderen wird angesichts der bislang bereits sichtbar gewordenen Bedeutung der Anerkennungsproblematik für die Identität bzw. für das Selbstgefühl als Ausdruck eines direkten Seinszusammenhangs mit dem Sein Anderer zu fragen sein, ob und welche Bedeutung der Anerkennungsproblematik auch im Bereich der Urbeziehung bzw. der ‚Konstitution von Selbst' zukommt. Vor allem diese beiden Fragen sollen nun unter Heranziehung des Werkes von Martin Buber vertieft werden, der es sich in besonderer Weise zur Aufgabe gemacht hat, den Menschen aus seiner dialogischen Wirklichkeit heraus zu verstehen, und in dessen Werk der Anerkennungsproblematik überdies eine entscheidende Bedeutung zukommt.

4.TEIL:
ANERKENNUNG UND NICHT-ANERKENNUNG
ALS KERN DER BUBERSCHEN DIALOGIK

1. Das Anerkennungsphänomen als verborgener Kern der Dialogik

Im Gegensatz zu Sartres komprimierter Strukturanalyse des ‚Für-Andere-Seins‘ in ‚Das Sein und das Nichts‘, zu deren Interpretation zusätzlich nur noch seine literarische Ausarbeitung in dem Drama ‚Bei geschlossenen Türen‘ mit herangezogen werden musste, sind die Stellen, an denen sich Buber mit dem Anerkennungsphänomen auseinandersetzt, in fünf verschiedenen Schriften zu finden, namentlich in ‚Ich und Du‘, ‚Zwiesprache‘, ‚Elemente des Zwischenmenschlichen‘, ‚Urdistanz und Beziehung‘ sowie in seiner eigenen philosophiegeschichtlichen Standortbestimmung mit dem Titel ‚Das Problem des Menschen‘. Es wird daher vorrangig an Hand dieser fünf Texte Bubers Vorstellung von der zwischenmenschlichen Wirklichkeit zu zeigen sein, dessen ontologische Struktur sowie vor allem seine Einschätzung des Anerkennungsphänomens.

Sartres Suche nach der Struktur zwischenmenschlicher Beziehung beginnt bei der phänomenologischen Analyse des Blicks. Ausgehend von dem konkreten Erleben der Scham im Blick des Anderen sowie von anderen Anerkennungsphänomenen wie Macht und Liebe, versucht Sartre auf die Struktur von Beziehung überhaupt zurückzuschließen, die sich ihm dann letztlich als ‚Konflikt‘ enthüllt. Buber hingegen hat - zumindest äußerlich - den umgekehrten Weg beschritten. Er formuliert in ‚Ich und Du‘ zuerst abstrakt das Grundprinzip und die formale Struktur zwischenmenschlicher Beziehung und versucht dann in den, wie er selbst sagt, ergänzenden Schriften[172] ‚Zwiesprache‘ und ‚Elemente des Zwischenmenschlichen‘ die von ihm behauptete ontologische Struktur nachträglich gewissermaßen mit ontischen Hinweisen zu versehen:

> „Nachdem er in ‚Ich und Du‘ Wesen und Funktion der Grundworte beschrieben hatte, versucht er nunmehr, durch eine Reihe von Einzelfragen und aus dem Leben gegriffenen Situationen, die zugleich fragmentarisch und beispielhaft sind, einen Beitrag zur ontischen Grundlegung der Ich-Du-Beziehung zu geben.“[173]

Aber auch seine anthropologischen Schriften ‚Das Problem des Menschen‘ sowie seine erst 1950 erschienene philosophisch-anthropologische Hauptschrift ‚Urdistanz und Beziehung‘, die für die Anerkennungsproblematik besonders aufschlussreich ist, müssen, so Buber, ebenfalls als Ausarbeitung des dialogischen Prinzips verstanden werden.[174] Die Interpretation und Thematisierung des Anerkennungsphänomens wird daher zunächst dieser immanenten Chronologie folgen, um dann die zentrale Problematik der Buberschen These herauszuarbeiten.

Neben der Frage nach der Auswahl und Reihenfolge der heranzuziehenden Texte stellt sich aber bei der Interpretation der Dialogik Bubers ein weit grundsätzlicheres Problem, nämlich die Frage, ob Buber überhaupt philosophisch interpretiert werden darf. Bekanntlich hat sein dialogisches Denken auch theologische Implikationen und wird beispielsweise von Grete Schaeder als Gratwanderung zwischen Theologie und Philosophie verstanden. Von Seiten theologischer Autoren, wie zum Beispiel von Amir Yehoshua, wird häufig die Glaubenserfahrung als ursprüngliche Evidenz und Grundlage des Buberschen Werkes betont, was eine rein philosophisch sozialontologische Interpretation der Dialogik von vorneherein ausschließen würde:

> „Es ist also nicht an dem, dass eine Sozialontologie nachträglich theologisch oder quasi-theologisch überhöht wird, sondern eine religiöse Glaubenserfahrung entlässt aus sich eine dialogische Anthropologie [...]. Wer von Buber nichts als den soziologischen Anthropologen übriglässt, behält ein Buberbild in der Hand, das mit dem Namen Buber nicht mehr gedeckt werden kann."[176]

Trotz dieses kritischen Einwandes, dass Bubers Denken in einer Glaubenserfahrung wurzelt, soll in vorliegender Untersuchung der Kern der von Buber angezeigten ‚dialogischen Wirklichkeit‘ einer rein philosophischen Interpretation und Kritik unterzogen werden. Dies wird aus drei Gründen für legitim gehalten. Zum ersten wird von Buber selbst - und dies ist das eigentümlich untheologische seiner ‚Theologie‘ - die Gottes- bzw. Glaubenserfahrung an vielen Stellen nicht nur als ‚Gleichnis‘, sondern als direkter Ausdruck zwischenmenschlicher Begegnungserfahrung verstanden und somit als phänomenologisch einholbare Evidenz. „Man muss sich überhaupt davor hüten", so Buber wörtlich, „Gott als etwas über dem Alltag sich Begebendes zu verstehen." „Er ist das Geheimnis des Selbstverständlichen"[177], oder, wie Buber an anderer Stelle zusammenfasst:

> „Wir hatten erkannt, dass eben dasselbe Du, das von Mensch zu Mensch geht, eben dasselbe es ist, das vom Göttlichen her zu uns niederfährt und von uns her zu ihm aufsteigt."[178]

Allerdings, das soll natürlich nicht unterschlagen werden, ist die ‚Selbigkeit‘ von Gottespräsenz und menschlichem Beziehungserlebnis nicht als Identität in dem Sinne zu verstehen, dass Gott und zwischenmenschliche Beziehung bei Buber nur mehr zwei Begriffe für ein und dieselbe deckungsgleiche anthropologische Wirklichkeit wären.

Wohl aber, und dies ist der zweite Grund, der für eine philosophische Interpretation spricht, wird Buber überall dort, wo er selbst den philosophischen Anspruch erhebt, ausweisbare Wirklichkeit zu zeigen, eben auf diese hin zu befragen sein. Bekanntlich wollte Buber selbst den zentralen Teil seines Werkes im Alter nicht mehr als Theologie, sondern primär als ‚philosophische Anthropologie‘ bzw. ‚Ontologie des Zwischenmenschlichen‘ verstanden wissen. So erklärt er eindeutig: „Die Bearbeitung (der Frage nach der zwischenmenschlichen Wirklichkeit) ist mit Notwendigkeit eine philosophische […]“ und unter Theologie ließe sich „doch wohl nur eine Lehre von Gott verstehen“, er aber sei „nicht befähigt noch auch befugt […] von Gott zu lehren.“[179] An anderer Stelle spricht er seine Intention noch deutlicher aus:

> „Ich durfte nicht über meine Erfahrung hinauslangen und wünschte mir nie es zu dürfen. Ich zeuge für Erfahrung und appelliere an Erfahrung […]. Ich muss es immer wieder sagen: Ich habe keine Lehre […] Ich zeige Wirklichkeit, ich zeige etwas an der Wirklichkeit, was nicht oder zu wenig gesehen worden ist.“[180]

Die ontologischen Strukturen dieser vernachlässigten und oft vergessenen Wirklichkeit, wie Buber die Dimension der zwischenmenschlichen Begegnung kennzeichnet, gilt es nun zunächst aufzuzeigen. Dem Phänomen Anerkennung wird dabei, wie zu zeigen sein wird, eine ganz neue, weit über Sartre hinausgehende Bedeutung zugeschrieben, eine Bedeutung, deren Evidenz kritisch zu befragen sein wird.

2. Ich-Du und Ich-Es als menschliches Doppelverhältnis zum Sein

Die „vernachlässigte, verdunkelte Urwirklichkeit"[181], die Buber sichtbar machen will, ist das menschliche Doppelverhältnis zum Sein als Ich-Du und Ich-Es, insbesondere das erstere, welches für Buber, obgleich in der abendländischen Philosophie kaum gesehen, das ursprüngliche und bedeutendere ist.

Der idealistischen Position mit ihrer strikten Subjekt-Objekt-Trennung und ihrer künstlichen Abstraktion eines Erkenntnissubjektes als einem ‚Bewusstsein überhaupt' stellt Buber das faktische Ich in seiner konkreten und immer schon präsenten Weltbezogenheit entgegen. Diese unhintergehbare Weltbezogenheit bzw. dieses ‚In-der-Welt-Sein' ist aber seinem Wesen nach zwiefältig. Der Mensch kann in der Weise des Ich-Es-Verhältnisses, oder aber in der des Ich-Du Verhältnisses in der Welt sein. In dieser Intention, die zweifache Seinsbezogenheit und damit auch die ursprünglich seinsstiftende Wirklichkeit der Ich-Du-Beziehung zu zeigen, wird deutlich, dass es der Dialogphilosophie Bubers nicht nur um einen Absprung von der idealistischen Position des ‚weltlosen Subjektes' geht, sondern darüber hinaus auch - wie Theunissen zu Recht betont - um einen Absprung von der modernen Transzendentalphilosophie Husserls, Heideggers und Sartres, die aus Bubers Sicht immer nur das Ich-Es Verhältnis gesehen hat. Demnach hätte Heidegger zwar richtig erkannt, dass das Ich niemals weltlos sein könne, doch wäre er gleichwohl der traditionellen Lehre von der Konstitution des Seienden in und aus einer weltkonstituierenden Subjektivität verhaftet geblieben.

Buber versucht dagegen zu zeigen, dass im Ich-Du-Verhältnis zur Welt und zum Mitmenschen die Wirklichkeit nicht mehr subjektiv entworfen, erschlossen oder konstituiert wird, sondern sich erst in und aus der unmittelbaren Begegnung selbst erschließt, und zwar in der sich jeweilig ereignenden Dimension des ‚Zwischen'. Es gibt nach Buber zwei grundlegende Seinsweisen, in denen der Mensch sich zur Welt verhält und in denen sich ihm die Welt erschließt:

„Die Haltung des Menschen ist zwiefältig nach der Zwiefalt der Grundworte, die er sprechen kann […]. Das eine Grundwort ist das Wortpaar Ich-Du. Das andere Grundwort ist das Wortpaar Ich-Es […]. Die Welt als Erfahrung gehört dem Grundwort Ich-Es zu. Das Grundwort Ich-Du stiftet die Welt der Beziehung."[182]

Gemäß dieser Zwiefältigkeit der Haltungen, die man zur Welt einnehmen kann, wird auch die Welt zwiefältig erlebt. Das Seiende ist dem Menschen entweder ein lebendiges Gegenüber oder ein distanzierter Gegenstand. In der Weise des Ich-Es-Verhältnisses erlebt das ‚Ich' seine Welt als bloßes Objekt der Erfahrung und damit als ein quantifizierbares ‚Etwas'. Diese vergegenständlichende Welterfahrung des ‚Ich' zeigt sich in Sätzen wie: ‚Ich nehme etwas wahr. Ich empfinde etwas. Ich stelle mir etwas vor. Ich will etwas. Ich fühle etwas. Ich denke etwas.' Man erfährt also im distanzierenden Ich-Es-Verhältnis nur das, was an den Dingen ist, etwa ihre Beschaffenheit, ihre Farbe, Form, Größe und ihre Eigenschaften. Auch im zwischenmenschlichen Bereich kann, so Buber, die Es-Welt regieren. Die Menschen sehen und objektivieren dann auch sich selbst und ihre Mitmenschen nur mehr in beschreibbaren Rollen, Funktionen und Eigenschaften. Sie erfahren auch den Mitmenschen als ‚Etwas', als Einen neben dem Anderen, als Diesen oder Jenen, als Ihn oder Sie. Geradezu gegensätzlich erschließt sich die Wirklichkeit im Ich-Du-Verhältnis:

„Wer Du spricht, hat kein Etwas zum Gegenstand. Denn wo Etwas ist, ist anderes Etwas, jedes Es grenzt an andere Es, Es ist nur dadurch, dass es an andere grenzt. Wo aber Du gesprochen wird, ist kein Etwas. Du grenzt nicht. Wer Du spricht, hat kein Etwas, hat nichts. Aber er steht in der Beziehung.."[183]

Stehe ich, so Buber weiter, einem Menschen als meinem ‚Du' gegenüber, spreche das Grundwort Ich-Du, so ist er für mich kein Ding unter Dingen mehr und auch nicht aus Dingen bestehend. In der lebendigen Beziehung erfahre ich von meinem Gegenüber gerade *nichts* über seine Beschaffenheit und seine Eigenschaften. Auch wird der Andere im Ich-Du-Verhältnis weder als Summe noch als lockeres Bündel von Eigenschaften erfahren Man erfährt im Seinsmodus des Grundwortes Ich-Du im Grunde den Menschen überhaupt nicht, sondern man steht zu ihm in Beziehung, das heißt, man wird sich im unmittelbaren ‚Erlebnis des Zwischen' des Anderen und seiner selbst inne.

Buber unterscheidet an dieser Stelle grundsätzlich zwei verschiedene Formen der Wahrnehmung: Das ‚Erfahren' bzw. Beobachten und Betrachten ordnet er dem Ich-Es-Verhältnis zu, während das ‚Innewerden' die Wahrnehmungsweise der Ich-Du-Beziehung und somit der dialogischen Wirklichkeit ist. In der Schrift ‚Zwiesprache' verdeutlicht er diese Distinktion. Er beschreibt darin drei mögliche Arten der Wahrnehmung eines uns begegnenden Menschen. Wir können ihn ‚beobachten', ‚betrachten' oder uns seiner ‚innewerden'.

Der ‚Beobachter' versucht gespannt, sich den anderen Menschen einzuprägen, ihn zu ‚notieren' und möglichst viele ‚Züge', etwa physiognomische Merkmale, Mimik, Bewegungen oder andere Merkmale zu verzeichnen. Der ‚Betrachter' ist im Gegensatz zum ‚Beobachter' nicht angespannt und nimmt eine unbefangenere Haltung ein, die ihm den Gegenstand frei zu sehen gibt. Er wartet gelassen auf das, was sich ihm darbietet, gibt dem Gedächtnis keine Aufgaben, sucht gerade nicht nach dem Auffälligen und Interessanten, sondern wartet, dass sich ihm das zu Sehende zeigt, wie es sich von sich selbst her zu verstehen gibt. Allen großen Künstlern ist nach Buber diese Form der Wahrnehmung offen gestanden. Beiden aber, dem Betrachter und dem Beobachter, ist doch gemeinsam, dass sie das, was sie erfahren, ob es nun wie beim Beobachter eine Summe von Zügen oder wie beim Betrachter eine Existenz ist, als einen von ihrem Leben abgetrennten Gegenstand erfahren, der „ihnen weder Tat abfordert noch Schicksal zufügt."[184]

Anders verhält es sich, so Buber, mit dem ‚Innewerden' als Wahrnehmungsform der Ich-Du-Beziehung, beispielsweise in einem echten Gespräch, in dem die Begegnung mit dem Anderen mich betroffen macht, in dem der Andere ‚mir' etwas sagt, mir etwas zuspricht, mir etwas in mein Leben hineinspricht. Ich kann dann, so Bubers vorerst negative Kennzeichnung des ‚Innewerdens', den anderen Menschen, an dem, durch den mir etwas gesagt worden ist, nicht mehr distanziert beschreiben und objektivieren. Dieser Mensch ist mir, indem ich mit ihm wirklich zu tun habe und indem ich mir seines Seins inne werde, kein Gegenstand äußerer Wahrnehmung mehr. Positiv umreißt Buber das ‚Innewerden' an dieser Stelle nur schemenhaft:

> „Vielleicht habe ich etwas an ihm zu vollbringen; aber vielleicht habe ich nur etwas zu lernen, und es kommt nur darauf an, dass ich ‚annehme' […]. Immer aber ist mir ein Wort geschehen, das eine Antwort heischt. Diese Wahrnehmungsweise sei Innewerden genannt."[185]

Deutlicher definiert Buber in der Schrift ‚Elemente des Zwischenmenschlichen' das Innewerden sowie das ‚echte Gespräch' als Wahrnehmungsmodus der dialogischen Wirklichkeit:

> „Eines Menschen innewerden heißt also im besonderen seine Ganzheit als vom Geist bestimmte Person wahrnehmen, die dynamische Mitte wahrnehmen, die all seiner Äußerung, Handlung und Haltung das erfassbare Zeichen der Einzigkeit aufprägt."[186]

Dieses Wahrnehmen und Anerkennen der dynamischen Mitte und Ganzheit eines Menschen jenseits aller statischen Objektivierung und psychologischen Zerlegung in Eigenschaften vergleicht Buber in ‚Ich und Du' bildhaft mit dem Hörenkönnen der Melodie eines Menschen, welche weit mehr ist als die Gesamtheit der sie zusammensetzenden Töne. Zwar kann man eine Melodie ebenso in Töne zerlegen wie einen Menschen auf die Farbe seiner Haare, Augen, seiner Rede oder seiner Urteile hin beobachten und muss dies auch zuweilen tun, aber sobald ich dies tue, beobachte ich ihn, er wird mir äußerlich, sein Sein entgeht mir, oder um es mit Buber zu sagen, ‚schon ist er nicht mehr Du'.

Das Wahrnehmen des Mitmenschen als einer Ganzheit, Einheit und Einzigkeit ist keineswegs, wie man meinen könnte, selbstverständlich. Gerade in der Moderne herrscht, so Buber, ein analytisches, reduktives und ableitendes Blicken zwischen Mensch und Mensch vor, welches zergliedert und feststellt. Da aber die Melodie anderes und mehr ist als die Gesamtheit ihrer Töne, der Mensch anderes und mehr als seine Eigenschaften, wird alles daran liegen, so Buber, auch in unserer instrumentalisierten Welt noch offen zu sein, um die Melodie eines Menschen hören zu können.

Diese These Bubers, dass es möglich ist, einen Menschen

jenseits seiner Eigenschaften in seiner Ganzheit, seiner dynamischen Mitte, seinem Sein wahrzunehmen, oder wie Buber eben bildhaft sagt, in der Melodie, die einen Menschen umspielt, diese zentrale These von der Möglichkeit einer Begegnung auf der Ebene der gegenseitigen Seinswahrnehmung wird im Hinblick auf ihre Bedeutung für das Anerkennungsproblem noch eingehend zu thematisieren sein. Vorerst gilt es aber neben den unterschiedlichen Wahrnehmungsformen noch einige weitere grundsätzliche Momente der Buberschen Unterscheidung der Seinsweisen von Ich-Es und Ich-Du aufzuzeigen. So wie in der Ich-Du Beziehung nicht ‚Etwas‘, sondern ‚Nichts‘ erfahren wird, insofern das Erlebnis des Zwischen als personale Vergegenwärtigung den Anderen jenseits seiner Eigenschaften freigibt, ist auch die raum-zeitliche Wahrnehmung eine grundverschiedene. Während die Eswelt einen stets festgestellten und feststellbaren Zusammenhang in Raum und Zeit hat und somit eine geordnete Welt darstellt, ist die Duwelt nicht einzuordnen und besitzt auch keine Kontinuität.

> „Das Du [...] erscheint in der Zeit, aber in der des in sich erfüllten Vorgangs, der nicht als Teilstück einer steten und festgegliederten Folge, los sondern in einer ‚Weile‘ gelebt wird, deren rein intensive Dimension nur von ihm selbst aus bestimmbar ist;"[187]

Die Wirklichkeit der Ich-Du-Beziehung ist somit unmittelbare Gegenwart. Mit Gegenwart meint Buber nicht einen momentanen Zeitpunkt, der die bisher abgelaufene Zeit abschließt, sondern das in der jeweiligen Beziehung ‚Gegenwartende‘ und ‚Gegenwährende‘.[188] Die Gegenwart als Zeiterleben der Duwelt wird somit durch Begegnung und Beziehung inhaltlich bestimmt. Damit setzt Buber das Zeitempfinden der Ich-Du-Beziehung von der rein quantitativen physikalischen Zeit der Eswelt ab.

Grundsätzlich unterscheidet sich die Ich-Du-Haltung von der Ich-Es-Haltung auch dadurch, dass sie, wie Buber sagt, mit dem ganzen Wesen bzw. mit existenzieller Beteiligtheit gesprochen wird, während die Ich-Haltung immer eine monologische Distanziertheit mit sich bringt.

So eröffnen sich ein und dieselben Phänomene demjenigen, der das Grundwort Ich-Du spricht, ganz anders als demjenigen, der nur Ich-Es sprechen kann. Ein Baum begegnet beispielsweise als ganz andere Wirklichkeit, wenn er als ‚Du‘ in kosmischer Verbundenheit gegenübersteht, als wenn er naturwissenschaftlich analysiert, quantifiziert, eingeordnet und somit nach Gesetz und Zahl untersucht wird. Die wissenschaftliche Erfahrung des Baumes ist zugleich ‚Du-Ferne‘:

> „Ich kann ihn einer Gattung einreihen und als Exemplar beobachten, auf Bau und Lebensweise. Ich kann seine Diesmaligkeit und Geformtheit so hart überwinden, dass ich ihn nur noch als Ausdruck des Gesetzes erkenne [...]. Ich kann ihn zur Zahl, zum reinen Zahlenverhältnis verflüchtigen [...]. Es kann aber auch geschehen, aus Willen und Gnade in einem, dass ich, den Baum betrachtend, in die Beziehung zu ihm eingefasst werde, und nun ist er kein Es mehr [...] er leibt mir gegenüber und hat mit mir zu schaffen, wie ich mit ihm - nur anders."[189]

An dem Beispiel des Baumes zeigt sich auch, dass Buber den Eintritt in das Ich-Du-Verhältnis auch mit Pflanzen und Tieren für möglich hält. Es gibt nach Buber drei Sphären, in denen sich die Welt der Beziehung errichtet: Das Leben mit der Natur, mit den Menschen und mit den geistigen Wesenheiten, wobei die Beziehung mit der Natur (Pflanzen, Tiere) im Gegensatz zur zwischenmenschlichen Beziehung im Dunkel schwingend und sprachlos bleibt.

Auch diese oft als Mystizismus kritisierte und von Buber selbst später teilweise revidierte Annahme, dass der Mensch auch zur Natur in eine dialogische Beziehung eintreten kann, wird noch eigens zu erörtern sein. Verständlich ist sie vorerst insofern, als uns Buber seiner Intention nach nicht nur eine ‚Ontologie des Zwischenmenschlichen‘, sondern überhaupt eine ‚Ontologie des Zwischen‘[190] zu geben versuchte, das heißt, er wollte die zwei Seinsweisen des Ich-Du und Ich-Es nicht auf Teilbereiche der Wirklichkeit beschränken, etwa dergestalt, dass die Wirklichkeit der Ich-Du-Beziehung dem zwischenmenschlichen Bereich vorbehalten bleibt, während die Ich-Es-Haltung das Verhältnis des Menschen zur Welt gestaltet. Für Buber macht gerade die Möglichkeit, die ganze Welt einschließlich der Mitmenschen als ‚Etwas‘ zu erfahren, oder umgekehrt die ganze Welt, auch die Natur, in personaler Vergegenwärtigung zu erleben, die strukturelle Gefahr aber auch die Chance des Menschengeschlechts aus.

Weil Du und Es im Sinne Bubers keine getrennten Bereiche von Seiendem sind, kann zugleich alles Du und alles Es sein, je nachdem, ob, das Grundwort Ich-Es oder Ich-Du gesprochen wird. Allerdings kann sich die Welt niemals gleichzeitig als Es und Du enthüllen. Dies ergibt sich auch aus einer weiteren Prämisse Bubers. Die Grundworte dürfen nicht als Einzelworte verstanden werden, sondern immer nur als Wortpaare. Es gibt nämlich kein Ich an sich, sondern nur das Ich des Grundwortes Ich-Du und das Ich des Grundwortes Ich-Es, worin sich wieder Bubers Absprung von der idealistischen Subjekt-Objekt Trennung zeigt. Wenn sich also die Welt in der Ich-Du-Beziehung erschließt, ist auch das Ich des Ich-Du ein anderes als das Ich, welches Ich-Es spricht. Es gibt somit nicht nur eine qualitative Unterscheidung von Du und Es, sondern desgleichen und in einem auch vom Ich des Ich-Du und dem Ich des Ich-Es-Verhältnisses sowie beider Verhältnisse selbst.

Das Ich des Ich-Du-Verhältnisses erscheint als Person. Indem das Ich mit der Aktualität seines ganzen Wesens in der Beziehung zum Du steht, erkennt es sich als ‚Selbst' und wird sich als Subjektivität bewusst. Subjektivität bedeutet hier Selbstbewusstsein im Sinne von Seinsbewusstsein, insofern sich der Mensch in und durch die lebendige Begegnung mit dem Sein des Anderen auch auf sein eigenes Sein hin transparent wird. Das Ich der Ich-Du-Beziehung verfolgt keine Zwecke und Absichten. Obgleich solchermaßen intentionslos, ist es dynamisch, insofern es nach ‚immer höherer, unbedingterer Beziehung, nach der vollkommenen Teilnahme am Sein' strebt.[191]

Im Gegensatz zu dieser personalen Subjektivität als Seinsbewusstsein erfährt sich das Ich des Ich-Es-Verhältnisses nur als ‚Subjekt', oder wie Buber auch sagt, als ‚Eigenwesen', dem die unmittelbare Berührung mit der Natur, den Menschen und den geistigen Wesenheiten fehlt:

> „‚Erkenne dich selbst' bedeutet der Person: erkenne dich als Sein, dem Eigenwesen: erkenne dein Sosein. Indem das Eigenwesen sich gegen andre absetzt, entfernt es sich vom Sein.“[192]

Das Ich des Ich-Es-Verhältnisses, das sich in all seinem vielfältigen und eifrig erworbenen Sosein als Subjekt erkennt, mag sich noch so viel zueigen machen, es wächst ihm letzlich keine Substanz daraus. Das Ich des Ich-Du hingegen wird sich seiner selbst als am Sein teilnehmend bewusst. Hinsichtlich dieser Trennung gibt Buber einen wichtigen Hinweis:

> „Es gibt nicht zweierlei Menschen; aber es gibt die zwei Pole des Menschentums.“[193]

In seiner anthropologischen Grundlegung in der Schrift ‚Urdistanz und Beziehung' führt Buber aus, dass der eine Pol das ‚Abgehobensein' des Menschen bedeutet, der andere Pol das ‚In-Beziehung-Treten-Können'.

Die Kategorie des Abgehobenseins stiftet, so Buber, die spezifisch menschliche Ursituation, insofern sich der Mensch im Unterschied zum Tier wesensmäßig in einer naturhaften Distanziertheit zur Welt vorfindet und dadurch erst die Welt als Welt begreift. Anders das Tier: Es hat in diesem Sinne keine Welt, es kann sich nur mit seinen Sinnen einen notdürftigen und seinen Bedürfnissen korrespondierenden Teil aus ihr herausschneiden.[194]

> „Der Mensch, sage ich, ‚ist das Wesen durch dessen Sein das Seiende von ihm abgerückt wird'. Nicht durch Reflexionen, sondern durch das menschliche Sein."[195]

So wie die Kategorie der Distanzierung die ursprüngliche Situation stiftet, in der sich der Mensch in seinsmäßiger Abgehobenheit vorfindet, eröffnet die Kategorie des ‚In-Beziehung-Treten-Könnens' die ursprüngliche und jedem Menschen naturhaft eingeborene Möglichkeit, wieder in Verbindung mit dem Sein zu treten und am Sein teilzunehmen. Buber spricht an anderer Stelle auch vom ‚eingeborenen Du als dem Apriori der Beziehung'.[196] Es steht nun dem einzelnen Menschen zu, die Kategorie der Beziehung zu aktualisieren oder in der Abgerücktheit zu verbleiben:

> „Es steht ihm zu, das ihn Umgebende, auch das ihn Umlebende mitsammen in dessen Abgerücktheit zu belassen, als das ihm als sein Objekt Zugehörige, als Es, und es steht ihm zu, je und je, Mal für Mal, sich einem Seienden als seinem

Gegenüber zuwendend, dieses Seiende wirklich meinend, mit ihm als mit seinem Du zu kommunizieren."[197]

Je nachdem, in welchem Grade ein Mensch in der Distanziertheit der Eswelt verbleibt oder sich der Du-Beziehung zu öffnen vermag, ist er Person oder Subjekt. Es gibt demnach Menschen, die sich überwiegend distanziert verhalten, und andere, die mehr personenbestimmt sind. Allerdings räumt Buber ein, dass kein Mensch reine Person beziehungsweise reines Eigenwesen sein kann, da letztlich jeder Mensch gemäß seiner ihm naturhaft eigenen Zwiefältigkeit stets zwischen den Polen hin- und herschwingt. Es ist dem Menschen sogar wesensmäßig verhängt, aus der Duwelt immer wieder in die gegenständliche Welt der Erfahrung zurückzufallen. Denn jede Beziehung verpuppt sich bisweilen zum objektivierbaren Ich-Es-Verhältnis, um sich dann im Wechsel von Aktualität und Latenz wieder neu zu beflügeln. Dies gilt auch für die Liebe:

„Die Liebe selber kann nicht in der unmittelbaren Beziehung verharren; sie dauert, aber im Wechsel von Aktualität und Latenz. Jedem Du in der Welt ist seinem Wesen nach geboten, Ding zu werden oder doch immer wieder in die Dinghaftigkeit einzugehn […]. Der Mensch, der eben noch einzig und unbeschaffen, nicht vorhanden, nur gegenwärtig, nicht erfahrbar, nur berührbar war, ist nun wieder ein Er oder eine Sie, eine Summe von Eigenschaften, ein figurhaftes Quantum geworden."[198]

Zwar ist somit auch die Eswelt als die naturhafte Abgehobenheit, aus der wir uns erheben und in die wir immer wieder zurückfallen, wie Buber zugesteht, etwa für das wissenschaftliche Ordnen der Natur von ‚grundlegender Wichtigkeit‘, doch wird sie überall dort, wo sie sich allein entfaltet, zum Verhängnis:

> „[…] ohne Es kann der Mensch nicht leben. Aber wer mit
> ihm allein lebt, ist nicht der Mensch."[199]

Auch die Eswelt ist somit nach Buber eine Wirklichkeit, und zwar diejenige Wirklichkeit, innerhalb derer wir uns zumeist aufhalten und bewegen. Die zweite, oder wie Buber auch sagt, einzig erfüllte Wirklichkeit aber ist die Duwelt.

> „Denn Du ist mehr, als Es weiß. Hierher langt kein Trug: hier
> ist die Wiege des wirklichen Lebens."[200]

Bubers Begriff der Wirklichkeit und des wirklichen Lebens ist ebenso diffizil wie sein Begriff der Erfahrung. So will Buber, wie einleitend zitiert, ‚einerseits für Erfahrung zeugen' und ‚appelliert an Erfahrung', wobei er zweifellos die Erfahrung der dialogischen Beziehung meint. Andererseits verbannt er den Begriff Erfahrung in der Ausarbeitung seines Werkes dann durchgängig in die Eswelt als objektivierende Erkenntnisform und hebt das Innewerden als Wahrnehmungsform der Duwelt gegen das Erfahren ab. Ebenso schwierig stellt sich hier zunächst sein Wirklichkeitsbegriff dar. Einerseits bezeichnet Buber die Duwelt als ‚Wiege der Wirklichkeit' und spricht vice versa von der ‚Entwirklichung des Ich' und der Unwirklichkeit der Eswelt, was den Eindruck erwecken könnte, die Eswelt besäße gar keine, oder höchstens eine von der Duwelt abgeleitete oder deviante Wirklichkeit. Andererseits aber postuliert er, wie gezeigt, das Ich-Es- und Ich-Du-Verhältnis als gleich ursprünglich, insofern Urdistanz und Urbeziehung gleicherweise als Urkategorien des Menschseins in Erscheinung treten. Die Urdistanz als Grundsituation wird dabei von Buber durchaus als Wirklichkeit gesehen, sogar als jene Wirklichkeit, die im Gegensatz zur Duwelt beständig regiert und nur durch die Aktualisierung der Urkategorie des ‚in-Beziehung-Treten-Könnens‘ von Mal zu Mal überwunden und durch die dialogische Wirklichkeit ersetzt werden kann. Dieser Widerspruch löst sich auf, wenn man mit Buber zwei Arten bzw. verschiedene Grade der Teilnahme an der Wirklichkeit unterscheidet. Zwar gibt es auch in Bubers Ontologie letztlich nur ein ungeteiltes Sein und in diesem Sinne auch nur eine Wirklichkeit, doch kann der Mensch gemäß seiner zwiefältigen Haltung diese Wirklichkeit auf zweierlei Weise wahrnehmen und an ihr in verschiedenem Grade teilnehmen.

> „Das Ich ist wirklich durch seine Teilnahme an der Wirklichkeit. Es wird umso wirklicher, je vollkommener die Teilnahme ist.“[201]

Im Ich-Es-Verhältnis werden dem Menschen nur Ausschnitte der Wirklichkeit und damit nur Aspekte des Seienden wirklich, nicht aber das Sein selbst, das sich dem Menschen nur in der Begegnung offenbart. Deshalb hat das Leben in der Eswelt immer auch etwas ‚Unwirkliches‘, und deshalb kann Buber sagen:

> „Ich werde am Du, Ich werdend spreche ich Du. Alles wirkliche Leben ist Begegnung.“[202]

Der Satz, ‚Das Ich wird am Du‘ heißt dabei nicht, wie missverständlicher oft interpretiert wird, dass das Ich durch das Du konstituiert wird, denn dies wäre nur die Wiederholung des Ansatzes der klassischen Transzendentalphilosophie mit anderen Vorzeichen, wonach das transzendentale Subjekt den Anderen erst konstituiert oder umgekehrt das Subjekt erst durch den Anderen konstituiert wird, wie Sartre uns dies zu zeigen versucht. Für Sartre oder auch für Goffman wäre die so verstandene These, dass das Ich durch das Du konstituiert wird, in gewissem Sinne richtig. So haben Sartre in seiner Strukturanalyse des ‚Für-Andere-Seins‘ sowie auch Goffman in seinem interaktionistischen Modell durchaus zu zeigen versucht, dass wir hinsichtlich unserer Identität auf das Urteil und das Bild, das die Anderen von uns entwerfen, entscheidend angewiesen sind; dass wir gezwungen sind, uns mit dem zu identifizieren, als was die Anderen uns sehen. Deshalb lautete Sartres zentraler Satz: „Ich bin das Andere-Erfahren: das ist die Urtatsache."[203]

Das aber intendiert Buber gerade nicht mit dem Satz: ‚Das Ich wird erst am Du‘. Denn, wie er in der ‚Antwort‘ noch einmal verdeutlicht, nicht der Person, zu der ich Du sage, verdanke ich mein Ich, sondern dem Dusagen selbst. Ich verdanke meinen Platz also letztlich nicht meinem Partner, sondern der Beziehung zu ihm.[204] Das heißt, nicht der Andere ist es, der mich konstituiert, sondern in der lebendigen Begegnung mit dem Anderen ereignet sich eine zwischenmenschliche Wirklichkeit, und erst aus dieser Wirklichkeit des Zwischen, die weder nur in dem Einen, noch in dem Anderen begründet ist, sondern ein durch beide gleichermaßen ermöglichtes neues und ursprüngliches Ereignis ist, erst aus diesem Zwischen konstituiert sich der Eine wie der Andere. Nur insofern ich durch die Begegnung mit dem Du werde, was ich bin, werde ich dies durch das Du. ‚Ich werde am Du‘ ist somit eine reduzierte Umschreibung für die Herkunft der Partner aus dem Zwischen als dem Ereignis der Begegnung.

Das ‚Zwischen‘ als die ‚Urkategorie der menschlichen Wirklichkeit‘[205], wie sie Buber auch bezeichnet, ist zweifellos der zentrale Begriff seiner Dialogphilosophie, insofern er mit dem Begriff ‚Zwischen‘ jene Sphäre benennt, welche die ontisch-ontologische Grundlage allen wirklichen Menschseins ist: Ontisch insofern, als die Dimension des Zwischen ein reales Erlebnis unmittelbarer Beziehung ist, ontologisch, insofern das Zwischen die konstitutive Bedingung der Möglichkeit des Menschseins ist, indem es dieses allererst aus sich entlässt. Buber verdeutlicht die Dimension des Zwischen unter anderem am Phänomen der Liebe und des Gesprächs:

> „Ein wirkliches Gespräch [...] vollzieht sich nicht in dem einen und dem anderen Teilnehmer, noch in einer beide und alle anderen Dinge umfassenden neutralen Welt, sondern im genauesten Sinn zwischen beiden, gleichsam in einer nur ihnen beiden zugänglichen Dimension."[206]

Hier liegt nun auch der entscheidende Unterschied zwischen Ich-Es- und Ich-Du-Verhältnis. Die Sphäre des Zwischen, die sich nur im Ich-Du-Verhältnis ereignet, lässt die sich zueinander Verhaltenden wesensmäßig aus sich verändert hervorgehen, während die Wirklichkeit in der Sphäre des Ich-Es-Verhältnisses immer nur Erfahrung und somit distanzierte Betrachtung einer Fremdexistenz ist, welche ebenso unverändert und unberührt bleibt wie die Betrachter selbst.

Während im Ich-Es-Verhältnis Erfahrungen über etwas aktiv gemacht werden können, ist die Ich-Du-Beziehung weder die Tat des Einen noch die Tat des Anderen. Die Begegnung ist in diesem Sinne überhaupt nicht Tat, sondern ‚Gnade', wie Buber sie mit einem theologischen, aber von ihm enttheologisiert gebrauchten Begriff, beschreibt. Obgleich aber weder allein die Tat des Einen noch die Tat des Anderen die Begegnung herbeiführen kann, ist doch von beiden Aktion und Bereitschaft erforderlich, um sie zu ermöglichen. Somit ereignet sich Begegnung aus ‚Willen und Gnade' in einem.[207]

In Abhebung zum Ich-Es-Verhältnis, das somit ein Verhältnis der Abhängigkeit des Objekts vom Subjekt ist, welches alles Begegnende einordnet und bestimmt, ist das Ich-Du-Verhältnis ein gegenseitiges, insofern die sich Begegnenden reziprok miteinander zu tun haben, aufeinander wirken und verändert aus der Situation hervorgehen. Ohne die ‚Gegenseitigkeit', womit Buber insbesondere die Gegenseitigkeit der authentischen Vergegenwärtigung meint oder auch die Gegenseitigkeit der Akzeptation, der Bejahung und Bestätigung, gibt es auch keine wirkliche Beziehung.

Allerdings räumt Buber ein, dass volle Gegenseitigkeit nicht mit der Natur im Ganzen, sondern nur zwischen Mensch und Mensch möglich ist und auch dort nicht immer in der Form voller Symmetrie. So kann nach Buber beispielsweise das Verhältnis einer Mutter zu ihrem Kind, eines Erziehers zu seinem Schüler oder eines Therapeuten zu seinem Patienten durchaus ein dialogisches sein, auch wenn die Ich-Du-Beziehung ihrem speziellen Charakter nach hier keine volle Gegenseitigkeit erreichen kann. Gleichwohl gilt auch hier der Grundsatz des authentischen, gegenseitigen Innewerdens.

Außer durch ‚Gegenseitigkeit' zeichnet sich alle wirkliche Beziehung auch durch ‚Unmittelbarkeit' aus. Im Unterschied zum erkennenden Ich-Es-Verhältnis, in dem alles unter irgendeinem Maßstab oder Erkenntnisinteresse gesehen wird und somit nur mittelbar erfahren wird, bedarf die Ich-Du-Beziehung keiner Vermittlung:

> „Die Beziehung zum Du ist unmittelbar. Zwischen Ich und Du steht keine Begrifflichkeit, kein Vorwissen und keine Phantasie [...]. Zwischen Ich und Du steht kein Zweck, keine Gier und keine Vorwegnahme [...]. Alles Mittel ist Hindernis. Nur wo alles Mittel zerfallen ist, geschieht die Begegnung."[208]

Zusammenfassend kann man sagen, dass Buber mit seiner Unterscheidung von Ich-Es und Ich-Du der modernen Transzendentalphilosophie eine zweite bisher vernachlässigte und ungesehene Wirklichkeit hinzufügen und nahebringen wollte. Während diese immer nur das erfahrende Subjekt als Weltkonstituens gesehen hätte, hätte er mit der Dimension des Zwischen eine zweite ursprüngliche und letztlich entscheidende Wirklichkeit entdeckt. Es wird jetzt zu fragen sein, was diese Entdeckung der Dialogphilosophie im Speziellen für die Anerkennungsproblematik zu bedeuten hat und inwieweit sie sich phänomenologisch ausweisen lässt.

3. Die Anerkennung des menschlichen Möglichseins jenseits aller Objektivierung von Eigenschaften

Die Bedeutung dieser neuen ‚Ontologie des Zwischenmenschlichen' für das Anerkennungsphänomen zeigt sich am deutlichsten in Bubers Ausführung zur Erziehung sowie zum echten Gespräch. Dieses zeichnet sich gerade dadurch aus, dass die miteinander Sprechenden auch und gerade dann, wenn sie verschiedener Meinung sind, sich bei aller konkreten Gegnerschaft noch in ihrem Sein anerkennen. Das heißt, sie erkennen sich über die jeweilig vertretenen Thesen und Meinungen hinaus bzw. durch diese hindurch gegenseitig als das an, was sie wirklich sind, ja selbst noch als das, was sie der Möglichkeit nach sein könnten. Letzteres bedeutet, und das ist der hier zu thematisierende Gedanke Bubers, dass sich die Menschen auch in dem ihnen wesenhaften Möglichsein ernst nehmen und anerkennen. Das Anerkennen der Potentialität eines Menschen, das Sich-

Zusprechen eines immer auch möglichen Andersseins, ist ein ganz wesentlicher, wenn nicht sogar entscheidender Aspekt des Buberschen Dialoggedankens, ein Aspekt, der seltsamerweise in den zahlreichen pädagogischen Untersuchungen zu diesem Thema noch nicht oder nur ganz am Rande gesehen wurde.[209]

Verständlich ist diese Auslassung nur insofern, als auch Buber selbst in seinen Ausführungen zum ‚echten Gespräch‘ als dessen wesentliche Merkmale vor allem die Gegenseitigkeit, die Unmittelbarkeit, die Gegenwärtigkeit und die Authentizität betont, womit er aber, wie gezeigt, das Ernstnehmen eines Menschen in seiner wesenhaften Ganzheit jenseits aller Eigenschaften meint oder, wie er auch sagt, das ‚Hörenkönnen der Melodie eines Menschen.‘ Zu dieser wesenhaften Ganzheit einer Person jenseits aller Objektivation gehört aber immanent, wenn dies von Buber auch nicht immer eigens erwähnt wird, das ihr eigene Möglichsein unmittelbar dazu. Es wird somit im Sinne Bubers in einem ‚echten Gespräch‘ auch darauf ankommen, jenen Tönen Gehör zu schenken, die nicht oder noch nicht angeklungen sind.

Denn erst das wesenhafte gegenseitige Anerkennen und Erschließen des Anderen in dem ihm eigenen Möglichsein eröffnet jenen Freiraum, in dem der Andere in seinem konkreten Anderssein ernstgenommen werden kann und dennoch die begründete Hoffnung besteht, dass wirklich etwas in Bewegung kommen kann; eben indem man sich und dem Anderen diese Bewegung auch bei starker inhaltlicher Gegnerschaft zugesteht.

Gerade der aufrichtige Wunsch oder, wie Buber sagt, der Anspruch, dass das von mir als wahr Erkannte auch vom Anderen erfahren werden könnte, ich also beim Anderen wirklich etwas bewirke, den Anderen wirklich anspreche, so wie umgekehrt ich selbst durch das Wirken des Anderen verändert aus der Begegnung hervorgehen kann, gerade diese Möglichkeit, dass sich in der Begegnung etwas Neues, mich und ihn Veränderndes ereignet, macht das Geheimnis und den Reichtum des echten Gesprächs aus. Erkennt man aber von vorneherein den Anderen nur als das an, was er gerade ist, als das, was er ,von sich gibt', und tritt in das Gespräch mit dem Vorsatz ein, diesem gegenüber auf jeden Fall ,an sich zu halten', so besteht die Gefahr, dass sich einer jener heute oft zu verfolgenden Scheindialoge entspinnt, in dem die Teilnehmer sich gegenseitig auf Gehalte festnageln, hinter die sie keinen Zoll mehr zurück können und die sie dann freilich, um ihre solchermaßen festgestellte Identität zu wahren, verbissen monologisierend verteidigen müssen.

Analog zu diesem Gedanken Bubers gibt auch Marcel Deschoux in seinem Beitrag ,Du dialogue authentique et de ses conditions' eine Reihe von treffenden Beschreibungen zu dem in der Moderne mehr und mehr verbreiteten Phänomen des Scheindialoges und dessen Ursachen:

> „Si la discussion prend forme polémique, elle substitue la guerre au dialogue. Très vite, le rapport des interlocuteurs se définit dans l'opposition des thèses adverses, toute avance de l'une ne pouvent s'interpréter que comme recul de l'autre. Les amours-propres s'évéillent; la rivalité prévaut sur le souci de la vérité. Il n'est plus question que d'attaquer et de se défendre. Et pour ce faire tout est bon: affirmations satisfaites ou indignées, plaisanteries, haussement d'épaules, ironie facile, jeu sur les mots, contresences volontaires ect."[210]

Im Unterschied zu einem solchen manipulierenden, propagandistischen Gespräch, in welchem dem Dialogpartner etwas Fremdes aufoktroyiert oder suggeriert werden soll, geht es im echten Gespräch darum, das als wahr erkannte auch im Anderen als das potentiell bereits Vorhandene zu erschließen:

150

„[...] weil es das Rechte ist, muss es auch in dem Mikrokosmos des andern, als Möglichkeit unter Möglichkeiten, lebendig sein, der andre muss nur in dieser seiner Potentialität
erschlossen werden, und zwar im wesentlichen nicht durch
Belehrung, sondern durch Begegnung, durch existenzielle
Kommunikation zwischen einem Seienden und einem Wer-
den-könnenden.“[211]

So wie ich in der wirklichen Begegnung den Anderen immer
auch in seiner Potentialität und damit erst in seiner ‚dynamischen Mitte' zu vergegenwärtigen versuche, erfahre auch ich
mich umgekehrt nur dann in der mir wesenhaften Ganzheit,
wenn ich, so Buber, „in einer gemeinsamen Situation mit dem
anderen stehend, mich seinem Anteil daran, als dem seinen vital
aussetze“[112] und mich so auch vom Anderen auf das mir Mögliche verweisen lasse.

Die Anerkennung der Potentialität des Anderen und somit des
ihm wesenhaften Möglichseins generiert bei Buber auch zum
entscheidenden Merkmal einer gelingenden Erziehung und somit zur Grundlage seiner Ausführungen zur Pädagogik. Dabei
spielt der ontische Tatbestand, dass das Kleinkind noch gar keine
Identität besitzt, die dem Selbstbewusstsein oder Selbstgefühl des
erwachsenen Menschen vergleichbar wäre und auf das es sich
zurückziehen könnte, eine entscheidende Rolle. So gibt sich uns
das Wesen des Neugeborenen allererst als ein noch unbestimmtes
‚Hinauslangen in die Welt' zu verstehen. Es hat noch keine Welt.
Sie wird sich ihm erst nach und nach in der Beziehung eröffnen.
Zwar ist das Kind bereits da, insofern es als körperliches Individuum in die Welt hineingeboren ist, aber es ist bei weitem noch
nicht als leibliches, aktualisiertes Wesen da. Es ist vorerst an ihm
selbst nur reine Potentialität, aus der es sein Wesen „erst allmäh-

lich, eben durch das Eingehen in Beziehungen, herauswickeln muss."[213]

Da das Ich erst am Du wird, das Kind erst in der Beziehung zum Du sein Wesen aktualisiert, kommt der Sphäre des Zwischenmenschlichen in dieser frühen Phase des Menschseins eine herausragende Bedeutung zu. Das Kind selbst ist ganz auf die Duwelt angewiesen, da es die gegenständliche Wahrnehmungsform, die dem Erwachsenen seine Distanzierung erlaubt, noch gar nicht kennt. Es belebt vielmehr die es umgebende Welt und tritt zu ihr in Beziehung, wie uns Buber in einer seiner phänomenologischen Betrachtungen zeigt:

> „Ehe Einzelnes wahrgenommen werden kann, stoßen die blöden Blicke in den ungeklärten Raum, einem Unbestimmten zu; und in Zeiten, wo ersichtlich kein Begehren nach Nahrung besteht, greifen die weichen Handentwürfe in die leere Luft, einem Unbestimmten entgegen. Mag man dies immerhin animalisch nennen, es ist damit nichts begriffen. Denn eben diese Blicke werden nach langen Proben auf einer roten Tapetenarabeske haften bleiben und sich nicht los machen, bis die Rotseele sich ihnen aufgetan hat; eben diese Bewegung wird an einem zottigen Spielbären ihre sinnliche Form und Bestimmtheit gewinnen und eines vollständigen Körpers liebevoll und unvergesslich innewerden; beides nicht Erfahrung eines Gegenstands, sondern Auseinandersetzung mit einem - freilich nur in der ‚Phantasie' - lebendig wirkenden Gegenüber [...]. Noch ertönen kleine, ungegliederte Laute sinnlos und beharrlich ins Nichts; aber eben sie werden eines Tags, unversehens, zum Gespräch geworden sein, womit wohl? Vielleicht mit dem brodelnden Teekessel, aber zum Gespräch."[214]

Da das Kind nicht zuerst einen Gegenstand wahrnimmt und sich dann zu ihm in Beziehung setzt, sondern umgekehrt das Beziehungsstreben das Primäre ist, und da insbesondere der zwischenmenschlichen Dimension somit eine seinsstiftende Bedeutung zukommt, kommt Buber zu der Grundaussage: „Am Anfang ist die Beziehung: als Kategorie des Wesens, als Bereitschaft, fassende Form, Seelenmodell; das Apriori der Beziehung; das eingeborene Du."[215] Aus dem Faktum dieser ersten umfassenden Angewiesenheit auf die Welt der Beziehung erwächst die besondere Verantwortung der Eltern oder des Erziehers. Sie haben die Aufgabe, die Sphäre des Zwischen wachsen zu lassen, in der und aus der heraus sich das Kind als personhaftes Wesen gemäß dem ihm eigenen ‚Seinsauftrag' aktualisieren kann:

> „Jedes personhafte Wesen zeigt sich ihm (dem Erzieher) als in einem solchen Prozess der Aktualisierung begriffen […]. Er hat sich als einen Helfer der aktualisierenden Kräfte verstehen gelernt."[216]

Buber fordert somit das Kind in der Beziehung von Anfang an als eigene einmalige Person mit einer nur ihm zukommenden Entfaltung anzuerkennen, auch wenn es als Person mit eigenen wesensmäßigen Äußerungen vorerst nur potentiell vorhanden ist. Für die spätere Aktualisierung der wesensmäßigen Eigenheit ist es aber unabdingbar, diese Potentialität wirklich anzuerkennen.

Wird der kleine Mensch nicht oder zu wenig in dem ihm eigenen Selbst-sein-können bestätigt oder wird ihm gar durch eine totale Seinsübernahme und dauernde Auferlegung eines fremden Auftrags sein potentielles Selbst-sein-können beständig abgesprochen, so kann dies dazu führen, dass ihm auch späterhin eine Selbstübernahme und ein selbstbestimmtes Dasein verwehrt bleibt, da er diese Wirklichkeit des Selbst-sein-könnens in der Beziehung nie vermittelt bekam und daher nicht einmal kennt. Eine durchgehende Nichtanerkennung des eigenen Möglichseins kann zu einem Leben in Abhängigkeit und Uneigentlichkeit führen.

Aber auch im Erwachsenenleben wird die Anerkennung der Potentialität keineswegs bedeutungslos, sondern behält ihre Bedeutung als ‚erschließende Funktion und Hilfe zum Werden des Menschen', wie Buber nochmals am Ende seiner Schrift ‚Elemente des Zwischenmenschlichen' anklingen lässt:

> „Erst in zwei Menschen, von denen jeder, wenn er den andern meint, zugleich das Höchste meint, das eben diesem zubestimmt ist, und der Erfüllung der Bestimmung dient, ohne dem andern etwas von der eigenen Realisierung auferlegen zu wollen, stellt sich die dynamische Herrlichkeit des Menschenwesens leibhaft dar."[217]

Das Anerkennungsphänomen, wie es uns Buber vor Augen führt, geht somit weit über das von Goffman und Sartre konzedierte gegenseitige Zuschreiben von Eigenschaften hinaus. Die neue Bedeutung, die dem Anerkennungsphänomen von Buber zugeschrieben wird, besteht darin, dass zwischenmenschliche Anerkennung jenseits aller Objektivierung von Eigenschaften als Seinsbestätigung möglich ist.

Im Gegensatz zu Sartre, der im ‚Konflikt' den ursprünglichen Sinn des ‚Für-Andere-Seins' sieht, insofern als jede Freiheit sich erst im Entwurf der anderen Freiheit als Subjekt erkennt, gerade dadurch aber seiner Freiheit und Potentialität beraubt wird, existiert für Buber dieses Paradox nicht. Buber sieht nämlich die Vergegenwärtigung im Blick des Anderen nicht darin erschöpft, dass der Erblickte in seiner Eigenschaftlichkeit versteinert wird, sondern dass es darüber hinaus möglich ist, auch die Potentialität eines Menschen noch anzuerkennen und somit den Erblickten auch auf sein Möglichsein hin zu entwerfen und ihn dadurch gerade auch in seiner Freiheit zu objektivieren und zu bestätigen.

Wenn Sartre also darauf verweist, dass mich der Blick des Anderen, in meinem Sosein versteinert und somit den Tod meiner Möglichkeiten bedeutet, zeigt uns Buber in seinen Ausführungen zur Erziehung und zum echten Dialog gerade das umgekehrte Phänomen, dass uns nämlich der Blick des Anderen in unserem eigensten Möglichsein allererst erschließt und uns für dieses freimacht. Erfährt also der Mensch bei Sartre im Anerkennungsvorgang eine Reduktion auf das ihm Zuerkannte und damit den Verlust seiner Freiheit, so wird er umgekehrt bei Buber gerade durch den Anerkennungsvorgang in seiner Freiheit bestärkt.

Diese prinzipielle Neueinschätzung des Anerkennungsphänomens kommt in ihrer ganzen Tragweite in der anthropologischen Hauptschrift ‚Urdistanz und Beziehung‘ zum Tragen, in der Buber das Anerkennungsphänomen an zentraler Stelle zur Definition des Menschseins heranzieht:

> „Das Fundament des Mensch-mit-Mensch-seins ist dies Zwiefache und Eine: der Wunsch jedes Menschen, als das was er ist, ja was er werden kann, von Menschen bestätigt zu werden, und die dem Menschen eingeborene Fähigkeit, seine Mitmenschen eben so zu bestätigen."[218]

Wie an dieser Stelle nochmals deutlich wird, besteht der tiefere Sinn des Anerkennungsvorgangs für Buber darin, auch und in erster Linie die Potentialität des Anderen anzuerkennen oder, um es mit einer Sartreschen Abwandlung zu sagen, nicht nur das anzuerkennen, was der Mensch ist, sondern auch das, was er nicht ist.

Dies aber würde Sartre für unmöglich halten. Zwar charakterisiert auch Sartre das Menschsein als wesenhaftes Möglichsein, wenn er sagt: ‚Das Für-sich ist nicht das, was es ist, und es ist das, was es nicht ist. Doch hat dies für seine Beschreibung der zwischenmenschlichen Begegnung keinerlei Konsequenz. Denn in der Begegnung erblicken wir den Anderen nach Sartre niemals in seinem ungeteilten Sein, sondern immer nur als Objekt oder Subjekt. In dem Moment, so Sartre, in dem der Andere von uns erblickt wird, ist der Andere nur mehr transzendierte Transzendenz und somit Objekt meiner Transzendenz, so wie ich umgekehrt in seinem Blick meines Möglichseins beraubt werde:

> „Ich ergreife den Blick des Anderen […] als eine Verhärtung und Entfremdung meiner eigenen Möglichkeiten […]. Mein Für-Andere-Sein ist ein Sturz „durch die absolute Leere hindurch auf die Gegenständlichkeit zu.“[220]

Den Anderen jenseits aller Objektivierung in seinem Sein und damit in seinem Möglichsein anzuerkennen, würde bedeuten den Anderen nicht nur als Objekt, sondern zugleich auch als Subjekt zu sehen. Dies ist aber nach Sartre grundsätzlich unmöglich, da uns der Andere niemals „gleichzeitig als Subjekt und als Objekt enthüllt wird, als transzendierende Transzendenz und als transzendierte Transzendenz.“[221] Entweder fühlen wir uns gerade durch den Anderen erblickt und beurteilt und erfahren ihn in diesem Tun als eine uns transzendierende Subjektivität und somit in seinem Möglichsein, oder aber wir vergegenständlichen ihn und erfahren ihn als passives Objekt unserer Beurteilungen, nie aber in seinem ungeteilten ganzen Sein als Subjekt und Objekt zugleich.

Diese These Sartres, dass wir den Anderen niemals in seinem ungeteilten Sein wahrnehmen, dass wir nicht umhinkönnen, den Anderen zu objektivieren oder uns objektivieren zu lassen, wird von Buber energisch bestritten. Zwar erwähnt er Sartres Namen in den Schriften zum dialogischen Prinzip nur an einer einzigen Stelle, doch sind die zahlreichen kritischen Anspielungen auf Sartres Existenzphilosophie unübersehbar.

Gemeinsam mit Sartre hat Buber nur den Ausgangspunkt, dass von der Begegnung des Einen mit dem Anderen als einer Begegnung zweier konkret Anderer nicht abstrahiert werden darf. Auch Buber betont, dass es in einem echten Gespräch darauf ankommt, die Andersheit des Anderen als solche nicht zu übergehen, sondern den Anderen ,als diesen bestimmten Anderen widerfahren' zu lassen. Entscheidend sei es dabei allerdings, so Bubers auf Sartre gemünzter Einwand, den Anderen eben nicht als Objekt, sondern als Partner in einem Lebensvorgang zu betrachten, ihn in seinem Sein anzuerkennen ,und sei es auch in einem Boxkampf'. Denn, so Buber:

> „Dies ist das Entscheidende: das Nicht-Objekt-sein. Bekanntlich behaupten manche Existenzialisten, es sei das Grundfaktum zwischen Menschen, dass einer dem andern Objekt ist; soweit es aber so zugeht, ist die eigentümliche Wirklichkeit des Zwischenmenschlichen, das Geheimnis des Kontaktes, schon in hohem Maße eliminiert."[222]

Dass das Geheimnis des Kontaktes heute mehr und mehr verloren geht, ist Ausdruck der geschichtlichen Situation, die Buber als ,Krisis des Zwischen'[223] bezeichnet. Es gibt immer weniger wirkliche Begegnungen. Meist wird aneinander vorbeigeredet, und das Gespräch verkommt zum Gerede. Selbst dort, wo ,Du' gesagt wird, wird oft nur der phonetische Laut erzeugt, ohne dass die Sprechenden wirklich mit dem Wesen beteiligt sind. Es ist die Krankheit des Zeitalters, dass die Menschen statt vom

Wesen aus nur mehr vom Bilde aus leben. Das heißt, sie richten ihr Verhalten ganz nach dem Bilde aus, welches sie beim Anderen erzeugen wollen. Dieses unauthentische Ausrichten der eigenen Haltung an dem Bild, welches beim Anderen erzeugt werden soll, wurde von Mead und Goffman in der symbolisch-interaktionistischen Theorie als ‚verallgemeinerter Anderer‘ bezeichnet. Allerdings, und dies ist der große Unterschied[224] zu Buber, halten Mead und Goffman diesen Vorgang für ganz natürlich, ja für eine das Menschsein konstituierende Struktur. Die humanspezifische Fähigkeit des Menschen, sich in den Anderen hineinzuversetzen und dessen Reaktion vorherzusehen und seine eigene Haltung im Vorhinein an der zu erwartenden Rezeption auszurichten, ist für Mead sogar jener spezifisch gesellschaftliche Prozess, der eine immer größere Harmonisierung und Universalisierung der Identität mit sich bringt. Paul Pfuetze, der in seiner Untersuchung speziell Bubers Dialogik und Meads Symbolischen Interaktionismus einer vergleichenden Betrachtung unterzieht, bezichtigt Mead in diesem Zusammenhang sicher nicht ganz zu Unrecht eines zu großen Optimismus hinsichtlich der Auswirkungen dieses Prozesses:

> „Mead's biological romanticism and evolutionism induced a false optimism about human nature and social progress not justified by the stern facts of life."[225]

Auch Goffman, der im Unterschied zu Mead den Prozess der Ausrichtung der Haltung auf die Haltung der Anderen nicht so positiv einschätzt (Stigma-Effekt!), teilt die Meadsche These, dass es sich bei der Ausrichtung des Verhaltens nach dem Bild, welches man erzeugen will, um die Grundstruktur sozialer Wirklichkeit handelt. Deshalb sieht er auch die Situation der Stigmatisierten als schicksalhaft an, und deshalb ist es für Goffman auch ein anthropologischer Tatbestand, dass jeder Mensch ein Identitätsmanagement betreibt, um ein Bild zu erzeugen, welches er dann durch die anderen bestätigt haben will. Der eingedeutschte amerikanische Begriff ‚Imagepflege' steht für dieses Verhalten.

Auch Sartre teilt, wie in der vergleichenden Betrachtung aufgewiesen, diese symbolisch-interaktionistische Auffassung insofern, als auch bei Sartre der Mensch aufgrund seiner Transzendenz immer schon versucht, das Bild selbst zu entwerfen und mitzubestimmen, welches er im Blick des Anderen zugeschrieben und zurückgespiegelt bekommt. Im Unterschied zu Goffman und Mead, bei denen dieses Bild, als was das Individuum erscheinen will, im Wesentlichen nur ein Reflex gesellschaftlich anerkannter Normen und Ideale ist, ist bei Sartre der Selbstentwurf allerdings eine „creatio ex nihilo"[226] und somit ein Freiheitsakt des Subjektes. Das Prinzip aber, dass der Mensch sein Verhalten, seine Meinung, seine Taten im Hinblick auf den Blick des Anderen vorab danach ausrichtet, ein Bild zu erzeugen, das den Blick des Anderen bestechen soll, um im Rückblick von dessen Blick genau das Bild von sich zu erhalten, das er bestätigt haben wollte, ist auch für Sartre eine Struktur, die sich aus der menschlichen Verfasstheit als transzendierender und zwangsweise auch immer wieder transzendierter Transzendenz ergibt.

Für Buber ist dieses ‚Leben vom Bilde aus' zwar ein zur modernen Welt dazugehörender, gleichwohl defizienter Modus mitmenschlicher Wirklichkeit wie in folgendem Beispiel deutlich wird, in dem er implizit die Goffmanschen Kategorien der virtualen und aktualen sozialen Identität, der damit verbundenen Antizipationen sowie der Ich-Identität aufgreift, um sie dann zu verwerfen:

„Stellen wir uns nun zwei Bildmenschen vor, die beieinandersitzen und miteinander reden - nennen wir sie Peter und Paul - und zählen wir die Figurationen nach, die dabei im Spiel sind. Da sind erstmal der Peter, wie er dem Paul erscheinen will, und der Paul, wie er dem Peter erscheinen will; sodann der Peter, wie er dem Paul wirklich erscheint, Pauls Bild von Peter also, das gemeiniglich keineswegs mit dem von Peter gewünschten übereinstimmen wird, und vice versa, dazu noch Peter, wie er sich selbst, und Paul, wie er sich selbst erscheint; zu guter Letzt der leibliche Peter und der leibliche Paul. Zwei lebende Wesen und sechs gespenstische Scheingestalten, die sich in das Gespräch der beiden mannigfaltig mischen! Wo bliebe da noch Raum für die Echtheit des Zwischenmenschlichen! Was immer in anderen Bereichen der Sinn des Wortes ‚Wahrheit‘ sein mag, im Bereich des Zwischenmenschlichen bedeutet es, dass Menschen sich einander mitteilen als das was sie sind.“[227]

Tschechow hat in seinem Theaterstück ‚Der Kirschgarten‘ eine solche Situation erfasst, indem er ein Familientreffen beschreibt, in welchem die Familienangehörigen von Anfang bis Ende irgendwelche Bilder von sich entwerfen und eitel aneinander vorbeireden. „Aber erst Sartre“, so Buber wörtlich, „hat das, was hier noch als die Not des in sich gesperrten Menschen erscheint, zum Lebensprinzip erhoben“ und sieht die Mauern zwischen den Gesprächspartnern als schlechthin unübersteiglich an:

„Für ihn ist es das unabwendbare Menschenschicksal, dass einer es unmittelbar nur mit sich und seinen Affären zu tun hat; die innere Existenz des andern ist eben dessen Sache und nicht die meine, eine Unmittelbarkeit zum andern gibt es nicht und kann es nicht geben.“[228]

160

Für Buber ist hingegen die unmittelbare Begegnung mit dem Anderen auch in dieser historischen Stunde noch möglich, da es dem Menschen wesensmäßig zukommt, so verschüttet diese Fähigkeit auch sein mag, den Anderen jenseits aller Eigenschaften in seinem Sein und damit auch in seinem Möglichsein zu erschließen. Die zeitlose ‚Urchance"[229] des Menschseins liegt darin, so Buber, den Anderen anzuerkennen, als das, was er ist, ja was er werden kann, und umgekehrt vom Anderen in seinem Möglichsein bestätigt zu werden.

Der zentrale Unterschied zwischen Sartres und Bubers Sozialontologie besteht letztlich darin, dass Buber im Gegensatz zu Sartre eine Begegnung zwischen Menschen nicht nur auf der Objektebene, sondern darüber hinaus auf der Seinsebene für möglich hält. Dieser Sachverhalt wurde mit Ausnahme der bereits zitierten Rezeptionen von Kampits und Sander meist nur am Rande vermerkt wie etwa in Gabriel Marcels Aufsatz ‚L'anthropologie philosophique de Martin Buber':

> „L'autre n'est pas ici comme il l'est chez Sartre, consideré avant tout comme menace, mais bien plutôt comme un frère que j'ai à comprendre et sur lequel j'ai à m'appuyer, même lorsque je pense devoir le contredire."[230]

Aber auch hierzu wäre anzumerken, dass die von Buber angezielte Differenz zwischen Objektebene und Seinsebene letztlich jenseits der Unterscheidung von Bruder- und Gegnerschaft liegt. Man kann den Anderen nämlich auch auf der Wesensebene sein Sein absprechen, worauf noch eingehend Bezug zu nehmen sein wird.

Goldstein und Boni[231] legen ihr Augenmerk in ihren vergleichenden Untersuchungen zur Sozialontologie Bubers und Sartres mehr auf die ethisch-moralischen sowie gesellschaftstheoretischen Implikationen, die sich aus der Differenz der beiden Ontologien ergeben, als auf den anthropologischen Grundsachverhalt selbst, dass die zwischenmenschliche Begegnung auf der Seinsebene und auf der Objektebene zwei grundverschiedene Wirklichkeiten vorstellen. Gerade dieser für die Bubersche Dialogik so fundamentalen Unterscheidung gilt es nun nachzugehen. Während bei Sartre die zwischenmenschliche Begegnung auf das gegenseitige Feststellen und Zuerkennen von Eigenschaften beschränkt bleibt, sieht Buber die eigentliche Bedeutung der zwischenmenschlichen Beziehung im gegenseitigen Seinszuspruch jenseits aller Objektivierung.

Ist dies aber nicht eine Illusion? Kann man überhaupt einen Menschen jenseits seiner Eigenschaftlichkeit anerkennen, oder handelt es sich hierbei nur wieder um die abstrakte Forderung des Liberalismus nach gegenseitiger Toleranz und somit um einen ideellen, ganz in der Tradition der Aufklärung stehenden Vernunftappell?

4. Die Anerkennung des ‚reinen Seins': Wirklichkeit, temporäre Evidenz oder Spekulation'?

Buber selbst betont hartnäckig, dass es sich bei der Ich-Du-Beziehung nicht um ein ethisches Postulat oder eine Spekulation handelt, sondern um eine phänomenal ausweisbare Wirklichkeit.

> „Zwiesprache gibt man keinem auf. Antworten wird nicht gesollt; aber es wird gekonnt. Es wird wirklich gekonnt. Das Dialogische ist kein Vorrecht der Geistigkeit […]."[232]

162

Auch die gegenseitige Seinsbestätigung bzw. die Anerkennung des Anderen in dem ihm wesenhaften Möglichsein darf auf keinen Fall als bloß moralischer Appell missverstanden werden, die Freiheit und das Recht auf Selbstbestimmung des Anderen zu respektieren. Das, was Buber intendiert, wenn er von der Anerkennung des Möglichseins spricht, ist die lebendig sphärisch präsente Anteilnahme am Sein des Anderen als real gelebter und erlebbarer Seinszuspruch.

In diesem Sinne betont Buber auch, dass es sich bei der von ihm vorgelegten ‚'Ontologie des Zwischen' keinesfalls um ein neues erkenntnistheoretisches Konzept oder eine zu realisierende Idee handelt, sondern ausschließlich um den Hinweis auf eine konkrete Wirklichkeit, eben jene Wirklichkeit zwischenmenschlicher Begegnung, die sich von Augenblick zu Augenblick ereignen kann.

> „Ich meine jedoch mit der Sphäre des Zwischenmenschlichen lediglich aktuale Ereignisse zwischen Menschen […].“[233]

Diese Auszeichnung der Duwelt als ‚Augenblicklichkeit' bzw. als ‚aktuales Ereignis' hat Franz Rosenzweig zu der Kritik veranlasst, dass es sich bei Bubers Ich-Du-Beziehung letztlich um eine ‚Wirklichkeit der erhöhten Augenblicke' handle.[234] Das Erleben der Duwelt erscheine bei Buber gegenüber der Permanenz der Eswelt als die Ausnahmesituation. Es stellt sich somit die Frage, ob die von Buber angezeigte Wirklichkeit der Begegnung auf der Seinsebene letztlich nur von temporärer Evidenz ist.

Darüber hinaus bleibt das noch fundamentalere Problem, ob dieser Seinszuspruch bzw. diese Begegnung auf der Wesensebene überhaupt noch nachvollziehbar und philosophisch ausweisbar ist. Was bleibt von einem Menschen, wenn man ihm jenseits aller seiner Eigenschaften und Objektivationen begegnet?

‚Das Entscheidende', so Buber, ‚ist das Nicht-Objektsein'. Wie aber ist eine solche Begegnung auf der Wesensebene jenseits aller Konkretion und Objektivierung zu verstehen? Oder noch einfacher gefragt, kann ich mir eines Menschen in seinem Sein, in seiner dynamischen Mitte innewerden, unabhängig von aller Anschauung und Erfahrung?

Vergegenwärtigen wir uns an dieser Stelle noch einmal Bubers metaphorischen Vergleich des Wesens, der Ganzheit und Einzigheit eines Menschen mit der Melodie, die es zu hören gilt. Die Melodie, so sagte Buber, ist mehr als die Summe der einzelnen Töne, mehr als die Tonlänge und die Sequenz. Sie ist die Ganzheit, die in ihrer dynamischen Mitte immer auch noch etwas Unausgesprochenes enthält. In der Melodie vernehme ich also weit mehr als eine Summe von Tönen. Kann ich aber, so muss jetzt gefragt werden, eine Melodie noch vernehmen ohne ihre Töne?

Kann ich einen Menschen in seinem ‚reinen Sein' jenseits aller Erfahrung von Eigenschaften noch anerkennen? Gibt es eine solche Begegnung auf der Wesensebene, und ist sie noch ausweisbar? Mit der Beantwortung dieser Frage steht und fällt das Konzept der Dialogik, zumindest in dem Maße, in dem es beansprucht, ein ‚philosophisch-anthropologisches' zu sein.

Die zentrale Frage, ob die gegenseitige Anerkennung auf der Ebene der Seinsbegegnung überhaupt noch ausweisbar ist, spiegelt sich auch in der nach wie vor aktuellen Forschungsdiskussion[235] zwischen Michael Theunissen und Jochanan Bloch wider, die jetzt zu ihrer Beantwortung mit herangezogen werden muss. Zwar thematisieren Theunissen und Bloch nicht speziell das Problem des gegenseitigen Seinszuspruchs, wohl aber die generelle Problematik, ob die von Buber angezeigte dialogische Wirklichkeit der Ich-Du-Beziehung tatsächlich noch philosophisch einholbar und anthropologisch evident ist.

Theunissens bekannte These lautet, dass sie dies nicht ist und auch nicht sein kann. Buber hätte, so Theunissen, die von ihm intendierte Wirklichkeit des ‚Zwischen' immer nur negativ und im Absprung von der klassischen Transzendentalphilosophie angezeigt und wäre deshalb prinzipiell nicht in der Lage gewesen, sie positiv auszuweisen. Die Dialogphilosophie Bubers wäre in ihrem Kern nichts anderes als die gezielte Destruktion und die bewusste Verneinung des klassisch-transzendentalphilosophischen Schemas der Intentionalität und eben deshalb letztlich als rein ‚negative Ontologie' dieser verpflichtet geblieben. So schreibt Theunissen in seinen Aufsatz mit dem Titel ‚Bubers negative Ontologie des Zwischen':

> „Die Transzendentalphilosophie aber kritisiert der Dialogismus auf eine Weise, die sie, die Transzendentalphilosophie, zugleich als seine Voraussetzung offenbart. Statt dass er nämlich der transzendentalphilosophischen Konstitutionsidee schlechthin entgegenträte, beschränkt er lediglich den Bereich ihrer Gültigkeit - indem er ihr das ‚Du' entreißt […]. Aber diese Ontologie bleibt auch am Ende ihres Weges negativ, weil sie das Sein nur in der Vernichtung dessen, was es nicht ist, aufzeigen kann."[236]

Theunissen begründet seine These, indem er den Buberschen Weg, auf dem dieser das Schema der Intentionalität unterläuft, in zwei Schritten nachzeichnet. In einem ersten Schritt, so Theunissen, setzt Buber für die Duwelt das Vorhandensein eines intentionalen Gegenstandes außer Kraft. In der dialogischen Beziehung würden die Partner nämlich nicht mehr ‚etwas' wahrnehmen, sondern ‚nichts'. Theunissen beruft sich hier hauptsächlich auf folgende Passage, in der Buber den Unterschied von Ich-Es- und Ich-Du-Verhältnis besonders dezidiert formuliert:

„Wer Du spricht, hat kein Etwas zum Gegenstand [...]. Wo aber Du gesprochen wird, ist kein Etwas. Du grenzt nicht. Wer Du spricht, hat kein Etwas, hat nichts. Aber er steht in der Beziehung." [237]

Das Intentum als konkreter Gegenstand der Erfahrung des Bewusstseins, das im transzendentalphilosophischen Schema immer Erfahrung von Etwas ist, gäbe es nur in der Eswelt, nicht aber in der Sphäre des Du. Buber begreife, so Theunissens Folgerung, die Beziehung zum Du grundsätzlich als das Transzendieren alles Vorkommenden:

„Es ist wichtig, auf die Negativität dieser Transzendenzbewegung zu achten: Sie ist kein Überstieg von etwas Festem zu etwas Festem, sondern das bloße Hinausschwingen über alles, was etwas ist."[238]

Und eben weil die Duwelt bei Buber nichts Vorkommendes sei, weil sie, wie Theunissen sagt, das ,Überschwingen der Welt als dem Universum des überhaupt Vorkommenden' sei, weil in ihr somit auch ,nichts' erfahren werden könne, sei auch die raum-zeitliche Einordnung unmöglich. Während die Eswelt primär durch Raum und Zeit geordnet sei, hätte die Duwelt keine raum-zeitliche Kontingenz und könne auch keine haben, da in ihr ja nichts Vorkommendes erfahren wird, welches in einem Raum-Zeitnetz zu verzeichnen wäre. Denn, so Theunissens fatale Konsequenz:

„Weil das Du überhaupt nichts Vorkommendes ist, kann es auch nichts sein, was irgendwo und irgendwann vorkäme [...]. Die Augenblicklichkeit des Du aber ist Unbeständigkeit im temporalen Sinne, weil sie Unbeständigkeit im ontischen Sinne, nämlich Bestandlosigkeit ist."[239]

Nachdem Buber laut Theunissen solchermaßen das ‚Intentum' der klassisch transzendentalphilosophischen Erkenntnislehre für die Ich-Du-Beziehung außer Kraft gesetzt hätte, insofern es bei Buber in der Ich-Du-Beziehung überhaupt kein ‚Intentum' mehr gibt, das in raum-zeitlichen Ekstasen wahrgenommen werden könnte, würde Buber dann in einem zweiten Schritt auch die ‚Intentio' des transzendentalphilosophischen Schemas für ungültig erklären, indem er nun auch den intentionalen Akt des Subjektes für den Bereich der dialogischen Wirklichkeit ausschließe.

Theunissen verweist auf die Stellen, in denen Buber die Ich-Du-Beziehung als ‚Aktion und Passion in einem' darstellt und sie somit als weder in der Intention des Einen, noch des Anderen liegend beschreibt. Die Beziehung sei bei Buber letztlich überhaupt nicht mehr als Tat oder als Aktion zu begreifen, sondern sie sei ‚reine Tat'. Das heißt, sie setze sich überhaupt nicht mehr aus konkreten Akten der sich Begegnenden zusammen, sondern sie würde als ‚reine Tat' die konkreten Personen und Fakten erst aus sich entlassen, bzw. aus dem ‚Zwischen' als dem ‚reinen Geschehen'. Die Begriffe ‚reine Tat' und ‚reines Geschehen' stammen von Theunissen, nicht von Buber selbst, und sollen verdeutlichen, dass es sich bei der Dimension des Zwischen gerade nicht um ein Zusammenspiel konkreter intentionaler Akte handle, sondern um das Transzendieren jedweder Gerichtetheit. Das ‚reine Sein' der Begegnung sei, so Theunissen, weder Passion noch Aktion allein und insofern die unausdenkliche Einheit beider. „Die Identität von Tun und Nichttun ist aber eine Paradoxie, die als solche nicht gedacht werden kann."[240]

Bubers paradoxe Anzeige auf das ‚reine Geschehen' bliebe somit letztlich ebenso negativ auf die Destruktion der ‚Intentio' beschränkt, wie auch der Hinweis auf die nicht vergegenständlichende Wahrnehmung in der Seinsbegegnung letztlich nur auf der Destruktion des klassischen Schemas der objektgerichteten Wahrnehmung des ‚Intentums' aufruhen würde.

Und eben weil Buber alle noetische Erkenntnis in die Eswelt delegiere, gleichsam aber für das von ihm angezeigte Sein der dialogischen Beziehung außer Kraft setze, generiere dieses Sein letztlich zu einem Nichts, von dem man weder sprechen noch etwas erfahren könne, außer dass es nicht erfahrbar ist. Da die Philosophie aber auf Erkenntnis, Reflexion und Sprache angewiesen bleibe, sei ihr der Zugang zu der von Buber angezeigten Wirklichkeit immanent unmöglich. Bubers Intention, auf eine zunehmend verborgene, gleichwohl nachvollziehbare Wirklichkeit hinzuweisen, sei somit gescheitert. Nicht das Sein, sondern das Nichts dominiere in Bubers Ontologie:

> „ […] das Du aber lässt mit der Eigenschaftlichkeit in Wirklichkeit auch die Substanzialität hinter sich […]. Demnach ist das Du im Sinne Bubers als nichts erlebt und nicht nur mangels passender Ausdrücke als nichts bezeichnet. Es ist auch erlebnismäßig nichts."[241]

Diese zentrale These Theunissens, dass das Du mit der Eigenschaftlichkeit auch die Substantialität hinter sich lasse und somit die dialogische Wirklichkeit der Ich-Du-Beziehung auch erlebnismäßig ‚nichts' sei, wird von Jochanan Bloch entschieden bestritten. Bloch behauptet erstens, dass es die dialogische Wirklichkeit gibt, zweitens, dass sie durchaus erlebnismäßig nachvollziehbar sei, und drittens, dass auch die Philosophie legitimiert und in der Lage sei, mit den Mitteln des Begriffs über sie zu sprechen.

Die dialogische ‚Urwirklichkeit', auf die uns Buber hinweisen will sei also durchaus erlebnisfähig und reflektierbar, auch wenn, wie Bloch zugesteht, über diese Wirklichkeit unmittelbarer Begegnung nur schwer gesprochen werden könne. Diese eingestandene Schwierigkeit, über die dialogische Wirklichkeit philosophisch zu sprechen, darf aber, so Bloch, auf keinen Fall dazu Anlass geben, sie als solche zu leugnen.

Bloch weist in diesem Zusammenhang darauf hin, dass auch Buber selbst diese Schwierigkeit beklagte, über eine Wirklichkeit sprechen zu müssen und sprechen zu wollen, die sich stets nur als aktuales Ereignis zwischen den sich Begegnenden offenbart und sich als solches, selbst von den an der Begegnung Teilhabenden, aus der historischen Perspektive nur mehr unzureichend erschließen und schon gar nicht ,auf den Punkt bringen' lässt. Und dies nicht etwa, weil die sich Begegnenden sich unzureichend an das Ereignis erinnern, sondern weil das Ereignis an ihm selbst nichts ist, was in diesem Sinne auf den Punkt gebracht werden könnte.

Die grundsätzliche Schwierigkeit der Dialogik ist deshalb zunächst, so Bloch, „dass sie über eine menschliche Wirklichkeit reflektiert und spricht, über die, nach der eigenen Angabe nicht angemessen gedacht und gesprochen werden kann".[242] Wie soll man auch bewusst über den Bestand der zwischenmenschlichen Beziehung reflektieren, wenn sich diese laut Buber gerade dadurch auszeichnet, dass sie keinen objektivierbaren Bestand erzeugt? Ist nicht hier überhaupt die Grenze der Philosophie erreicht, insofern sie als Bewusstseinsphilosophie nur über jene Wirklichkeit reflektieren kann, die sich auch in irgendeiner Weise dem Zugriff des Bewusstseins erschließt?

Kann die Philosophie die ,Gegenwärtigkeit' von Beziehung noch erkennen und auf den Begriff bringen, ohne dass diese Erkenntnis a posteriori dem Erlebnis dialogischer Gegenwart bereits wieder Zwang antut und sie durch die Reflexion verstellt?

Mit diesen hier sinngemäß wiedergegebenen Fragen hat Bloch zweifellos die immanent aporetische Grundstruktur des Buberschen Werkes in ihrer ganzen Problematik erkannt und thematisiert. Denn einerseits soll und muss über das Du als Wirklichkeit gesprochen und reflektiert werden, andererseits ist gemäß Bubers Schematismus die vergegenständlichende Reflexion als Wahrnehmungsweise der Eswelt dazu gerade ungeeignet.

Die provokative Konsequenz, die sich aus Bubers Dialogik für die Philosophie ergibt, besteht in der Tat darin, dass der Philosophie, insbesondere der philosophischen Anthropologie, einerseits von Buber die dringende Aufgabe zugewiesen wird, die vergessene und verdunkelte Wirklichkeit der Beziehung endlich in den Mittelpunkt ihrer Anstrengungen zu stellen, andererseits aber gerade eine solche Anstrengung, insofern sie selbst Reflexion ist, jene Wirklichkeit des Du gleichsam verstellen muss. Diese ‚Aporie des Du‘, so auch der Titel der Blochschen Buberinterpretation, sei Bubers eigentlich große, an die Philosophie gerichtete Herausforderung, nämlich über das Du im Ich-Es-Verhältnis sprechen zu müssen. Es gibt zwei Möglichkeiten, auf diese Herausforderung zu antworten. Theunissens Antwort war, wie gezeigt, philosophisch konsequent und somit negativ, insofern er die dialogische Wirklichkeit als mit den Mitteln der Philosophie ‚nicht denkbar‘ und vom Standpunkt der Philosophie aus auch als ‚erlebnismäßig nichts‘ verstanden hat. Folgt man Theunissens Deutung, so ist Bubers Dialogik in der Tat in ihrer negativen Abhebung vom gegenständlichen Denken hängengeblieben und hat sich eben aufgrund ihrer Destruktion des klassisch transzendentalen Erkenntnismodells bereits in ihren Anfängen der Möglichkeit beraubt, die von ihr behauptete Wirklichkeit noch irgendwie positiv zu bewältigen. Mit dieser Interpretation des immanenten Scheiterns der Buberschen Ontologie hätte Theunissen, so Blochs Kritik, die aporetische

Herausforderung Bubers, mit dem Widerspruch umzugehen, sich mit den Mitteln des Denkens dem Undenkbaren zu nähern, gar nicht erst angenommen, sondern den Widerspruch zu Gunsten des Denkbaren aufgelöst. In Theunissens Interpretation schließe die dialogische Wirklichkeit jede Reflexion auf sich radikal aus, sei deshalb vom philosophischen Standpunkt her ‚undenkbar' und somit auch nicht existent. Bloch hingegen macht in seiner Interpretation die Bubersche Aporie, mit den Mitteln des gegenständlichen philosophischen Denkens etwas zu zeigen, was sich selbst nicht in dieser Weise zu erkennen gibt, zum Ausgangspunkt seiner Bemühungen und fordert von der Philosophie ‚ein Denken, das gegen sich einen entscheidenden Vorbehalt hat.'[243]

> „Die Dialogik will eine Wirklichkeit, so sagt sie, die der Bestimmbarkeit von vorneherein entzogen ist. In ihrem Sprechen soll aufgezeigt werden, was nicht dargelegt, nicht angeschaut und nicht besprochen werden kann [...]. Gegen diese Verborgenheit will die Dialogik uns diese Wirklichkeit zeigen, uns zu ihr hinführen - gerade wegen ihrer Verborgenheit und trotz ihrer will sie es tun. [...] Das Sprechen der Dialogik kann nur ein Hinzeigen sein."[244]

Sowohl Bubers Dialogik als auch alle Bemühungen, die von ihm intendierte Wirklichkeit zu verstehen und aufzuweisen, können somit ihrem Wesen nach nur ein ‚Hinzeigen' auf eine Wirklichkeit sein, die sich nur als aktuales Ereignis begibt. Dieses Hinzeigen sei aber, so Blochs gegen Theunissen gerichteter Einwand, keineswegs nur negativ und destruierend auf die Ewelt bezogen.

Der Grundirrtum von Theunissens Buberinterpretation bestehe darin, dass dieser den Buberschen Schematismus von Ich-

Es und Ich-Du hypostasiert und absolut gesetzt hätte. Theunissen würde sich insbesondere an den Stellen, an denen Buber das Es als ‚etwas‘ dem Du als ‚nichts‘ gegenüberstelle, auf den ‚unmittelbaren Wortsinn‘ versteifen[245] und dadurch den von Buber intendierten Sinn dieser Gegenüberstellung verfehlen:

> „Besonders nachdrücklich bezieht sich Theunissen auf die Sätze: Wer Du spricht ‚hat nichts‘; und: ‚Was erfährt man also vom Du? Eben nichts. Denn man erfährt es nicht.‘ […] Und dies wird von Theunissen dahin ausgesponnen, dass die Beziehung zum Du als das Transzendieren alles Vorkommenden zu begreifen sei.“[246]

Wenn man, wie es Theunissen in unzulässiger Weise unternimmt, die Duwelt als das Transzendieren alles Vorkommenden, als das Zurücklassen aller in der Eswelt noch zugänglichen Erfahrung interpretieren würde und somit als ‚reinen Akt‘ und ‚reines Geschehen‘, so ergäbe sich in der Tat daraus die Schlussfolgerung, dass die Duwelt ‚Bestandslosigkeit‘ sei und als solche auch nicht mehr erlebt werden könne.[247] Wie sollte sich auch den Menschen das Wesen des Anderen im echten Dialog noch erschließen, wenn sie sich nur mehr in ihrem ‚reinen Sein‘ jenseits aller welthaft erfahrbaren Eigenschaften begegnen?

Gegen eine solche Interpretation spricht aber, so Bloch, unter anderem bereits Bubers eigene Aussage, dass wir den Anderen in der wesenhaften Beziehung gerade auch in seiner Ganzheit und konkreten ‚Einzigheit‘ erfahren. „Es ist eindeutig“, so Bloch, „dass die Theunissensche Analyse, vor allem von ihren Konsequenzen her gesehen, den Absichten Bubers krass widerläuft.“[248]

Blochs Gegenposition zu Theunissens These von der ‚negativen Ontologie‘ lautet nun, dass Buber mit der Gegenüberstellung von Ich-Es- und Ich-Du-Verhältnis keineswegs deren diametrale

Ausschließlichkeit betonen wollte, sondern lediglich deren unterschiedliche Wirklichkeits- und Wahrnehmungsebenen, von denen die zweite die erste zwar ‚aufhebt‘, aber keineswegs, wie Theunissen fälschlich annimmt, gänzlich ausschließt oder destruiert.

Die ‚Aufhebung des esweltlichen Erkenntnisaktes‘ und des Erkenntnisgegenstandes in die Sphäre der Ich-Du-Beziehung ist nach Jochanan Bloch in einem zweifachen Hegelschen Sinne zu verstehen, nämlich im Sinne von ‚bewahren‘ und im Sinne von ‚hochheben‘ auf eine andere Ebene.[249] So sei in der Ich-Du-Beziehung alles, was vorher in der Ich-Es-Beziehung konkret erfahren wurde, mit da, nur eben, und hierin liege der große Unterschied von Du und Es, in einem ganz anderen Licht. Auch würde beispielsweise in der dialogischen Wahrnehmungsform des Innewerdens‘ keineswegs jede konkrete Bestimmung negiert und auf ein Unbestimmtes hin transzendiert, sondern umgekehrt zu ihrer vollen Wirklichkeit gebracht. Bloch verweist hier unter anderem auf Bubers eigene Beschreibung der duweltlichen Wahrnehmung eines Baumes, worin Buber sagt:

> „Ich kann ihn einer Gattung einreihen und als Exemplar beobachten, auf Bau und Lebensweise […]. Es kann aber auch geschehen, aus Willen und Gnade in einem, dass Ich, den Baum betrachtend, in die Beziehung zu ihm eingefasst werde, und nun ist er kein Es mehr. Die Macht der Ausschließlichkeit hat mich ergriffen. Dazu tut nicht not, dass ich auf irgendeine der Weisen meiner Betrachtung verzichte. Es gibt nichts, wovon ich absehen müsste, um zu sehen, und kein Wissen, dass ich zu vergessen hätte. Vielmehr ist alles, Bild und Bewegung, Gattung und Exemplar, Gesetz und Zahl, mit darin, ununterscheidbar vereinigt. Alles, was dem Baum zugehört, ist mit darin, seine Form und seine Mechanik, seine Farben und seine Chemie, seine Unterredung mit den

Elementen und seine Unterredung mit den Gestirnen, und alles in seiner Ganzheit. Kein Eindruck ist der Baum, kein Spiel meiner Vorstellung, kein Stimmungswert, sondern er leibt mir gegenüber und hat mit mir zu schaffen, wie ich mit ihm - nur anders." [250]

Buber betont hier in aller Deutlichkeit, dass das Baumsein des betrachteten Baumes in der dialogischen Beziehung zu ihm nicht einfach verschwindet. Wie dieses Beispiel zeigt, schließt die von Buber beschriebene ‚Gegenwärtigkeit‘ der dialogischen Beziehung nicht aus, dass dieser oder jener konkrete Gegenstand auch in seiner Eigenschaftlichkeit noch wahrgenommen wird. Zwar würde Buber zwischen ‚Gegenwart‘ und ‚Gegenstand‘ und damit zwischen Ich-Es-Wirklichkeit und Ich-Du-Wirklichkeit einen grundsätzlichen Unterschied machen, zugleich aber sei im Sinne Bubers jede ‚Gegenwart‘ immer auch noch Gegenwart von diesem oder jenem Weltkonkretum, sei es ein Baum oder ein Mensch.

Man müsse deshalb, und dies ist der Kerngedanke von Blochs Interpretation der Buberschen Dialogik, die Möglichkeit der ‚Kongruenz‘ von Ich-Es und Ich-Du in Betracht ziehen:

„Für Theunissen wird dadurch, dass ich im Du ‚nichts erfahre‘, gleichsam ein Loch ins Seiende gerissen oder das Seiende überwunden, was immer das heißen soll. Für Buber hingegen eröffnet sich eine Gegenwart, die wohl keine objekthafte Gegenständlichkeit ist und von ihr in einem Hiatus getrennt ist - und die doch in einer eben nicht zu begreifenden Kongruenz mit objekthafter Gegenständlichkeit steht."[251]

Bloch stellt damit Theunissens These von der ‚negativen Ontologie‘ sein eigenes ‚Konzept der Kongruenz‘[252] entgegen, wonach die Sphäre der Eswelt und die Sphäre der Duwelt zwar grundsätzlich verschieden sind, gleichwohl aber zwischen Objektebene und Beziehungsebene eine - freilich an sich selbst unbestimmbare - Kongruenz herrscht. Bloch verweist hierzu auf eine Vielzahl von Beispielen, in denen deutlich wird, dass für Buber auch in der Duwelt die konkrete ‚Weltlichkeit' der Eswelt nicht einfach, wie Theunissen meint, hinter sich gelassen wird, sondern nach wie vor ‚mit da' ist.

Aber auch an dem zentralen, von Theunissen angeführten Buberzitat, welches zunächst eindeutig auf die Destruktion des Intentums verweist, lässt sich Blochs These von der ‚Kongruenz' zeigen, wenn man das Augenmerk auf den hier angezeigten Gegensatz von ‚Alles' und ‚nichts Einzelnes' richtet. Das ‚Nichts' Bubers wäre dann zu verstehen als ‚nichts Einzelnes' und nicht als ‚nicht Etwas', wie dies Theunissen versteht. Buber schreibt:

> „Was erfährt man also vom Du?
>   - Eben nichts. Denn man erfährt es nicht. - Was weiß man
>   also vom Du?
>   - Nur alles. Denn man weiß von ihm nichts Einzelnes mehr."[253]

Blochs Betonung des ‚Nichts' als ‚nichts Einzelnes' wird verständlich auf dem Hintergrund von Bubers Ausführungen zum echten Gespräch. Wenn wir uns, so Buber, eines Menschen innewerden, so bedeutet dies, dass wir ihn nicht mehr als Summe von einzelnen Eigenschaften sehen und ihn auf einzelne Urteile und Akte festlegen, es bedeutet aber nicht, dass wir ihn jenseits seiner Urteile und Äußerungen wahrnehmen. Alle seine Eigenschaften, und dies ist der Sinn des Wortes ‚Alles', sind im wirklichen Dialog mit präsent. Alle seine einzelnen Äußerungen haben in der Beziehung Gegenwart, aber jetzt eben nicht mehr als einzelne objektive Bruchstücke, für sich statisch feststellbar, sondern als von der dynamischen Ganzheit der Person durchwirkt, die in ihrem wesenhaften Möglichsein ebenso präsent ist, wie die jeweilig gegenwartende und sich verwortende Äußerung.

Auf dem Hintergrund der in der Beziehung wirkenden und anwesenden Ganzheit der Personen erfährt das Gesprochene eine Wirklichkeit, die von der Wirklichkeit des esweltlichen Sprechens grundsätzlich unterschieden ist. Gleichwohl wird in der Beziehung das Gesprochene nicht ‚nichts', sondern erfährt umgekehrt in ihr erst seine eigentliche Wirklichkeit.

An den hier rezipierten Ausführungen Bubers zum echten Gespräch lässt sich in der Tat Blochs Interpretation nachvollziehen, dass die esweltliche Erfahrung des Gegenstandes bzw. die Wahrnehmung von Seiendem in der Ich-Du-Beziehung nicht einfach verschwindet, sondern, wie Bloch betont, kongruent zur ersteren aufgehoben bleibt:

> „Ja, das, was mir im noetischen Akt ‚bewusst' ist, wird in der Gegenwart der Beziehung erst ‚wirklich'; es wirkt auf mich in seiner Ganzheit, und diesem Wirken begegne ich mit ganzem Wesen; hier erfüllt sich die Kreatur, wird sie ‚verwirklicht'."[254]

Bloch untermauert, wo es nötig ist, sein Konzept der ‚Kongruenz von noetscher Bestimmtheit und dialogischer Unbestimmtheit' auch über Buber hinausgehend. So hätte Buber bei seinen Ausführungen zum Phänomen der Liebe übersehen, dass gerade die Liebe ganz ausgezeichnet einem gilt:

> „Es ist doch merkwürdig, dass Buber nie auf die Tatsache reflektiert, dass Liebe ganz ausgezeichnet Einem gilt und in der sinnlichen Lust an ihm ihre Bestimmtheit erfährt, ohne die sie nicht ist!"[255]

So lieben wir nicht das ‚reine Sein‘ eines Menschen, sondern wir lieben ihn wie man sagt ‚mit all seinen Stärken und Schwächen‘. Die Liebe als dialogisches Ereignis ist zwar, wie Buber richtig betont, nicht etwas, was dem Einen oder Anderen konkret anhaftet und auch nicht ein bestimmbares konkretes Tun des Einen oder Anderen, aber sie ist umgekehrt, wie Bloch hinzufügt, auch nicht etwas, was sich jenseits aller Konkretion ereignet.

Nach Bloch hätte Buber in der berechtigten Betonung der Liebe als nicht objektivierbare und unbestimmbare Wirklichkeit des ‚Zwischen‘ die darin sich kongruent ereignende Bestimmtheit ausgeblendet. Auch hätte Buber vor allem an den Stellen, an denen er die Zwiefältigkeit von Eswelt und Duwelt abstrakt benenne und gegeneinander ausspiele, über die Betonung ihrer Unterschiedlichkeit, bisweilen ihre gleichwohl phänomenologisch unabweisbare Kongruenz vergessen. Auch hätte Buber ‚gerade die Formulierungen, in denen er die Beziehung ausdrücklich als Verwirklichung kennzeichnet‘ nicht durchgängig in seinen Schriften aufrechterhalten und auch nie ‚das Wesen der Verwirklichung im strengen Sinne des Begriffes herausgearbeitet‘.[256] Bubers Werk sei, so Bloch, letztlich in sich selbst zwiespältig in seinen Positionen:

> „Diese Diskrepanz scheint an der Unzulänglichkeit der Hinweise Bubers zu liegen, der sich vermutlich durch den Trieb zur Schematisierung - noch innerhalb der schwankenden Art seiner Umschreibung -. zu rigorosen Scheidungen hat verführen lassen, die die Wirklichkeit nicht an sich hat.“[257]

Damit setzt Bloch aber die Interpretation von Theunissen teilweise wieder in ihr Recht, weil er implizit zugesteht, dass Buber durch die didaktische Hervorhebung des Schematismus von Ich-Es und Ich-Du zu Theunissens Interpretation selbst Anlass gegeben habe. Hinsichtlich des Buberschen Schematismus geht dann auch Bloch über die werkimmanente Auslegung und Interpretation der Buberschen Dialogik hinaus und kritisiert ausgehend von seinem ‚Konzept der Kongruenz' die apodiktische Ausgrenzung alle, noetischen Wahrnehmung aus der Duwelt:

> „Es zeigt sich, dass die Dualität der Grundworte nicht durchzuhalten ist. Sie bricht eben darum zusammen, weil wir (um es grob zu sagen) das Du nicht vom Es abgrenzen können [...]. Wenn wir die Vergeblichkeit der Buberschen Schematik einsehen, verlassen wir wohl seine Worte. Und nehmen zugleich an, was seine Wahrheit ist."[258]

Theunissen hat somit zunächst Recht, dass Bubers Hinweis auf die Ich-Du-Beziehung primär negativ ist, insofern Buber die dialogische Wirklichkeit der unmittelbaren Beziehung nur in destruierender Abhebung vom Ich-Es-Verhältnis zeigt. Theunissens zweite Annahme aber, dass dies auch so sein muss, da hier die immanente Grenze der Buberschen Philosophie erreicht sei, dass also diese Wirklichkeit prinzipiell nicht mehr positiv aufweisbar sei, diese zweite Annahme wird in vorliegender Studie nicht geteilt. An diesem Punkt soll Jochanan Blochs Hinweis ernst genommen werden, dass Bubers Weg zur positiven Bestimmung der Wirklichkeit nur dann eine Sackgasse darstellt, wenn man Bubers formalistische Trennung der Wirklichkeitssphären von Ich-Es und Ich-Du hypostasiert und absolut setzt. Versteht man hingegen Bubers formale Unterscheidung von Ich-Es und Ich-Du, wie Jochanan Bloch vorschlägt, als Korrelate ein und derselben Wirklichkeit und somit das Ich-Du-Verhältnis als eine Wirklichkeit, die sich nicht jenseits aller Konkretion und Objektivierung von Eigenschaften vollzieht, sondern gerade in und durch diese hindurch, so eröffnet sich durchaus die Möglichkeit, nun auch die Wirklichkeit der Ich-Du-Beziehung phänomenologisch zu erhellen und deren Evidenz positiv anzuzeigen. Ausgehend von der Anregung Blochs, Buber in dieser Weise weiterzudenken, soll im Folgenden der Versuch unternommen werden, anhand einiger ontischer Phänomene auf die dialogische Wirklichkeit zumindest ‚hinzuzeigen‘. Der Aufweis soll speziell wieder an dem in der Untersuchung thematisierten Anerkennungsphänomen erfolgen. Die zentrale Frage muss jetzt lauten: Gibt es mitmenschliche Anerkennung, die durch die Anerkennung der Eigenschaften hindurch und über diese hinausgehend auf die Anerkennung des Seins eines Menschen abhebt? Sartre und insbesondere Goffman haben zu zeigen versucht, dass dies nicht der Fall ist, dass die Menschen ihr Selbstverständnis immer an ihren Eigenschaften und Fähigkeiten aufhängen, die ihnen von den anderen damit einhergehend auch von sich selbst zugeschrieben werden. Goffman hat vor allem in seiner Studie ‚Stigma‘ gezeigt, wie stark diese gegenseitige Objektivierung und Versteinerung der antizipierten Eigenschaften die Identität bestimmt und wie schmerzhaft bereits eine geringfügige Abweichung einer Eigenschaft von der Norm empfunden wird. Zu erinnern wäre nur an jenes Mädchen mit der fehlenden Nasenspitze, das aufgrund dieser im Grunde geringfügig abweichenden Eigenschaft von ihren Altersgenossen nicht mehr anerkannt wurde. Erinnert sei auch an Sartres Protagonisten Garcin, der ein Held sein wollte, aber von den Anderen als Feigling erkannt wurde und über die Nichtanerkennung der für ihn so wichtigen Eigenschaft in quälende Selbstzweifel geriet. Kann man überhaupt, um mit Jochanan Bloch zu fragen, durch die objektivierbaren Eigenschaften hindurch und über diese einen Menschen bestätigen? Wie ist die von Jochanan Bloch postulierte ‚Kongruenz‘ der Anerkennung auf der Objektebene mit der Anerkennung auf der Seinsebene zu verstehen, und handelt es

179

sich dabei tatsächlich, wie Bloch mit Buber behauptet, um einen grundlegenden anthropologischen Tatbestand?

5. Seinsbestätigung als humanspezifische Struktur?

Blochs These von der Kongruenz ist im Grunde einfach zu verstehen, zieht man seine Ausführungen zum Sprechakt heran. Sprache ist zwar primär ein esweltliches Phänomen, insofern sie etwas auf den Begriff bringt, unter die Herrschaft replizierbarer Erkenntnis stellt bzw. durch gezielte Anordnung vokaler Ausdrucksgebärden genau definierbare logische Sinnzusammenhänge und Informationen herstellt. Andererseits aber hat die Sprache, so Bloch, kongruent zu ihrer esweltlichen Funktion als Medium des Austausches objektivierbarer Information eine zweite weit wichtigere Bedeutung, insofern sich in der Sprechsituation kongruent zur Objekteben auf der Seinsebene Beziehung ereignet.

Das Beziehungsereignis bleibt allerdings meist unverzeichnet, gleichwohl es jeden Sprechakt begleiten kann. Die dialogische Wirklichkeit steht zum konkreten Sprechakt immer in einer Kongruenz, auch wenn die Art und Weise des Kongruentseins von Objekt und Beziehungsebene unbestimmbar ist und es für sie keine Regeln gibt. Entscheidend ist aber, so Bloch, dass Sprache, gleichwohl sie der Eswelt entspringt, in der Duwelt keineswegs ausgeschlossen ist und auch in der Beziehung nicht einfach verschwindet.

> „Denn es zeigt sich, dass die Beziehung, indem das Ich-Es sich nicht aus ihr ausmerzen lässt, tatsächlich Akt ist […]. Die Intentionalität der Zwiesprache, des Ansprechens, gehört wirklich in sie hinein."[259]

So wie auch keine Begegnung jenseits aller Anschauung und Wahrnehmung möglich ist, ist auch die Sprache kein Hindernis für das Beziehungsereignis. Auch Bubers Ausführungen zur wesenhaften Begegnung im Modus des Schweigens dürfen darüber nicht hinwegtäuschen, da es sich dabei um ein ‚beredtes Schweigen' handelt, wie auch aus folgendem Beispiel Bubers für ein Beziehungsereignis zu ersehen ist:

> „Meine Freundschaft mit einem nun Toten ist in einem Ereignis entstanden, das man, wenn man will, als abgebrochenes Gespräch bezeichnen kann. Das Datum ist Ostern 1914. Einige Männer aus verschiedenen europäischen Völkern waren zusammengekommen, um im unbestimmten Vorgefühl der Katastrophe einen Versuch zur Aufrichtung einer übernationalen Autorität vorzubereiten. Die Unterredungen waren von jener Rückhaltlosigkeit getragen, deren substantielle Fruchtbarkeit ich kaum je so stark erfahren habe: sie wirkte auf alle Teilnehmer so, dass das Fiktive zerfiel und jedes Wort Tatsache war. Als wir nun die Zusammensetzung des größeren Kreises besprachen, von dem die öffentliche Initiative ausgehen sollte […], erhob einer von uns, ein Mann von leidenschaftlicher Konzentration und richterlicher Liebeskraft, das Bedenken, es seien zu viele Juden genannt worden, so dass etliche Länder in ungehöriger Proportion durch ihre Juden vertreten sein würden […]. Hartnäckiger Jude, der ich bin, protestierte ich gegen den Protest. Ich weiß nicht mehr, auf welchem Weg ich dabei auf Jesus zu sprechen kam und darauf, dass wir Juden ihn von innen her auf eine Weise kennten, eben in den Antrieben und Regungen seines Judenwesens, die den ihm untergebenen Völkern unzugänglich bleibe. ‚Auf eine Weise, die Ihnen unzugänglich bleibt' - so sprach ich den früheren Pfarrer unmittelbar an. Er stand

auf, auch ich stand, wir sahen einander ins Herz der Augen. ‚Es ist versunken‘, sagte er, und wir gaben einander vor allen den Bruderkuss. Die Erörterung der Lage zwischen Juden und Christen hatte sich in einen Bund zwischen dem Christen und dem Juden verwandelt; in dieser Wandlung erfüllte sich die Dialogik. Die Meinungen waren versunken, leibhaft geschah das Faktische.“[260]

Auch in dieser von Buber beschriebenen Begegnung ereignet sich jenes, das beide Streitenden plötzlich ergreifende gegenseitige Verständnis nicht jenseits der sich treffenden Blicke, nicht jenseits des gegenseitig wahrgenommenen beschämten Schweigens, nicht jenseits des esweltlichen Bewusstseins der historischen Stunde und somit auch nicht jenseits von aller Anschauung und Sprache, sondern gerade in der schweigend ausgesprochenen Anerkennung.

Sprache als objekthaft Seiendes verschwindet nicht einfach im Beziehungserlebnis, obgleich dieses selbst nicht objekthaft seiend ist. Eswelt und Duwelt, Sprachgestalten und Beziehungsereignis sind zwar durch einen Hiatus getrennt, insofern sie zwei verschiedene Wirklichkeitsebenen vorstellen, gleichwohl schließen sie sich nicht aus. Denn, so Bloch, „es ist auch möglich, daß Sprache in aussagender Repräsentation Wirklichkeit ereignet, die unobjektivierbar ist - und die hier doch in Sprache ‚da‘ ist. Darüber hinaus ist es wohl möglich, daß durch Sprache Kommunion mit solcher Wirklichkeit bereitet oder ausgelöst wird, ohne dass die auslösenden Sprachgestalten unmittelbar zur ‚Begegnung‘ [...] gehören.“[261]

Auch Buber weist darauf hin, dass in der Sprache ein Fenster aufgestoßen wird, durch das hinauszublicken sei. Demgegenüber radikalisiert Bloch das Verhältnis von Sprachwirklichkeit und Beziehungswirklichkeit noch um eine Stufe:

„Die Beziehung zwischen der Wortsprache und Wirklichkeit ist direkter, es geht eben um ‚Kongruenz': wobei andererseits deutlich sein muss, dass diese Beziehung dennoch den Hiatus in sich trägt und selbst nicht ‚begriffen' werden kann."[262]

Jochanan Blochs These von der Kongruenz soll abschließend an einigen Dialogbeispielen verdeutlicht werden, die nicht von ihm und auch nicht von Buber stammen, die aber gegenüber den Buberschen Beispielen den Vorteil haben, dass sie eine alltägliche Situation wiedergeben. Zwar hat auch Buber betont, dass der echte Dialog, beziehungsweise die dialogische Wirklichkeit nicht als etwas über den Alltag Erhabenes zu verstehen sei, das sich nur zwischen guten Freunden ereignet, sondern durchaus auch als ganz alltägliches Erlebnis, das sich auch zwischen zwei zufällig sich begegnenden Fremden einstellen kann.[263] Gleichwohl thematisiert er bei seinen Versuchen den Umschlag von esweltlicher Wirklichkeit in die Ich-Du-Beziehung darzustellen und damit ontische Hinweise auf die ontologische Struktur der Ich-Du-Beziehung zu geben, meist erhöhte oder außergewöhnliche Momente zwischenmenschlicher Begegnungen, wie etwa in folgender Passage:

„Im tödlichen Gedränge des Luftschutzkellers treffen plötzlich die Blicke zweier Unbekannten sekundenlang aufeinander, in staunender, bezugsloser Gegenseitigkeit; wenn die Entwarnungssirene ertönt, ist es schon vergessen, und doch wars geschehen, in einem Bereich, der nicht länger als jenen Augenblick bestand. Es kann sich begeben, daß im verdunkelten Opernsaal zwischen zwei einander fremden Hörern, die in der gleichen Reinheit und mit der gleichen Intensität einige Mozartsche Töne vernehmen, ein kaum spürbares und doch elementares dialogisches Verhältnis sich errichtet, das längst versunken ist, wenn die Lichter aufflammen."[264]

Bubers Intention folgend, das Dialogische auch in alltäglichen Begegnungen zu entdecken, soll hier ein kurzer Dialog zwischen einem Kind und seiner Tante herangezogen werden, der von Sigmund Freud beobachtet und aufgezeichnet wurde, dem dieser selbst in seinem Werk aber keine weitere Bedeutung beigemessen hat. Freud berichtet von einem dreijährigen Knaben, der in einem dunklen Zimmer liegt und seine Tante bittet, sie solle mit ihm sprechen:

> „ ,Tante, sprich mit mir; ich fürchte mich, weil es so dunkel ist.' Die Tante rief ihn an: ,Was hast du denn davon? Du siehst mich ja nicht.' ,Das macht nichts', antwortete das Kind, ,wenn jemand spricht, wird es hell.' "[265]

Auf der Objektebene artikuliert das Kind einen kausalen Zusammenhang zwischen der Helligkeit des Raumes und der sprachlichen Äußerung der Tante. Es sagt: ,Wenn jemand spricht, wird es hell.' Das Kind sagt somit auf der verbalen Ebene bzw. auf der esweltlich wissenschaftlichen Ebene etwas Unlogisches. Die Tante antwortet dann auch auf dieser Ebene, indem sie dem Kind zu verstehen gibt, dass sich zwischen sprachlich erzeugten Kehlkopflauten und Raumbeleuchtung kein rationaler Zusammenhang herstellen lasse und dass ihr Sprechen sinnlos sei, da das Kind sie deshalb auch nicht besser sehen könne.

Kongruent zur Objektebene ereignet sich aber gleichzeitig auf der nonverbalen Ebene etwas Anderes: Das Kind fühlt sich allein und erlebt die Dunkelheit als beängstigend. Da das Alleinsein der Grund der Beängstigung ist, wünscht es sich die Anwesenheit einer vertrauten Person. Auf der Seinsebene geht es dem Kind also schlicht darum, dass ein anderes Wesen anwest, so dass es sein Sein im Mitsein aufgehoben weiß. Ist dies der Fall, verliert auch die Dunkelheit ihre Unheimlichkeit. Auf der Seins- bzw. Wesensebene will das Kind also lediglich, dass die Tante in ihrem Sein anwest; und obwohl diese auf der Objektebene abwehrt und sogar widerspricht, tut sie auf der Seinsebene genau das, was das Kind wollte. Sie wird anwesend.

Diese Begegnung lässt sich auch mit Hilfe der Buberschen Unterscheidung von ‚beobachten‘ und ‚betrachten‘ einerseits und dem ‚innewerden‘ andererseits interpretieren. Wie bereits dargestellt, kennzeichnet Buber das ‚Beobachten‘ und ‚Betrachten‘ als Wahrnehmungsformen der Eswelt im Gegensatz zum ‚Innewerden‘ als dialogischer Wahrnehmungsweise (Vgl. 4. Teil, Kap. 2).

Auch das dunkle Zimmer wird hell, in dem Moment, wo das Kind der Tante innewird. Das ‚Innewerden‘ ist entscheidend. Ist sich das Kind der Mutter inne, muss es sie weder beobachten noch betrachten, ja sie kann sich auch außerhalb des Raumes befinden.

Die von Bloch behauptete Kongruenz von Objektebene und Seinsebene, von Eswelt und Duwelt, ist in Dialogen mit Kindern besonders evident, da das Gesagte rein auf der esweltlichen Ebene oft gar keinen Sinn ergibt und sich erst auf der Beziehungsebene sinnhaft erschließt.[266]

Wenn etwa ein Kind beim Spazierengehen der Mutter zuruft: ‚Mami, schau mal dort!‘, geht es oft weniger um das zu Sehende selbst, als um die Anteilnahme der Mutter am Staunen des Kindes. So wie auch ein Kind, das sich wehgetan hat, auf die Frage, warum gerade ihm so etwa zugestoßen sei, gar keine rationale Erklärung erwartet als vielmehr die tröstende Anteilnahme an seinem Sein. Auf den semantisch-kognitiven Inhalt, kommt es dabei weit weniger an, als auf den tröstenden Ton, in dem die eigentliche Botschaft liegt. Diese kongruent sich ereignende

Doppelwirklichkeit von semantisch kognitiver Ebene und Beziehungsebene lässt sich natürlich auch in Dialogen zwischen Erwachsenen erkennen, in denen ja auch ‚der Ton die Musik macht'. Manche Menschen können sogar völlig die Fassung verlieren, bloß weil sie mit einem aggressiven Ton angesprochen werden, selbst wenn der Inhalt der Anrede ganz neutral ist.

Ein weiteres, vielleicht noch deutlicheres Beispiel, an dem sich die von Bloch behauptete Kongruenz von Beziehungsebene und Objektebene phänomenal aufzeigen lässt, ist folgende kurze Begegnung, die der amerikanische Psychiater Ronald D. Laing aufgezeichnet hat:

> „Ein kleiner Junge von fünf Jahren läuft mit einem großen, dicken Wurm in der Hand zu seiner Mutter und sagt: ‚Mutti, sieh mal, was für einen großen, dicken Wurm ich habe.' Sie sagt: ‚Du bist schmutzig - geh und wasch dich, aber schnell.'"[267]

Auf der Objektebene gibt der Junge der Mutter ein Tier zur Begutachtung, welches zur Gattung der Würmer gehört, und innerhalb dieser Gattung von relativ großer Länge und enormer Dicke ist. Auf der averbalen Ebene geht es ihm aber vielleicht nur darum, dass die Mutter ihn in seinem Selbst-sein-Können anerkennt, denn er hat den Wurm ja selbst gefunden und ohne Aufforderung durch eine andere Person beschlossen, ihn mitzunehmen. Er zeigt der Mutter somit nicht in erster Linie den gefundenen Wurm, als vielmehr seine Findigkeit oder eben sein Selbst-sein-Können, das die Mutter aber in diesem Fall durch ihr offensichtliches Desinteresse allerdings unbestätigt lässt. In solchen alltäglichen Situationen des Weisens und Zeigens von Objekten, in denen es auf der Wesensebene um eine Seinsbestätigung bzw. um die Anerkennung des Selbstseins geht, ist im

Grunde keine hochangesetzte Reaktion vonnöten, etwa dergestalt, dass die Mutter den Wurm großartig findet und das Kind
lobt, sondern es genügt in der Regel zur Seinsbestätigung auch
eine schlichte bejahende Kenntnisnahme, die auch dann noch
bestehen kann, wenn die Mutter etwas gegen den Wurm ein-
wendet. Auch hier wird Bubers Unterscheidung von ,Beobach-
ten' und ,Innewerden' evident. Dem Kind geht es nicht nur darum, dass die Mutter die Eigenschaften, Farbe, Form und Größe
des Wurmes ,inspiziert', sondern vor allem darum, dass sie sich
seiner Tat als solcher ,innewird'. Ist dies geschehen, wird sich
das Kind in seinem Sein bestätigt fühlen und zufrieden sein,
auch wenn gegen den Wurm etwas eingewendet wird.

An diesem Beispiel lässt sich zudem auch die von Buber angezeigte Bedeutung des Anerkennungsphänomens ersehen, insofern hier, über die Anerkennung auf der Objektebene hinaus, eine Anerkennung auf der Seinsebene gefragt ist, die darin
gründet, dass das Kind in dem ihm eigenen Möglichsein bestätigt werden will.

Allerdings ist eine solch kurze episodische Begegnung natürlich nicht für sich alleine zu betrachten. Erst die Gesamtheit der
Beziehungsereignisse entscheidet darüber, ob das Kind sich in
einer dialogischen Beziehung aufgehoben und in seinem Selbstsein bestätigt fühlt. Ist das Kind in der Beziehung in seinem Sein
generell erwünscht und anerkannt, wird es auch einzelne defizi-
täre Beziehungserlebnisse unbeschadet überstehen. Buber weist
eigens auf die Unmöglichkeit hin, sich konstant in wesenhafter
Beziehung zu Anderen zu halten, da es dem Du seinem Wesen
nach verhängt ist, immer wieder in das Es zurückzufallen.

Blochs These von der Kongruenz darf auch nicht so verstanden werden, dass sich zwangsläufig parallel zur Objektebene
auf der Seinsebene stets Beziehung ereignet. Es gibt durchaus,
wie Bloch mit Buber feststellt, Dialoge, die einseitig in der es-

weltlichen Wirklichkeit stattfinden und die Beziehungsebene unerfüllt lassen. Dies zeigt sich auch in der eigentümlichen Doppelsinnigkeit der Verben ‚sagen‘, ‚anwesen‘, ‚da sein‘. Man kann etwas gesagt bekommen, ohne dass einem das Gesagte etwas sagt. Man kann anwesend sein, ohne anzuwesen. Man kann da sein, ohne wirklich für jemanden da zu sein.

Obgleich somit keineswegs jede zwischenmenschliche Begegnung eine Beziehungsdimension eröffnet und zudem die Eswelt in unserer geschichtlichen Situation auch gesamtgesellschaftlich im Fortschreiten begriffen ist, bleibt doch die Beziehungswirklichkeit für Buber eine ursprüngliche und letztlich unabdingbare Wirklichkeit des Menschsein ohne die der Mensch nicht sein könnte:

> „Die fundamentale Tatsache der menschlichen Existenz ist der Mensch mit dem Menschen. Was die Menschenwelt eigentümlich kennzeichnet, ist vor allem andern dies, daß sich hier zwischen Wesen und Wesen etwas begibt, dessengleichen nirgends in der Natur zu finden ist [...]. Diese Sphäre, mit der Existenz des Menschen als Menschen gesetzt, aber begrifflich noch unerfaßt, nenne ich die Sphäre des Zwischen. Sie ist eine Urkategorie der menschlichen Wirklichkeit [...]."[268]

Wie bereits dargestellt, nennt Buber zwei Urkategorien menschlicher Wirklichkeit, die des ‚wesenhaften Abgerücktseins‘ und die des ‚In-Beziehung-treten-Könnens‘. Das ‚In-Beziehung-treten-Können‘ ist aber nicht nur als kategoriale Möglichkeit zu verstehen, sondern darüber hinaus als existenzielle Notwendigkeit. Wird dem Menschen die Verwirklichung in der Beziehung teilweise oder ganz versagt, ist dies für ihn existenziell bedrohlich. Der Mensch, so Buber, *ist* nicht einfach, er muss erst von anderen Menschen ins Sein gerufen werden.

„Aus dem Gattungsreich der Natur ins Wagnis der einsamen Kategorie geschickt, von einem mitgeborenen Chaos umwittert, schaut er […] nach einem Ja des Seindürfens aus, daß ihm nur von menschlicher Person zu menschlicher Person werden kann. Einander reichen die Menschen das Himmelsbrot des Selbstseins."[269]

Der biblische Satz ‚Der Mensch lebt nicht vom Brot allein‘ gewinnt in diesem Zusammenhang eine neue untheologische Bedeutung, insofern er auf den anthropologischen Sachverhalt hinweist, dass menschliches Leben immer auf Beziehung angewiesen ist und somit weit mehr erfordert, als in seinen vitalen Funktionen regeneriert zu werden. Es handelt sich letztlich, so Buber, um ein humanspezifisches Strukturmerkmal, dass der Mensch in seinem Sein von anderen Menschen bestätigt und anerkannt werden muss, um überhaupt sein zu können. Der zwischenmenschlichen Anerkennung kommt somit eine existenzielle Bedeutung zu. Denn, so Buber, ‚das innerste Wachstum des Selbst‘ vollzieht sich nicht, wie man heute gern meint, aus dem Verhältnis des Menschen zu sich selber, sondern aus dem zwischen dem Einen und dem Andern, unter Menschen also vornehmlich aus der Gegenseitigkeit der Vergegenwärtigung, aus dem Vergegenwärtigen des anderen Selbst und aus dem sich in seinem Selbst vom anderen Vergegenwärtigtwissen – in einem mit der Gegenseitigkeit der Akzeptation, der Bejahung und Bestätigung.

Diese Bestätigung und Bejahung ist zwar im Grunde etwas ganz Einfaches und vollzieht sich zwischen Mutter und Kind, wie in obigen Beispielen angedeutet, meist mit großer Selbstverständlichkeit. Überall dort aber, wo sie gänzlich ausbleibt, hat der Mensch keine Chance mehr, sich in seinem Sein lebendig und wirklich zu fühlen.

Die existenzielle Angewiesenheit des Menschen auf den Seinszuspruch der Anderen trifft zwar auf alle Menschen zu, insofern sie eine anthropologische Struktur ist, sie ist aber, wie Buber betont, für die Kinder von ganz besonderer Wichtigkeit. Die Frage ‚Sein oder Nicht-Sein' ist in diesem Zusammenhang keine Pathetik, sondern ein ausweisbarer anthropologischer Sachverhalt. Diese These Bubers lässt sich an zahlreichen empirischen Tatbeständen und Phänomenen verifizieren.

So sind uns eine Reihe von historischen Isolierungsexperimenten überliefert: Im 7. Jahrhundert v. Chr. vom ägyptischen König Psammetichos, im 13. Jahrhundert vom Hohenstaufenkaiser Friedrich II., im 15. Jahrhundert vom König von Schottland, Jakob IV. und im 16. Jahrhundert vom Mogulfürsten Agbar. Die Potentaten wollten jeweils wissen, ob dem Menschen von Natur aus eine Sprache mitgegeben sei, und falls ja, welche. Um dies zu ermitteln, ließen sie die Kinder von ihren Müttern trennen und von Menschen betreuen, die kein Wort mit ihnen sprechen durften. Die drei letztgenannten Fürsten setzten hierzu sogar taubstumme Betreuer ein. Quellenmäßig am zuverlässigsten ist uns das Experiment des Stauferkaisers Friedrich II, überliefert, da es der Chronist Salimbene von Parma (1221 − 1287) detailliert beschrieben hat. Salimbene berichtet, dass Friedrich eigens ein Säuglingsheim mit allem damals bekannten Komfort und hygienischen Vorkehrungen ausstatten ließ, so dass die Kinder physisch gut versorgt waren. Auch Friedrich wollte wissen, welche Art von Sprache und Sprechweise Kinder haben würden, wenn sie heranwüchsen und dabei zu niemanden sprächen.

„So befahl er Pflegemüttern und Ammen, die Kinder zu stillen, zu baden und zu waschen, aber in keiner Weise mit ihnen zu schwatzen oder zu sprechen, denn er wollte erfahren, ob sie die hebräische Sprache, welche die älteste war, sprechen würden, oder Griechisch oder Latein oder Arabisch oder vielleicht die Sprache ihrer Eltern, von denen sie geboren worden waren. Aber er mühte sich vergebens, denn alle diese Kinder starben. Denn sie vermochten nicht zu leben ohne die zärtlichen und freudevollen Gesichter und liebevollen Worte ihrer Pflegemütter."[271]

Es ist somit anzunehmen, dass die Menschen bereits im 13. Jahrhundert wussten, dass ein Säugling, den man der emotionalen Nähe der Menschen beraubt, nicht überleben kann. Es bedarf zur Menschwerdung weit mehr als die Sicherstellung der biologischen Bedürfnisse.

Auch René Spitz hat in seinen Studien zum Hospitalismus[272] dieses Phänomen mit aller Deutlichkeit beschrieben. Längere Trennungen von der Mutter, vor allem im ersten Lebensjahr, führen auch bei optimaler medizinischer Versorgung zu dauernden Schädigungen. So ist etwa bei einer Reihe von Kindern, die aufgrund einer zeitweisen Immunschwäche in Isolierzelten betreut werden mussten, der sogenannte ‚Hospitalismus' aufgetreten. Die Kinder waren, als sie das Krankenhaus verließen, kaum ansprechbar, spielten kaum, fingen spät an zu sprechen, waren teilweise apathisch, teilweise aber auch ungehalten wild. Deswegen gewähren die meisten Kinderkliniken heute der Mutter auch in solchen Fällen unbeschränkten Zugang zum Kind, weil die seelische Schädigung des Kindes schwerer wiegt als die Ansteckungsgefahr.

Ähnliche Phänomene beschreibt auch Bruno Bettelheim in seiner Studie ‚The Empty Fortress' hinsichtlich des Verhaltens von autistischen Kindern. Auch hier lässt sich in den meisten Fällen ein Entzug mütterlicher Zuwendung bzw. eine gezielte partielle Nicht-Anerkennung der Kinder feststellen. Bettelheim sieht den Autismus daher nicht als konstitutionelle Krankheit an, sondern als ‚frühen Rückzug' des Kindes in eine freilich noch ‚unerfüllte Innerlichkeit'. Wenn etwa ein Kind in seinem Sein in einer bestimmten Phase nicht mehr anerkannt wird, oder aufgrund irgendeiner hervortretenden Eigenschaft abgelehnt wird, bleibt ihm, so Bettelheim, um überhaupt überleben zu können, nur der Rückzug auf das Wenige, was es an Selbstgefühl bereits aufbauen konnte. Überall dort, wo dem Kind sein Sein gänzlich abgesprochen wird, ist auch ein solcher Rückzug nicht mehr möglich.

Bettelheim hat sich in seiner Studie auch ausführlich mit dem Mythos von den Wolfskindern auseinandergesetzt. Der Mythos würde, so Bettelheim, von der haltlosen Illusion getragen, dass der Mensch weitgehend allein, bzw. unter Wölfen aufwachsen könnte. Bettelheim zeigt aber anhand der vorliegenden Quellen, insbesondere an den in der Soziologie und Ethnologie berühmt gewordenen Wolfsmädchen von Midnapore, die unter Wölfen lebend gefunden wurden, dass es sich auch hierbei um Kinder handelte, die erst nach dem Säuglingsalter ausgesetzt wurden.[273]

Der noch kleine Mensch ist, und hier unterstreicht Bettelheim die Bubersche These, wesenhaft auf den Seinszuspruch der anderen Menschen angewiesen. Handelt es sich bei dieser Angewiesenheit aber tatsächlich um eine humanspezifische Struktur, die etwa für die Beziehungen zwischen den Tieren ungültig ist? Bubers Antwort darauf ist eindeutig:

> „In seinem Sein bestätigt will der Mensch durch den Menschen werden und will im Sein des Andern eine Gegenwart haben. Die menschliche Person bedarf der Bestätigung, weil der Mensch als Mensch ihrer bedarf. Das Tier braucht nicht bestätigt zu werden, denn es ist, was es ist, unfraglich."[274]

Wie an dieser Stelle äußert sich Buber auch an verschiedenen anderen Stellen seines Werkes zur Mensch-Tier Differenz, wobei er stets betont, dass die Seinsgemeinschaft zwischen Menschen eine ganz andere Wirklichkeitsdimension hat als die Verbundenheit der Tiere untereinander. Deshalb dürfe die Anthropologie den Menschen auch nicht allein aus seiner animalisch-evolutiven Vergangenheit heraus erklären. Alle derartigen Versuche, den Menschen als ‚homo naturae' zu bestimmen, etwa als Produkt seiner Gene, als höheres Säugetier oder als Triebwesen, würden daher das eigentümlich Menschliche verfehlen, das in der nur ihm offenstehenden Beziehungshaftigkeit liegt. Denn, so Buber:

> „Nur in der lebendigen Beziehung ist die Wesenheit des Menschen, die ihm eigentümliche, unmittelbar zu erkennen. Auch der Gorilla ist ein Individuum, auch der Termitenstaat ist ein Kollektiv, aber Ich und Du gibt es in unserer Welt nur, weil es den Menschen gibt, und zwar das Ich erst vom Verhältnis zum Du aus."[275]

Auch für diese Unterscheidung Bubers, dass die Tiere, obzwar sie gesellig leben, keine dem Menschen vergleichbare Beziehungswirklichkeit haben, lassen sich eine Reihe von Phänomenen nennen. Unter anderem kann auf eine empirische Studie aus dem Bereich der Verhaltensforschung verwiesen werden, in der - gleichwohl unter einem anderen Erkenntnisinteresse - der Beziehungsaspekt evident wird.[276] In den bekannten Versuchen von Prof. Harlow mit Rhesus-Affen hat dieser verschiedene neugeborene Affen isoliert und ohne ihre Muttertiere aufgezogen, indem er ihnen wahlweise verschiedene Attrappen in Gestalt von Draht und Stoffpuppen mit eingebauten Milchspendern zu Verfügung stellte. Als die Affen später im Erwachsenenalter wieder ihrer Gruppe zugeführt wurden, hatten sie erhebliche Schwierigkeiten, sich sozial einzuordnen und sexuelle Beziehungen aufzunehmen. Auch wenn die Tiere Nachkommenschaft bekamen, verhielten sie sich gegenüber dieser äußerst unsicher und abweisend. Die Harlowschen Versuche zeigen somit, dass die Trennung des Jungen von seiner Mutter auch für die Entwicklung und spätere Entfaltung des Rhesus-Affen eine nachhaltig negative Wirkung hat, was auf eine wie auch immer geartete Beziehungswirklichkeit schließen lässt. Allerdings wird umgekehrt auch sichtbar, welch ungeheuer großer Unterschied doch zur menschlichen Mutter-Kind-Beziehung besteht. Ein Menschenkind hätte in demselben Fall, mit einer Stoffpuppe allein gelassen, nicht die geringste Chance zu überleben. Anders als beim Äffchen könnte die Attrappen-Mutter die Gegenwart der lebendig anwesenden Mutter und damit die dialogische Vergegenwärtigung niemals ersetzen. Das Angewiesensein und die Beziehungshaftigkeit des Menschen ist ganz offensichtlich gegenüber der Angewiesenheit des Tieres unvergleichbar größer und elementarer, so dass man geneigt ist, Bubers These von der nur dem Menschen zugänglichen Beziehungswirklichkeit zu teilen.

Die Beziehungshaftigkeit menschlichen Daseins äußert sich aber, wie bereits angedeutet, nicht nur in der Möglichkeit gegenseitiger Seinsbestätigung, sondern auch in der umgekehrten Möglichkeit, sich das Sein absprechen zu können. Buber betont meist den ersteren Aspekt, wenn er auf die seinsstiftende Kraft der dialogischen Beziehung verweist. Die Menschen sind aber eben aufgrund ihrer wesenhaften Bezogenheit auch in der Lage. sich ihr Sein abzusprechen. Man kann den Anderen auch ‚tot sagen‘, indem man ihm sein Sein abspricht. In der ethnologischen und ethnomedizinischen Forschung wird in diesem Zusammenhang das Phänomen des ‚sozialen Todes‘ diskutiert.[277]

In zahlreichen Ethnien ist es heute noch möglich, dass ein Mitglied der Gemeinschaft, das aufgrund eines Fehlverhaltens vom Medizinmann mit dem Todeszauber belegt wurde, innerhalb weniger Tage stirbt, ohne dass eine reale physische Einflussnahme stattfindet. Allerdings wird der Betroffene von den Anderen mit Ausnahme der Verwandten, die sich von ihm bisweilen mit Geschenken verabschieden, gemieden. Der Betroffene ist dabei von seinem unausweichlichen Tod ebenso überzeugt wie die Anderen. Obgleich er sich, wie von medizinischer Seite bestätigt wird, bis zum Schluss ernährt, verstirbt er nach wenigen Tagen. Die das Ereignis begleitenden Rituale, etwa die Verwendung von Fetischen im Voodoo-Kult, sind in den verschiedenen Ethnien durchaus different. Gemeinsam aber ist all diesen Beschwörungspraktiken, dass der Betroffene in irgendeiner Weise davon weiß, dass er totgesagt ist.[278] Eine Beschreibung des Ablaufes eines solchen psychogenen Todes gibt unter anderem Lévi-Strauss in seiner Kulturanthropologie:

> „...ein Individuum, das sich bewußt wird, Objekt einer Verhexung zu sein, ist aufgrund der feierlichsten Traditionen seiner Gruppe zutiefst überzeugt, daß es verdammt ist; Verwandte und Freunde teilen diese Gewißheit. Von da an zieht sich die Gemeinschaft zurück: Man bleibt dem Verdammten fern, man verhält sich ihm gegenüber, als sei er nicht nur bereits tot, sondern ein Gefahrenherd für die ganze Umgebung; bei jeder Gelegenheit und durch alle Verhaltensweisen legt die Gesellschaft dem unglücklichen Opfer den Tod nahe, das dem, was es für sein unvermeidliches Los hält, gar nicht mehr entkommen möchte. Bald übrigens zelebriert man für es die heiligen Riten, die es ins Schattenreich befördern sollen. Der Verzauberte, zunächst brutal von allen familiären und gesellschaftlichen Bindungen abgeschnitten, ausgeschlossen von allen Funktionen und Betätigungen, durch die das Individuum sich seiner selbst bewußt wird, dann diese aufs neue beschworen, so übermächtigen Kräfte wiederfindend, aber nur damit sie ihn aus der Welt der Lebenden

verbannen, kapituliert nun vor dem vereinten Wirken des intensiven Terrors, des plötzlichen und totalen Rückzugs der vielfältigen Bezugssysteme, die mit Einverständnis der Gruppe geliefert werden, und schließlich vor ihrer entscheidenden Abkehr, die ihn schon zu Lebzeiten als Subjekt mit Rechten und Pflichten für tot erklärt, für ein Objekt der Ängste, Riten und Verbote. Die physische Existenz setzt der Auflösung der sozialen Persönlichkeit keinen Widerstand mehr entgegen."[279]

Der Ethnologe Walter B. Cannon vermutet als faktische Todesursache für derartige Todesbeschwörungen einen durch Angstschock hervorgerufenen Herzstillstand.[280] Stumpfe hingegen weist darauf hin, dass in den meisten psychogenen Todesfällen ein ganz undramatisches, ruhiges und langsames Verlöschen des Lebens zu beobachten ist. „Dramatische oder akute krankhafte Vorgänge werden nicht beobachtet."[281]

Wie aber auch immer der medizinische Befund im Einzelnen aussehen mag, es scheint sich auch bei diesen Praktiken des Todeszaubers und des Totsagens um Phänomene zu handeln, welche evident auf die ursprünglich seinsstiftende Kraft von Beziehung verweisen.

Natürlich ist es weit schwerer, einen modernen mitteleuropäischen Menschen ,totzusagen', da dieser von Kindheit an zur Selbständigkeit, Individualität und Autonomie erzogen wurde. Auch Buber weist, wie bereits gezeigt, darauf hin, dass die ,primitiven' Kulturen im Unterschied zu den ,Zivilisierten' ähnlich wie das Kleinkind im Vergleich zum Erwachsenen noch in einer viel intensiveren Beziehungswirklichkeit leben. Allerdings gilt die seinsmäßige Angewiesenheit, sofern sie eine anthropologische Struktur ist, auch für den hochzivilisierten Menschen, was Stumpfe unter anderem in zahlreichen Studien über die Situation von Kriegsgefangenen sowie von alten Menschen belegt.

Auch Bettelheim gibt eine authentische Beschreibung der Auswirkungen einer extrem defizitären Beziehungswirklichkeit, wie sie sich in Konzentrationslagern ereignete. Auch hier erzeugte die Situation der totalen Nicht-Anerkennung und des Totsagens durch die SS-Männer bei den Häftlingen über längere Zeit hinweg die gefährliche Gewissheit des ‚Nicht-Mehr-Sein-Könnens‘. Während die meisten Häftlinge gegen diese Gewissheit ankämpften, sich gegenseitig Mut zusprachen und sich mit irgendwelchen geringfügigen Tätigkeiten beschäftigten, nur um das Gefühl aufrechtzuerhalten, etwas bewirken zu können, gab es solche unter ihnen, die der Situation des völligen Ausgeliefertseins nichts mehr entgegensetzen konnten und sich zunehmend apathisch und teilnahmslos in ihr, ihnen von der SS zugedachtes Schicksal fügten, bis sie sich schließlich nicht mehr am Lagerleben beteiligten, was den sicheren Tod bedeutete. Bettelheim berichtet, dass sich bei diesen Häftlingen ein ähnlich apathischer, teilnahmsloser und introvertierter Zustand einstellte, wie er bei autistischen Kindern zu beobachten ist:

„Dieser Zustand verschlimmerte sich zu einem beinahe autistischen Verhalten, wenn das Gefühl, das Verhängnis nicht aufhalten zu können, derart überhandnahm, daß die Betroffenen zu der Überzeugung gelangten, der Tod stehe ihnen unmittelbar bevor. Solche Leute wurden in den Lagern als ‚Muselmänner‘ bezeichnet, und diese ‚Muselmänner‘ wurden von den anderen Häftlingen gemieden, als hätten sie Angst, von ihnen angesteckt zu werden. Die Konnotation bestand hier darin, daß sich diese Leute widerstandslos dem Tod fügten, als sei dies der Wille der SS (oder Allahs) [...] der ‚Muselmann‘, den die SS-Leute nicht nur physisch, sondern auch emotional in den Griff bekamen, verinnerlichte die SS-Einstellung, die besagte, daß er kein Mensch sei [...]."[282]

Ähnlich wie in dem oben angesprochenen Phänomen des ‚sozialen Todes' bzw. des ‚Totsagens', war es offensichtlich auch das Schicksal des ‚Muselmanns', dass er sich der von der SS hergestellten Wirklichkeit des ‚Nicht-Mehr-Sein-Dürfens' nicht mehr entziehen konnte. Im Gegensatz zu diesen Häftlingen haben sich die anderen in kleinen Gruppen zusammengeschlossen, Freundschaften geknüpft und somit in den Baracken ihrerseits eine Beziehungswirklichkeit geschaffen, die ihnen erlaubte, die von der übermächtigen SS hergestellte Unwirklichkeit zu überleben.

Auch hier wird die elementare Bedeutung des gegenseitigen Seinszuspruchs sichtbar. Die hier nur exemplarisch angeführten Phänomene und empirischen Studien könnten noch um viele weitere ergänzt werden. Sie alle geben einen Hinweis darauf, dass es sich bei der gegenseitigen Angewiesenheit tatsächlich, wie Buber meint, um einen anthropologischen Grundsachverhalt handelt. Mensch sein, so kann man mit Buber sagen, „ist dies Zwiefache und eine, von den Anderen in seinem Sein anerkannt zu werden, und umgekehrt die dem Menschen eingeborene Fähigkeit, seine Mitmenschen ebenso zu bestätigen".[218] Mit der Feststellung der strukturellen Angewiesenheit auf den Seinszuspruch bzw. die gegenseitige Anerkennung hat Buber zweifellos eine humanspezifische Wirklichkeit erkannt. Dabei besteht der tiefere Sinn des Anerkennungsphänomens, wie gezeigt, darin den Anderen jenseits seiner Eigenschaften, bzw. über diese hinausgehend in seinem ihm eigenen Möglichsein anzuerkennen.

Dieser Anerkennung der Potentialität eines Menschen kommt bei Buber im Gegensatz zum symbolisch-interaktionistischen Ansatz und zum existenzphilosophischen Ansatz Sartres eine entscheidende Bedeutung zu. Insbesondere hat Buber darauf hingewiesen, dass die Anerkennung des ‚Möglichseins' in der frühen Phase des Menschseins eine ganz entscheidende Rolle spielt, da sich hier das Selbst allererst konstituiert. Dieser von Buber angesprochene aber nicht mehr ausgeführte Sachverhalt soll im Folgenden vertieft werden.

6. Die Bedeutung der Anerkennung für die Konstitution des ‚Selbst'

Buber stellt fest, dass sich ‚das innerste Wachstum des Selbst nicht, wie man heute gern meint, im Verhältnis zu sich selber vollzieht, sondern aus dem zwischen dem Einen und dem Anderen.'[283] Daraus ergibt sich, dass das Kind in besonderer Weise auf eine Beziehungssphäre angewiesen ist, in der es sein Selbst entfalten kann.

Buber spricht hinsichtlich der Entwicklung des Selbst von einer Aktualisierung.[284] Dem Erzieher kommt dabei eine zweifache Aufgabe zu. Einerseits kann und muss die Erziehungsperson dem zu Beginn seines Lebens noch gänzlich hilflosen Kind die Welt erklären, interpretieren, ihm helfen, seine Bedürfnisse zu befriedigen und somit das Sein des Kindes ‚umfassen'. Andererseits soll, so Buber, die Erziehungsperson das Kind in der Beziehung aber auch von Anfang als das anerkennen, was es potentiell ist, nämlich als ein gleichwertiges menschliches Wesen, welches sein Sein selbst übernehmen und leben muss und dabei sein eigenes Wesen entfalten wird. Die entscheidende Aufgabe der Erziehung ist dabei nur die Mithilfe bei der Aktualisierung des potentiell bereits vorhandenen Selbstseins des Kindes.

Wird diese zweite Aufgabe vergessen, so besteht die Gefahr, dass die Erziehungsperson das Kind allein nach ihren eigenen Erfahrungen, Vorstellungen und Wünschen prägt. Buber bezeichnet diese deviante Form der Beziehung als ‚Auferlegung', im Gegensatz zur ‚Erschließung', die darauf abzielt, dem Kind in der Beziehung nur den Raum zu eröffnen, innerhalb dem es sein eigenes, ihm gemäßes Wesen entfalten kann.

Um dem Kind eine solche ihm gemäße eigene Entfaltung zu ermöglichen, bedarf es der vergegenwärtigenden Anerkennung des Kindes in seinem - freilich zunächst noch potentiellen - Selbst-sein-Können. Was heißt dies aber im Einzelnen? Und was heißt es umgekehrt, die Anerkennung der Potentialität des Kindes zu verfehlen?

Mit diesen Fragen der frühen Mutter-Kind Beziehung beschäftigt sich insbesondere die psychoanalytische Forschungsrichtung, seit ihr Begründer Sigmund Freud erstmals die große Bedeutung der Primärbeziehung erkannt und in den Mittelpunkt wissenschaftlichen Interesses gestellt hat. Allerdings blieb Freuds praktisch-therapeutische Entdeckung der Beziehungsdimension in seinen theoretischen Überlegungen unverzeichnet, da er den Menschen letztlich, gemäß seines naturwissenschaftlich antimetaphysischen Impulses, in einem energetischen, triebtheoretischen Konzept zu erfassen versuchte.[285]

Bubers Ausweis der dialogischen Wirklichkeit bietet hingegen die Grundlage für eine philosophisch-anthropologische Reflexion, deren Begrifflichkeit eine adäquatere Annäherung an das Phänomen der frühen Mutter-Kind-Beziehung erlaubt, als es in den triebtheoretischen Erklärungsmodellen möglich ist. Buber selbst war an einer Ausarbeitung und Weiterentwicklung seines Konzeptes von der Erschließung bzw. Anerkennung der Potentialität durchaus interessiert, wie ein gemeinsames Seminar mit dem Psychotherapeuten Carl Rogers zeigt, auch wenn die von ihm selbst geplante schriftliche Ausarbeitung zu diesem Thema nicht mehr realisiert werden konnte.[286]

Deshalb wird an dieser Stelle eine Untersuchung herangezogen, in der jenseits von triebtheoretischen Konstrukten Bubers dialogisches Konzept aufgegriffen und unter einem philosophisch anthropologischen Erkenntnisinteresse genau an diesem Punkt weitergeführt wird. Guntram Knapp hat in einer Untersuchung zur ‚Primärbeziehung‘ unter anderem die Bedeutung der Anerkennungsproblematik für die Entstehung des kindlichen Selbstgefühls umfassend ausgearbeitet.

Die frühe Erfahrung des Kindes, in seinem Sein anerkannt und aufgehoben zu sein, ist, so Knapps These, entscheidend für die Entstehung und Entwicklung des Selbstgefühls. „Der unmittelbarste Ausdruck von Selbstgefühl sind Gefühle, lebendig, wirklich, da zu sein.“[287] Knapp teilt dabei die Bubersche These, dass sich das ‚Selbst‘ und damit das ‚Gefühl, wirklich da zu sein‘, nicht aufgrund biologischer Abläufe eigengesetzlich einstellt, sondern sich erst langsam im mitmenschlichen Erfahren entwickelt.

Im Einzelnen weist Knapp dabei exemplarisch auf vier Grundtypen von Anerkennungsverhältnissen hin, in denen auf jeweils unterschiedliche Weise das ‚Selbst-sein-Können‘ des Kindes anerkannt bzw. nicht anerkannt wird, wobei die Beziehung auch aus der Perspektive der Mutter betrachtet wird, deren Bedürfnisse ja ebenso in das dialogische Beziehungsereignis mit eingehen wie die Bedürfnisse des Kindes.

> „Was in das Selbst eingeht, ‚verinnerlicht‘ wird, ist die dialogische beidseitige Beziehung. Das bedeutet, daß weder das andere monologisch das Selbst bestimmt, noch das Kind allein mit der Entwicklung seiner konstitutionellen Anlage ein Selbst aufbaut.“[288]

So kann die Anerkennung des Kindes auch sehr stark von den Bedürfnissen der Eltern abhängig sein, wie Knapp in einem ersten Fall beschreibt, in dem die Mutter das Kind nur für außergewöhnliche Leistungen anerkennt. Hat beispielsweise die Mutter selbst eine spezifische Defizienz von Anerkennung dergestalt, dass sie sich trotz vorhandener Fähigkeiten in ihrer eigenen Jugend weder beruflich noch künstlerisch entfalten konnte, und somit das Gefühl, ‚etwas verpasst zu haben‘, so kann es leicht geschehen, dass sie das Kind bewusst oder unbewusst als Stellvertreter dieser Bedürfnisse einsetzt. Das Kind soll dann all das nicht gelebte Leben der Mutter leben, eine meist illusorische Überforderung, die der eigenen Entfaltung des Kindes im Wege steht. Der ‚Glanz im Auge der Mutter‘ stellt sich in solchen Beziehungen nur ein, wenn das Kind auffällige gesellschaftlich anerkannte Leistungen erbringt, von denen auch die ehrgeizige Mutter ‚zehrt‘.

> „Seine Einzigartigkeit und Großartigkeit, die sich meist in besonderen, dem kindlichen Dasein nicht adäquaten oder seinem eigenen Selbst nicht entsprechenden, Leistungen offenbart, steht im Dienst der Bedürfnisse der Mutter, die die Großartigkeit und Bewunderung des Kindes als ihre eigene erlebt.“[289]

Das Kind wird somit nur unter der Bedingung anerkannt, dass es spezifische, von der Mutter erwünschte Leistungen erbringt. Da es auf den Seinszuspruch der Mutter angewiesen ist, wird es sein Selbst vor allem in der von der Mutter erwünschten Weise aktualisieren, unabhängig von der ihm eigentlich zukommenden Bestimmung, die im Dunkeln bleibt.

> „Das Wunschbild ist der Rahmen, in dem das Kind Bestätigung und Anerkennung findet, an seiner Grenze beginnt Nicht-Anerkennung, die an Intensität zunimmt, je weiter sich das reale Sein des Kindes von diesem entfernt.“[290]

Eine solche Beziehungswirklichkeit, in der das Kind sich selbst in seinen Lebensäußerungen nur dann als erwünscht und anerkannt erlebt, wenn es genau den Vorstellungen der Eltern entspricht, kann anstelle der Erfahrung des eigenen ‚Selbst-sein-Könnens‘ das fundamentale Selbstgefühl erzeugen, nur dann lebens- und liebenswert zu sein, wenn man die Anforderungen der Anderen voll und ganz erfüllt.

> „Von daher ist die weitverbreitete Überzeugung zu begreifen, nur das zu sein, was man in den Augen der anderen ist und gilt. [291]

Das große Problem eines solch defizitären Anerkennungsverhältnisses besteht, wie Knapp mit Buber übereinstimmend feststellt, darin, dass der Neuankömmling noch über gar kein Selbstgefühl verfügt, welches dem der Erwachsenen vergleichbar wäre, sondern sein Selbstgefühl erst in den frühen Beziehungserfahrungen entwickelt.

> „Die emotionale Erfahrung im Bereich Anerkennung (oder Nichtanerkennung) prägt die Verfassung des Selbst […]. Die Folgen solcher Art Anerkennung für den Aufbau des Selbst können wegen der Komplexität der Verhältnisse sehr verschieden sein. Eine der möglichen Folgen führt beim Kind zur Überzeugung, daß es keine anerkennende Antwort auf sein eigenes Sein gibt und je geben kann.“[292]

Die frühen Beziehungsformen können dann als Bausteine des Selbst auch im späteren Leben der Erwachsenen nachhaltig präsent sein. Menschen, die niemals die Beziehungserfahrung gemacht haben, in ihrem Sein erwünscht und aufgehoben zu sein, müssen diesen Mangel dann im späteren Leben oft auf unterschiedlichste Weise kompensieren.

Mangelndes Selbstwertgefühl, extreme Seinsunsicherheit könne darin ebenso ihren Ursprung haben wie übertriebene Geltungsansprüche bzw. das sogenannte selbstgezogene ‚narzisstische' Verhalten. Auch das Phänomen, dass gerade solche Menschen, die sich in extremer Weise der ständigen Anerkennung der Anderen versichern müssen, ihrerseits oft nicht in der Lage sind, andere Menschen ‚sein lassen zu können' und anzuerkennen, könnte unter diesem Aspekt eine aufschlussreiche Erklärung finden.

Bei der Konstitution von Selbst kommt daher der frühen Erfahrung in seinem ungeteilten Sein und nicht nur für bestimmte Eigenschaften anerkannt zu werden, eine entscheidende Bedeutung zu. Auch in dem zweiten von Knapp beschriebenen Fall wird das Kind nicht in seinem Sein anerkannt, sondern nur für eine bestimmte Qualität. So kommt es bisweilen vor, dass Mütter das Kind gerade aufgrund dessen völliger Angewiesenheit lieben, da ihnen so eine Versorgerrolle zukommt, die ihnen eine wichtige Position verleiht. Ihr Dasein wird durch das Kind auf einmal sinnvoll:

> „All das, was sie von anderen nicht bekommt oder bekommen hat - Liebe, Aufgehobenheit, Vertrauen, Anerkennung - kann sie sich jetzt mit einem Wesen erfüllen, das ganz und gar auf sie angewiesen ist. Ein Kind liebt seine Mutter ‚bedingungslos' [...]. Die Hilflosigkeit des Kindes kann Anlaß für Befriedigung von Bedürfnissen nach Überlegenheit und Macht sein." [293]

Auch hier besteht die Gefahr eines defizitären Anerkennungsverhältnisses, wenn das Kind nur aufgrund seiner Angewiesenheit und Abhängigkeit geliebt wird und deshalb alle Eigenregungen des Kindes unbestätigt bleiben, wie Knapp an folgendem extremen Beispiel eines Dialoges von Mutter und Kind illustriert:

> „Mutter: Ich bin nicht böse, daß du so redest. Ich weiß ja, du
> meinst es nicht wirklich so.
> Tochter: Aber ich meine es so.
> Mutter: Nun, Liebes, ich weiß, du meinst es nicht so. Du
> kannst dir nicht selber helfen. - Tochter: Ich kann mir selber
> helfen.
> Mutter: Nein, Liebes, ich weiß, du kannst es nicht, denn du
> bist krank. Würde ich einen Augenblick vergessen, daß du
> krank bist, dann wäre ich sehr wütend auf dich."[294]

Die Nichtanerkennung des potentiellen Selbst-sein-Könnens des
Kindes führt spätestens dann zum offenen Konflikt, wenn durch
die gesellschaftliche Anforderung von dem heranreifenden Kind
die Trennung von der Mutter dann doch verlangt wird. In solchen
Fällen, in denen die Mutter das Kind ‚nicht sein lassen kann‘, wird
meist jedes Anzeichen von Selbständigkeit des Kindes diesem als
Undankbarkeit und Kränkung vorgehalten und unter der Andro-
hung, krank zu werden, unterdrückt. Zu solchen Beziehungsformen gehört auch das Phänomen, dass sich das Kind jedweder
aggressiver Äußerung gegenüber der Mutter enthalten muss, um
anerkannt zu werden. Weil Aggressivität unter anderem auch ein
Signal der Trennung ist, eine Anzeige, dass das Kind ein von der
Mutter getrenntes Wesen mit eigenen Ansprüchen ist, wird die
Mutter diese von Anfang an mit harten Sanktionen als böse ta-
buisieren und umgekehrt das Kind besonders anerkennen, wenn
es ‚sehr lieb‘ ist. Das Kind, welches speziell aufgrund seiner Angewiesenheit von der Mutter anerkannt wird, behält in manchen
Fällen sogar kleinkindliche Verhaltensweisen der Angewiesenheit
bei, um weiterhin geliebt zu werden.

Es gibt aber auch die umgekehrte Form des Anerkennungsphänomens, wenn ein Kind aufgrund seiner Angewiesenheit nicht anerkannt wird. Knapp beschreibt hier die heute oft auftretende Situation, dass insbesondere für berufstätige Frauen jeder Neuankömmling eine umfassende Einschränkung bedeutet. Besonders das erste Kind bewirkt durch sein bloßes Vorhandensein eine erhebliche Umstellung im bisherigen Lebenslauf der Mutter und des sozialen Umfeldes, weil das Kind aufgrund seiner Angewiesenheit zahlreiche Ansprüche auf Versorgung stellt. Daraus kann ein Dilemma entstehen, wenn die Mutter ihre Lebensgewohnheiten, sowie Berufsausübung, Berufs- und Karrierepläne nicht aufgeben will und schließlich nur widerwillig den neuen Gegebenheiten anpasst.

An das Kind wird dann bewusst oder unbewusst die Forderung herangetragen, sein Dasein dürfe das Sein der Mutter so wenig wie möglich stören. Das Kind solle ferner so schnell wie möglich erwachsen oder selbständig werden. Das Anerkennungsverhältnis stellt sich für das Kind in der Beziehung dann so dar, dass es nur für diejenigen Lebensäußerungen anerkannt wird, die denen eines autonomen funktionierenden Individuums einer Leistungsgesellschaft entsprechen. An die Stelle der ‚Umfassung‘ und Anerkennung des Seins des Kindes tritt von Anfang an nur die Bestätigung von Qualitäten, die auf eine baldige eigene Funktionsübernahme des Kindes hindeuten. Die Beziehung wird nur auf der Erwachsenenebene gesucht.

Knapp weist schließlich noch auf Beziehungsformen hin, in denen das Kind aufgrund einer Eigenschaft, etwa seiner körperlichen Ausstattung oder seines Geschlechts anerkannt oder nicht anerkannt wird. In früheren Epochen und Kulturen wurden beispielsweise weibliche Nachkommen, die nicht erwünscht waren, umgebracht. In unserer Kultur äußert sich die Nichtanerkennung eines Kindes aufgrund seines Geschlechts freilich nicht mehr in Kindstötung, es ist aber leider möglich, dass das Kind, auch wenn es überlebt, die spezifische oft verdrängte Nichtanerkennung von Seiten der Eltern gleichwohl in der Beziehung spürt.

Allen vier genannten Beziehungsformen ist gemeinsam, dass das Kind zwar anerkannt wird, aber jeweils nur unter bestimmten Bedingungen. Im ersten und zweiten Fall wird das Kind anerkannt unter der Bedingung, für die Bedürfnisse der Mutter einzustehen. Im dritten wird es nur unter der Bedingung anerkannt, dass es das Dasein der Mutter nicht beeinträchtigt, und im vierten wird es generell nur ‚bedingt anerkannt‘. Das Kind wird in keiner der beschriebenen Beziehungsformen wirklich in seinem ‚Sein‘ anerkannt, sondern immer nur unter ganz spezifischen Bedingungen und für spezifische Eigenschaften.

Dies wird auch in der Anerkennung des Selbst-sein-Könnens sichtbar. Im ersten Fall wird die Entfaltung des Selbst-sein-Könnens durch die speziellen Entwicklungswünsche der Mutter stark beeinträchtigt und in eine von ihr bestimmte Richtung gelenkt. Die Selbstverwirklichung des Kindes steht im Dienst der Selbstverwirklichung der Mutter. Im zweiten Fall wird dem Kind das Selbst-Sein-Können gänzlich aberkannt. Im dritten Fall wird es der kindlichen Entwicklung unadäquat und viel zu schnell abgefordert.

Die bedingungslose genuine Anerkennung des Kindes in seinem Sein jenseits aller Eigenschaften ist aber, wie Knapp mit Buber übereinstimmend feststellt, eine zentrale Grundlage für die gelingende Entwicklung und Aktualisierung des Selbsts.

> „Die Erfahrung genuiner Anerkennung in frühen Phasen hat dagegen eine Verfassung des Selbst zur Folge, die die Grundlage dafür abgibt, die Fähigkeit zur Selbstanerkennung zu entwickeln […]. Fehlt dieser wesentliche Baustein im Selbst, dann hat dies zur Folge, daß Anerkennung um jeden Preis gesucht werden muß […].“ [295]

Ähnlich wie Buber sieht auch Knapp die schwierige Aufgabe der Erziehung letztlich darin, gleichzeitig zwei verschiedenen anthropologischen Sachverhalten gerecht zu werden. Einerseits muss die Erziehungsperson das ‚Sein' des Kindes zu Beginn in umfassender Weise übernehmen, insofern das Kind am Anfang seines Lebens existenziell auf die ‚Seinsübernahme' durch andere Menschen angewiesen ist. Es kann sein Sein noch nicht selbst übernehmen.

> „Die Angewiesenheit des Kindes ist umfassend, weil sein potentielles Selbst allein durch die Beziehung aktualisiert wird."[296]

Andererseits steht das Kind aufgrund seines Menschseins von Anfang an potentiell in der Aufgabe, sein Sein selbst übernehmen zu müssen. „Eigene Seinsübernahme ist ein Strukturmerkmal menschlichen Lebens".[297]

Es ist daher wichtig, dass das Kind in einer Beziehungssphäre aufwächst, die einerseits Aufgehobenheit bietet und in der andererseits sein potentielles Selbst-sein-Können anerkannt und bestätigt wird. Je mehr das Kind im Lauf seiner Entwicklung die Funktionen selbst zu übernehmen lernt, die bislang die Erziehungspersonen für es ausgeführt haben, je mehr es sein Selbst-sein-Können entfaltet, um so relativer wird seine Angewiesenheit. Knapp spricht in diesem Zusammenhang von der Dialektik von Aufgehobenheit und Selbst-sein-Können:

> „Im Lauf der Entwicklung - schon innerhalb der Primärbeziehung - aktualisiert sich das potentielle Selbst in Formen von Möglichkeiten des Selbstseins. Das bislang umfassend von anderen übernommene Sein wird nun naturgegebenerweise vom Kind selbst übernommen."[298]

Die Bewältigung der Dialektik zugunsten des Selbstseins bleibt aber, obgleich von der natürlichen Entwicklung vorgezeichnet, letztlich eine entscheidende Reifungsaufgabe, die sich nicht von selbst löst. Die Bewältigung der Dialektik von Aufgehobenheit und Selbstsein kann etwa, wie in obigen Beispielen angedeutet, problematisch werden, wenn dem Kind die dazu nötigen Voraussetzungen fehlen. Fehlt die Erfahrung von Aufgehobenheit und Sicherheit bietender Beziehung in der Seinsübernahme oder werden die spontanen Eigenleistungen und das potentielle Selbst-sein-Können des Kindes nicht oder zu wenig anerkannt, so besteht die Gefahr, dass das Kind kein Selbstgefühl aufzubauen in der Lage ist, welches ihm erlaubt, sich lebendig und wirklich zu fühlen und sein Leben selbst in die Hand zu nehmen. Die Konstitution und Entfaltung des kindlichen Selbst ist somit aufs engste mit der Ontogenese von Anerkennung und Nicht-Anerkennung in der Primärbeziehung verbunden.

7. Das ‚Kafkaeske‘ als Phänomen gelebter Nicht-Anerkennung

Im Grunde verbietet es sich, den unzähligen Untersuchungen, Interpretationen und ‚Analysen‘ von Kafkas Leben und Werk von soziologischer, germanistischer, psychologischer und philosophischer Seite noch eine weitere Betrachtung hinzuzufügen. Wenn dies hier dennoch geschieht, so nur aus dem Grunde, dass sich der in vorliegender Untersuchung problematisierte Kern des Phänomens ‚Anerkennung und Nicht-Anerkennung‘ im Leben und Werk von Franz Kafka nicht nur widerspiegelt, sondern darüber hinaus von Kafka selbst in unvergleichlicher Weise als zwingender Tatbestand erkannt wurde. Kafkas Äußerungen sollen daher nicht, wie so oft, als Beleg für eine bestimmte Theorie oder Methode vereinnahmt werden, sondern als authentischer Beitrag des Autors zur thematisierten Problematik gehört werden.

So hat Kafka nicht nur die leidvolle Erfahrung gemacht, dass ihm sein Selbst-sein-Können stets zugunsten einer den Wünschen des Vaters entsprechenden Erziehung abgesprochen wurde, sondern darüber hinaus die problematische Bedeutung dieser Erfahrungen für das Selbstgefühl reflektiert und aufgezeichnet. Auf einem Notizblatt schrieb er einmal zur Anerkennungsproblematik:

> „Jeder Mensch ist eigentümlich und kraft seiner Eigentümlichkeit berufen zu wirken, er muß aber an seiner Eigentümlichkeit Geschmack finden. Soweit ich es erfahren habe, arbeitete man sowohl in der Schule als auch zu Hause darauf hin, die Eigentümlichkeit zu verwischen [...]. Man erkannte meine Eigentümlichkeit nicht an;..so ist doch jedenfalls sicher, daß ich von meinen Eigentümlichkeiten nie jenen wahren Gewinn zog, der sich schließlich in dauerndem Selbstvertrauen äußert."[299]

Die durchgängige Nicht-Anerkennung seiner Eigentümlichkeit beschreibt Kafka eingehend in zahlreichen Kindheitserinnerungen, von denen hier natürlich nur einige wiedergegeben werden können:

> „Ein Onkel, der gern auslachte, nahm mir endlich das Blatt, das ich nur schwach hielt, sah es kurz an, reichte es mir wieder, sogar ohne zu lachen, und sagte nur zu den anderen, die ihn mit den Augen verfolgten, das gewöhnliche Zeug', zu mir sagte er nichts. Ich blieb zwar sitzen und beugte mich wie früher über mein also unbrauchbares Blatt, aber aus der

Gesellschaft war ich tatsächlich mit einem Stoß vertrieben, das Urteil des Onkels wiederholte sich in mir mit schon fast wirklicher Bedeutung und ich bekam selbst innerhalb des Familiengefühls einen Einblick in den kalten Raum unserer Welt [...]."[300]

In seinem berühmt gewordenen Brief an den Vater, den Kafka bezeichnenderweise nie abgeschickt hat, beschreibt er dessen Versuch, mit allen Mitteln aus ihm einen Menschen nach seinem eigenen Vorbild machen zu wollen:

> „Du kannst ein Kind nur so behandeln, wie Du eben selbst geschaffen bist, mit Kraft, Lärm und Jähzorn, und in diesem Falle schien Dir das auch noch überdies deshalb sehr gut geeignet, weil Du einen kräftigen, mutigen Jungen in mir aufziehen wolltest."[301]

Der Vater hatte, wie sich Kafka erinnert, in seinem sich ständig vergrößernden Geschäft ein polterndes Domizil aufgeschlagen, und die Mutter musste stets um ihn sein, als Hilfe und Ausgleich gegenüber den Angestellten, die dem Vater als ,Vieh, Hunde und bezahlte Feinde'[302] galten. Die Erziehung, die ansonsten von Köchinnen, Ammen und Dienstmädchen übernommen wurde, beschränkte sich auf Anweisungen bei Tisch und Befehle, denn auch abends musste die Mutter dem Vater Gesellschaft leisten beim „gewöhnlichen Kartenspiel mit Ausrufen, Lachen und Streit, Pfeifen nicht zu vergessen".[303] Kafka wuchs, wie er selbst sagt, in einer „dumpfen, giftreichen, kinderauszehrenden Luft des schön eingerichteten Familienzimmers auf"[304] und wurde schließlich so „unsicher aller Dinge, daß ich tatsächlich nur das besaß, was ich schon in den Händen oder im Mund hielt oder was wenigstens auf dem Wege dorthin war".[305]

Noch als Vierzigjähriger spricht Kafka nicht ohne Erbitterung über die Gewaltsamkeit, mit der die Erziehungspersonen sich oft dem Kind ‚auferlegen‘ und ihm somit den Boden für die eigene, ihm selbst gemäße Entfaltung entziehen:

„Wenn der Vater (bei der Mutter ist es entsprechend) ‚erzieht‘, findet er z.B. in dem Kind Dinge, die er schon in sich gehaßt hat und nicht überwinden konnte und die er jetzt bestimmt zu überwinden hofft, denn das schwache Kind scheint ja mehr in seiner Macht als er selbst, und so greift er blindwütend, ohne die Entwicklung abzuwarten, in den werdenden Menschen, oder er erkennt z.B. mit Schrecken, daß etwas, was er als eigene Auszeichnung ansieht und was daher (daher!) in der Familie (in der Familie!) nicht fehlen darf, in dem Kinde fehlt, und so fängt er an, es ihm einzuhämmern, was ihm auch gelingt, aber gleichzeitig mißlingt, denn er zerhämmert dabei das Kind [...]. Tyrannei und Sklaverei in allen Abstufungen, wobei sich die Tyrannei sehr zart äußern kann (‚Du mußt mir glauben, denn ich bin deine Mutter!‘) und die Sklaverei sehr stolz (‚Du bist mein Sohn, deshalb werde ich dich zu meinem Retter machen‘), aber es sind zwei schreckliche Erziehungsmittel, zwei Antierziehungsmittel, geeignet, das Kind in den Boden, aus dem es kam, zurückzustampfen.“[306]

Kafkas Rückzug in die Innerlichkeit muss schon früh abgeschlossen gewesen sein. Seine Lehrer und Mitschüler kennen ihn bereits als jemanden, der von den Anderen und der Welt wie ‚durch eine gläserne Wand‘ getrennt gewesen sei.[307] Zu Beginn der Schulzeit zeigte sich bereits, so Wagenbach, jene charakteristische Inkongruenz zwischen Umwelt und Innenwelt eines phantasievollen und gefühlsbewegten, aber gegen die Umwelt verschlossenen

Kindes. In seinen Tagebüchern und Briefen an seine Freunde äußert Kafka wiederholt, dass er „auf einem schwachen oder gar nicht vorhandenen Boden lebe, über einem Dunkel, aus dem die dunkle Gewalt nach ihrem Willen vorkommt und ohne sich an seinem Stottern zu kehren, sein Leben zerstöre."[308] „Ich könnte leben und lebe nicht", schreibt er 1922 an Max Brod.[309] Diese strukturelle Seinsunsicherheit ist es, die das Leben Kafkas so eigentümlich kennzeichnet und der er wie kaum ein Anderer in seinen Romanen und Kurzgeschichten zur Sprache verholfen hat.

Wie verschieden sich auch Kafkas Schriften im Einzelnen darstellen und interpretieren lassen, als kommunizierte Komunikationslosigkeit, als ungesellige Gesellichkeit, als nackte Entfremdung, als Zeugnis existenzieller Seinsbeängstigung oder auch als parabolisches Zerrbild der Wirklichkeit, in all diesen für sich gesehen oft richtigen Charakterisierungen findet sich als gemeinsamer Nenner die Grundstimmung, ‚nicht wirklich, nicht lebendig, nicht da zu sein‘.

Im ‚Nachbarn‘ äußert sie sich als beklemmende Angst vor dem anonymen Mitbewohner bis hin zur Vernichtungsangst, im ‚Schloß‘ in der Unfähigkeit die Wirklichkeit noch irgendwie zu verstehen, bzw. sich selbst mitzuteilen, im ‚Urteil‘ in der unerträglichen Nicht-Anerkennung durch den Vater, im ‚Prozeß‘ im Ausgeliefertsein an Mächte, die, obgleich nirgends wirklich sichtbar, eine weitaus stärkere Vitalität und Wirklichkeit entfalten, als der Protagonist Herr K. je entgegenzusetzen hat.

Liest man diese Schriften auf den Beziehungsaspekt hin, so ist unübersehbar, dass auch das Verhältnis der Personen zueinander durchgängig von einer sterilen Unnahbarkeit und Gleichgültigkeit gekennzeichnet ist, als seien sie in der Tat untereinander wie durch gläserne Wände getrennt. Vor allem fehlt gänzlich jene von Buber beschworene Atmosphäre des ‚Zwischen‘ bzw. der lebendigen Vergegenwärtigung.

Wohl am ergreifendsten und eindringlichsten inszeniert Kafka diese seltsam bizarre und kalte Welt in der Erzählung ‚Die Verwandlung'. Die Hauptfigur der Geschichte ist der Angestellte Gregor Samsa, der, als er eines Morgens erwacht, feststellt, dass er sich über Nacht in einen Käfer verwandelt hat. Als er nach und nach registriert, dass sich in seine Stimme ein piepsender Unterton eingeschlichen hat und er sich trotz größter Anstrengungen seiner vielen Beinchen nicht recht aus seiner Rückenlage befreien kann, macht ihm diese Tatsache seiner völligen Entstellung seltsamerweise weit weniger Sorge als die drohende Möglichkeit, die Arbeit zu versäumen und somit seiner Pflicht gegenüber sich selbst, dem Chef und der Familie nicht nachkommen zu können. Fatalerweise gilt auch die ganze Aufregung der Familie, wie sich bald herausstellt, nicht Gregors Befindlichkeit an sich, sondern vielmehr dem Umstand, dass seine Stellung gefährdet sein könnte, die doch bis dahin das unbeschwerte bürgerliche Leben der Eltern und der Schwester ermöglichte.

> „Und schon klopfte an der Seitentüre der Vater, schwach, aber mit der Faust. ‚Gregor, Gregor', rief er, ‚was ist denn? Und nach einer kleinen Pause mahnte er nochmals mit tieferer Stimme:‚Gregor! Gregor!' […] ‚bin schon fertig', antwortete Gregor und bemühte sich, durch die sorgfältigste Aussprache und durch Einschaltung von langen Pausen seiner Stimme alles Auffallende zu nehmen […]. Dann aber sagte er sich: ‚Ehe es ein Viertel acht schlägt, muß ich unbedingt das Bett vollständig verlassen haben. Im übrigen wird auch dann jemand aus dem Geschäft kommen, um nach mir zu fragen' […]. Als Gregor schon zur Hälfte aus dem Bette ragte - die neue Methode war mehr ein Spiel als eine Anstrengung, er brauchte immer nur ruckweise zu schaukeln -, fiel ihm ein, wie einfach alles wäre, wenn man ihm zu Hilfe käme. Zwei

starke Leute - er dachte an seinen Vater und das Dienstmädchen - hätten vollständig genügt; sie hätten ihre Arme nur unter seinen gewölbten Rücken schieben, ihn so aus dem Bett schälen, sich mit der Last niederbeugen und dann bloß vorsichtig dulden müssen, daß er den Überschwung auf dem Fußboden vollzog, wo dann die Beinchen hoffentlich einen Sinn bekommen würden. Nun, ganz abgesehen davon, daß die Türen versperrt waren, hätte er wirklich um Hilfe rufen sollen? Trotz aller Not konnte er bei diesem Gedanken ein Lächeln nicht unterdrücken."[310]

An Hilfe war in der Tat nicht zu denken. Im Gegenteil, als Gregor sich schließlich aus seiner Rückenlage befreien kann und es ihm gelingt, durch die immer unnachgiebigeren Forderungen des Vaters und des Prokuristen angetrieben, mit den Kiefern die bis dahin verschlossene Türe zu öffnen, beginnt seine Welt gänzlich zusammenzubrechen. Alle sind entsetzt und entrüstet, als sie Gregors Käfergestalt in der Türe sehen, der seinerseits die Situation offensichtlich verkennend, noch beschwichtigend auf sie einwirken will:

„,Nun', sagte Gregor, und war sich dessen wohl bewußt, daß
    er der einzige war, der die Ruhe bewahrt hatte, ,ich werde
    mich gleich anziehen, die Kollektion zusammenpacken und
    wegfahren […]. Man kann im Augenblick unfähig sein zu
    arbeiten, aber dann ist gerade der richtige Zeitpunkt, sich an
    die früheren Leistungen zu erinnern und zu bedenken, daß
    man später, nach Beseitigung des Hindernisses, gewiß des-
    to fleißiger und gesammelter arbeiten wird. Ich bin ja dem
    Herrn Chef so sehr verpflichtet […]. Andererseits habe ich
    die Sorge um meine Eltern und die Schwester […]. Machen
    Sie es mir aber nicht schwieriger, als es schon ist. Halten Sie

im Geschäft meine Partei! Man liebt den Reisenden nicht, ich weiß. Man denkt, er verdient ein Heidengeld und führt dabei ein schönes Leben [...]. Sie aber, Herr Prokurist, Sie haben einen besseren Überblick [...]. Sie wissen auch sehr wohl, daß der Reisende, der fast das ganze Jahr außerhalb des Geschäftes ist, so leicht ein Opfer von Klatschereien, Zufälligkeiten und grundlosen Beschwerden werden kann, gegen die sich zu wehren ihm ganz unmöglich ist, da er von ihnen meistens gar nichts erfährt und nur dann, wenn er erschöpft eine Reise beendet hat, zu Hause die schlimmen, auf ihre Ursachen hin nicht mehr zu durchschauenden Folgen am eigenen Leibe zu spüren bekommt. Herr Prokurist, gehen Sie nicht weg, ohne mir ein Wort gesagt zu haben, daß mir zeigt, daß Sie mir wenigstens zu einem kleinen Teil recht geben!'"[311]

Aber Gregors Beteuerungen gegenüber dem Prokuristen und der Familie, die zu erwartenden Arbeitsversäumnisse nach der Genesung wieder hereinzuarbeiten, werden ihm nicht geglaubt. Auch ist seine Stimme zunehmend durch einen tierischen Unterton entstellt und wird von den anderen kaum verstanden. Der Prokurist wendet sich schon bei den ersten Worten entsetzt ab und verlässt schulterzuckend mit schnellen Schritten das Haus. Die Mutter gerät völlig außer sich, was den Vater, der ohnehin schon vor dem Prokuristen vor Scham in den Boden versinken wollte, so sehr erzürnt, dass er Gregor unter Beschimpfungen und Zischlauten mit einem Stock in sein Zimmer zurücktreibt. Was nun folgt, ist die schrittweise immer weitergehende Ablehnung, Exkommunikation und Ausschließung Gregors aus der Familie bis zu dem Punkt, an dem er von den Anderen ‚totgesagt' wird. Obgleich die Schwester und die Mutter zumindest anfangs noch bemüht sind, Gregor als ein Mitglied der Familie nicht ganz fallen zu lassen, sein Zimmer zu reinigen, ihn mit Speiseresten zu ernähren und vor den jähzornigen Attacken des Vaters zu schützen, wird er bald auch von ihnen aufgrund seines Stigmas gemieden und vernachlässigt, bis schließlich sein Zimmer zu einer völlig verstaubten Abstellkammer für allerlei unbrauchbare Dinge herunterkommt und er selbst, von Staub, Speiseresten, Haaren und Fäden verklebt, kaum mehr Platz hat, sich zu bewegen. Als er doch einmal sein Zimmer verlässt, um seiner Schwester wie früher beim Violinspiel zuzusehen und vom Vater dabei entdeckt wird, wirft ihm dieser, obgleich er schon panisch ins Zimmer zurücktänzelt, einen Apfel hinterher, der sich tief in seinen Rücken bohrt und fortan stecken bleibt. Der Apfel verfault und führt zu einer schmerzhaft eitrigen Entzündung, die ihn, zusammen mit seiner zunehmenden Unfähigkeit zu essen, immer mehr vertrocknen lässt, bis die Putzfrau ihn eines Tages leblos in der Rumpelkammer findet:

> „Weil sie zufällig den langen Besen in der Hand hielt, suchte sie mit ihm Gregor von der Tür aus zu kitzeln. Als sich auch da kein Erfolg zeigte, wurde sie ärgerlich und stieß ein wenig in Gregor hinein, und erst als sie ihn ohne jeden Widerstand von seinem Platze geschoben hatte,..machte sie große Augen, pfiff vor sich hin [...] und rief mit lauter Stimme in das Dunkel hinein: ,Sehen sie nur mal an, es ist krepiert; da liegt es, ganz und gar krepiert!'"[312]

Das langsame Verenden Gregors geht unmittelbar einher mit der schrittweisen Isolierung und Austrocknung seiner Beziehungen zur Familie bis hin zu dem Punkt, an dem ihm sein Sein gänzlich abgesprochen wird:

> „,Weg muß es', rief die Schwester, ,das ist das einzige Mittel,

Vater. Du mußt bloß den Gedanken loszuwerden suchen, daß es Gregor ist […]. Wenn es Gregor wäre, er hätte längst eingesehen, daß ein Zusammenleben von Menschen mit einem solchen Tier nicht möglich ist, und wäre freiwillig fortgegangen."[313]

Gregors Reaktion auf die im Laufe der Zeit immer gnadenlosere Ausschließung aus der Familie besteht aber keineswegs, wie man vielleicht erwarten würde, aus Wut oder Aggressivität gegen den brutalen Vater oder Trauer über die völlige Nichtanerkennung und die lieblose Ablehnung seiner Existenz durch die anderen Familienmitglieder, sondern gerade umkehrt aus einer seltsam verständnisvollen Rücksichtnahme. Seine Überlegungen „führten alle zu dem Schlusse, dass er sich vorläufig ruhig verhalten und durch Geduld und größte Rücksichtnahme der Familie die Unannehmlichkeiten erträglich machen müsse, die er ihr in seinem gegenwärtigen Zustand nun einmal zu verursachen gezwungen war."[314] So erspart er ihnen auch, mit ihm zu sprechen, und beschließt, sein Zimmer vorläufig nicht mehr zu verlassen. Immer wenn die Schwester, die sich als Einzige noch in das Zimmer wagt, ihm etwas zu essen gibt, versteckt er sich unter dem Sofa und bedeckt sich mit einem Tuch, um sie vor seinem Anblick zu verschonen.

Überhaupt ist Gregors Umgang mit seiner neuen Situation sowie sein Umgang mit sich selbst von einer gänzlich unpathetischen, äußerst nüchternen und sachlichen Art. Seine bis zur Selbstaufgabe reichende Rücksichtnahme und Einsicht für die Situation der Familie geht soweit, dass er am Ende sogar für deren Entschluss, dass er ‚weg muss', Verständnis hat und sich nur wundert, warum ihm selbst dieser Gedanke nicht schon früher gekommen ist.

218

„An seine Familie dachte er mit Rührung und Liebe zurück. Seine Meinung darüber, daß er verschwinden müsse, war womöglich noch entschiedener als die seiner Schwester […]. Dann sank sein Kopf ohne seinen Willen gänzlich nieder, und aus seinen Nüstern strömte sein letzter Atem schwach hervor."[315]

Über der ganzen Handlung, die aus der Sicht Gregor Samsas vorgetragen wird, liegt eine geradezu unerträgliche Beziehungswirklichkeit, oder wie man mit Buber sagen müsste ‚Unwirklichkeit', die noch dadurch verstärkt und auf die Spitze getrieben wird, dass sie vom Protagonisten Gregor Samsa an keiner Stelle wirklich wahrgenommen, ausgesprochen oder beklagt wird.

Die einzige Verbindung, die Gregor zu seiner Familie hatte, war offensichtlich seine Pflichterfüllung als Versicherungsangestellter, mit der er deren Unterhalt sicherstellte. Als er durch die Verwandlung diese Funktion verloren hatte und darauf angewiesen war, jenseits dieser Eigenschaft in seinem Sein bzw. in seiner neuen Eigentümlichkeit anerkannt zu werden rissen alle Seile um ihn herum ab. Die Erzählung ‚Die Verwandlung' beruht in ihren Grundzügen ähnlich wie ‚Das Urteil' und vielleicht die meisten Schriften Kafkas auf persönlichen Erfahrungen und autobiographischen Elementen. So beschreibt Kafka das Problem des ‚Abreißens der zwischenmenschlichen Verbindungen,' wie es in der Verwandlung dargestellt wird, bereits zwei Jahre nach dem Abitur in einem Brief:

„Untereinander sind sie (die Menschen) durch Seile verbunden, und bös ist es schon, wenn sich um einen die Seile lockern und er ein Stück tiefer sinkt als die andern in den leeren Raum, und gräßlich ist es, wenn die Seile um einen reißen und er jetzt fällt."[316]

Auch war Kafka selbst zeitlebens Versicherungsangestellter, wohnte bei seinen Eltern und charakterisiert in seinem Tagebuch noch als Dreißigjähriger sein dortiges Familienleben als ‚eine ihm gänzlich fremde Welt‘:

> „Nun, ich lebe in meiner Familie, unter den besten und liebevollsten Menschen, fremder als ein Fremder. Mit meiner Mutter habe ich in den letzten Jahren durchschnittlich nicht zwanzig Worte täglich gesprochen, mit meinem Vater kaum jemals mehr als Grußworte gewechselt. Mit meinen verheirateten Schwestern und Schwägern spreche ich gar nicht, ohne etwa mit ihnen böse zu sein."[317]

In seinem Tagebuch schreibt er 1922 vielleicht noch bezeichnender:

> „30. Januar. Warten auf die Lungenentzündung. Furcht, nicht so sehr vor der Krankheit als wegen der Mutter und vor ihr, vor dem Vater, dem Direktor und weiterhin allen."[318]

Sowohl in seinen autobiographischen Aufzeichnungen, den Tagebüchern und Briefen, als auch in seinen literarischen Arbeiten wie etwa der ‚Verwandlung‘, entwirft Kafka immer wieder jene Grundstimmung einer beklemmend sterilen Welt, in der sich der Einzelne, in einem nur vermeintlichen Kontakt zu den Menschen und zur Welt befindend, diesen und sich selbst gegenüber letztlich völlig fremd bleibt.

Die Beziehungen zu den Mitmenschen sind, wo sie relevant werden, meist von gleichgültiger, beklemmender oder - wie in der Verwandlung - bedrohlicher Natur, bis hin zur totalen Verdinglichung, etwa wenn seine Schwester ruft: ‚Weg muß es‘.

Dennoch erheben sich Kafkas radikale Beschreibungen von

Beziehungen, so defizitär sie auch sein mögen, nicht jenseits der dialogischen Wirklichkeit. Denn gerade aus den wie in einer Fuge immer wieder anklingenden Passagen, in denen Kafka so gänzlich unpathetisch und trocken seine unbehaglich sterile Welt beschreibt, leuchtet eine tiefe Sehnsucht nach Beziehung auf. Und vielleicht ist auch die bis an die Grenze gehende Defizienz menschlicher Beziehungswirklichkeit, wie sie uns Kafka unter anderem in der ‚Verwandlung' vor Augen führt, einer der stärksten phänomenologischen ‚Hinweise' auf deren Existenz und ihre fundamentale Bedeutung für das menschliche Dasein.

Die Grundbefindlichkeit, sich nicht lebendig und wirklich zu fühlen, in einer belebten Welt fremder als ein Fremder zu sein, kommt bei Kafka nicht nur, wie in der ‚Verwandlung', in literarisch verdichteter Weise zum Ausdruck, sondern auch in seinen beiläufigen Notizen und Beschreibungen von alltäglichen Situationen, in denen Kafka über das ‚Lebendige an sich' staunt. In einem Brief an Max Brod schreibt er beispielsweise:

> „Als ich an einem anderen Tage nach einem kurzen Nach-
> mittagsschlaf die Augen öffnete [...] hörte ich meine Mutter
> in natürlichem Ton vom Balkon hinunterfragen: ‚Was ma-
> chen Sie?' Eine Frau antwortete aus dem Garten: ‚Ich jause
> im Grünen.' Da staunte ich über die Festigkeit, mit der die
> Menschen das Leben zu tragen wissen."[319]

Diese natürliche Festigkeit war es, die Kafka fehlte und die er bei Anderen wie ein Wunder bestaunte. Und obgleich ihm diese Vitalität geradezu konstitutionell fehlte und ‚der Lebensstrom' ihn, wie er selbst sagt, ‚niemals richtig ergriffen hat'[320], wusste er doch um sein Vorhandensein, registrierte diesen Mangel und wähnte ihn später so schlimm, dass er ihn keiner anderen lebendigen Person mehr zumuten zu dürfen glaubte.

In einem Briefentwurf an den Vater von Felice Bauer, in dem er um die Auflösung seiner Verlobung mit dessen Tochter bittet, beschreibt er sich als ‚verschlossenen, schweigsamen, ungeselligen, unzufriedenen Menschen mit nervösen Zuständen‘, und schreibt dann in fast anklagenden Ton:

> „Und nun stellen Sie mich Ihrer Tochter gegenüber, diesem gesunden, lustigen, natürlichen, kräftigen Mädchen, […] sie muß mit mir unglücklich werden.“[321]

Kafka hatte in seinem Leben durchaus Möglichkeiten, mit Menschen, die auf ihn zugingen, in Verbindung zu treten. Auch hat er zweifellos positive mitmenschliche Erfahrungen gemacht. Seine freundschaftliche Beziehung zu Max Brod, dem er stets vertrauen konnte, sowie zu jenen drei Frauen, mit denen er verlobt war, eröffneten ihm durchaus eine Chance zu einem befriedigenden, zumindest aber weniger einsamen Leben. Es lag so gesehen an ihm selbst, dass er alle Beziehungen, mit Ausnahme der zu Brod, bereits im Keim wieder erstickte. So schreibt Wagenbach in seiner Biographie zu Recht:

> „Man muss hier genau unterscheiden zwischen der Sehnsucht Kafkas nach einem natürlichen Leben und seiner Entschlossenheit, ihr niemals nachzugeben. Es geht nicht an, Kafka als einen Heiligen darzustellen, den nur widrige Umstände daran gehindert hätten, ein liebender Familienvater und geselliger Mensch zu sein. Alle Versuche Kafkas (sie sind zahlreich genug), dieser Sehnsucht nachzugeben, scheiterten, scheiterten nicht an den Personen und Umständen, sondern an ihm selbst, der ihr Gelingen als Hilfskonstruktion gegenüber einem ausschließlich der Literatur gewidmeten Leben ansah.“[322]

Dass aber Kafka keine Beziehungen mehr einzugehen ver-
mochte und dass er, immer wenn ein Mensch in sein Leben treten wollte, sich nach langem Hin und Her letztlich doch für das
Alleinsein entschied, lag aber letztlich auch daran, dass er noch
vor aller Entscheidung die tiefe Überzeugung hatte, sich nicht
mehr ändern zu können:

> „Als ich heute in der schlaflosen Nacht alles immer wieder hin
> und her gehen ließ […] wurde mir wieder […] bewußt, auf
> was für einem schwachen oder gar nicht vorhandenem Bo-
> den ich lebe, über einem Dunkel, aus dem die dunkle Gewalt
> nach ihrem Willen hervorkommt und, ohne sich an mein
> Stottern zu kehren, mein Leben zerstört […] das Schluß-
> wort in solchen Nächten bleibt immer: Ich könnte leben und
> ich lebe nicht.“[322]

Diese Grundüberzeugung, ein abgründiger, haltloser und für
andere unzumutbarer Mensch zu sein, war der Boden, auf dem
Kafkas Entscheidung aufruhten. Wenn er sich also in gewissen
Sinn gegen das Leben entschied, so lag dies nicht an einem
Mangel an Mut oder Einsicht, sondern an einem Mangel, der
in seiner Grundbefindlichkeit und somit in seinem Selbst-sein-
Können schlechthin verankert war.

Es war also nicht die Art, wie er mit seinem Selbst umging,
wie er sich entschied, was ihm den Weg zu einem freudvolleren
Leben verbaute, sondern es war die für ihn unabweisbare Tatsache, dass er mit einem Selbst umzugehen hatte, das ihm letztlich
kaum eine andere Entscheidung offen ließ, wie sich noch einmal
aus folgender Tagebucheintragung ersehen lässt:

> „Die Einsamkeit, die mir zum größten Teil seit jeher aufge-
> zwungen war, zum Teil von mir gesucht wurde - doch was

war auch dies anderes als Zwang -, wird jetzt ganz unzweideutig und geht auf das Äußerste. Wohin führt sie? Sie kann, dies scheint am zwingendsten zum Irrsinn führen, darüber kann nichts weiter ausgesagt werden, die Jagd geht durch mich und zerreißt mich."[324]

Aus Kafkas Tagebucheintragungen geht immer wieder hervor, dass die Entscheidungen, die er in den verschiedenen Situationen traf, zwar seinen ureigensten Überlegungen entsprangen, gleichwohl aber alles andere waren als eine ‚creatio ex nihilo‘, wie Sartre das Wesen der freien Entscheidung so offensiv charakterisiert hat. Die Bedeutung der Grundbefindlichkeit, auf der unser Handeln aufruht, und damit auch der dialogischen Wirklichkeit wird von Kafka immer wieder angesprochen. Auch wenn nicht in jedem Dasein die Entscheidungen auf dem Boden einer übermächtigen Grundbefindlichkeit getroffen und von dieser überschattet werden, so ist doch die Evidenz der dialogischen Wirklichkeit unabweisbar.

Das Selbstverhältnis bzw. die Ich-Identität kann letztlich nicht wie bei Habermas und Krappmann nur als Rollendistanz bzw. Interaktionskompetenz verstanden werden, deren freie Entscheidung auf dem ‚Zurücknehmen des Ichs hinter die Linie aller konkreten Normen und Werte‘ beruht. Auch Sartres Ausweis der Ich-Identität als Für-sich-Sein und Für-Andere-Sein greift zu kurz. Kafka hat sich zwar, wie Sartre analog zu Beaudelaires Lebensweg sagen würde, in einem existenziellen Entschluss selbst als Einsamer erwählt. Diese ‚Urwahl‘ war aber keinesfalls, wie Sartres Freiheitsbestimmung impliziert, eine ‚creatio ex nihilo‘.

Wenn der ohnehin fragwürdige Begriff ‚Identität‘ bzw. ‚Ich-Identität‘ auf den Menschen übertragen als Sich-selbst-Gleichheit bzw. als Selbstverhältnis und somit als Verhalten zu sich selbst verstanden wird, so muss auch nach diesem Selbst gefragt werden, zu dem wir uns verhalten. In vorliegender Untersuchung wurde der Auffassung Ausdruck gegeben, dass auch dieses Selbst nicht einfach da ist, sondern sich allererst in der dialogischen Beziehungswirklichkeit konstituiert und seine Form bekommt.

> „In der Primärbeziehung macht das Kind emotionale Erfahrungen, die für den Aufbau seines Selbst unersetzlich sind. Fehlen sie, dann wird das Selbst nicht oder nicht ausreichend entwickelt, und es entsteht ein Mangelzustand, diesmal als Defizienz im Selbst, der sich dann auch über das Erwachsenenleben erstreckt."[325]

Es wurde ausgehend vom dialogischen Ansatz gezeigt, welch zentrale Bedeutung dem Anerkennungsphänomen als Seinsbestätigung in dieser Sphäre zukommt. Bleibt sie gänzlich aus, oder wird dem Kind sein Sein abgesprochen, so hat es keine Chance, ein Selbstgefühl aufzubauen. Wird die Anerkennung nur teilweise oder defizitär erlebt, werden diese Erfahrungen als Bausteine in das Selbst mit eingehen. Die von Buber und Knapp in diesem Zusammenhang von der Erziehung geforderte Anerkennung des Kindes in seinem Sein, in seinem ihm eigenen Selbst-sein-Können, wurde, wie gezeigt, auch von Kafka als zwingende Grundlage für eine gelingende Selbstkonstitution erkannt und in seinen Selbstzeugnissen eindringlich eingeklagt:

> „Man erkannte meine Eigentümlichkeit nicht an […] so ist doch jedenfalls sicher, daß ich von meinen Eigentümlichkeiten nie jenen wahren Gewinn zog, der sich schließlich in dauerndem Selbstvertrauen äußert."[326]

Sicher darf und kann das Leben Kafkas, auch wenn er dies selbst zum großen Teil tut, nicht nur aus seiner Kindheit, seinen Beziehungen heraus verstanden werden. Vieles von dem, was uns bei der Person Kafkas so eigenartig anmutet, mag auch Veranlagung gewesen sein. So hätte Kafka wahrscheinlich auch unter ganz anderen Bedingungen und bei einer anderen Kindheit die ihm eigene besondere Empfindsamkeit und Sensibilität gelebt. Auch verkraften umgekehrt sicher viele Kinder, die in einer ähnlich defizitären Beziehungssphäre heranwachsen, diese weit besser, zumindest aber ohne an ihnen zeitlebens zu leiden; sei es, dass sie erblich konstitutionell vitaler, oder sei es auch, dass sie für die erdrückende Atmosphäre prinzipiell nicht so empfindsam sind. So kann durchaus Kafkas besondere Sensibilität und Aufmerksamkeit sogar ein Grund dafür gewesen sein, dass er überhaupt die ihn umgebende Welt sowie die Beziehungen zu den ihm begegnenden Mitmenschen so empfindlich wahrgenommen und verinnerlicht hat.

Es bleibt aber die Tatsache bestehen, dass wir in Kafkas Leben und Werk in evidenter Weise Stimmungen wiederfinden, die eine nicht zu übersehende Parallelität zur Beziehungs-Atmosphäre seiner frühen Kindheit aufweisen. Es bleibt ferner festzustellen, dass eine solche prinzipielle und unaufhebbare Grundbefindlichkeit, sich nicht lebendig und wirklich zu fühlen, kein Einzelfall ist. Auch wenn die früh erlebte Nichtanerkennung und damit die Erfahrung des ‚Nicht-geliebt-Werdens‘ nicht immer zu einer so gespenstisch kalten Welterfahrung führt, wie sie uns aus Kafkas Leben so nachhaltig entgegenleuchtet, ist gleichwohl anzunehmen, dass der frühen Erfahrung von Aufgehobenheit und Anerkennung eine entscheidende Bedeutung zukommt.

Die von Buber und Knapp als fundamental erkannte Notwendigkeit der Anerkennung des Kindes in seinem Sein und damit auch in seinem Selbst-Sein-Können ist aber, wie an dieser Stelle betont werden muss, nichts Außergewöhnliches oder Schwieriges. Auch die hier zur Erörterung des anthropologischen Sachverhalts beschriebenen Phänomene von defizienten Beziehungswirklichkeiten dürfen nicht den Eindruck erwecken, dass die gelingende dialogische Wirklichkeit ein spekulatives Ideal ist.

Bereits Bruno Bettelheim weist darauf hin, dass das ‚Selbstsein-Können' sich normalerweise bereits von Geburt an aktualisiert, wobei die Mutter zu dieser Aktualisierung in aller Regel ganz natürlich und mit großer Selbstverständlichkeit beiträgt. So ist beispielsweise auch das Lächeln des Säuglings keineswegs nur als ein naturhaft angeborenes Brutpflegesignal zu verstehen, sondern bereits als eine erste spontane Eigenleistung, mit der das Kind einerseits auf Erwachsene antwortet, andererseits durch die Reaktion der Erwachsenen sein eigenes Sein als ein aktiv wirkendes Selbstsein erleben kann. Wird das Lächeln des Kindes über längere Zeit hinweg nicht beantwortet, wird es vom Säugling aufgegeben, wird es hingegen in der Beziehung lebendig beantwortet, macht der kleine Mensch erste freilich noch unreflektierte Erfahrungen, selbst etwas bewirken zu können.

Die Anerkennung des potentiellen Selbst-sein-Könnens zeigt sich unter anderem auch in ganz selbstverständlichen Phänomenen, wie zum Beispiel dem, dass Eltern mit ihren Kindern bereits zu einem Zeitpunkt artikuliert sprechen, an dem die Kinder selbst der Sprache noch gar nicht mächtig sind. Seinsanerkennung in dieser frühen Phase bedeutet nichts anderes, als dass das Eigensein des Kindes, seine spontanen Äußerungen, seine noch ungeformten Empfindungen, Bewegungen und Versuche lebendig beantwortet werden, das heißt, dass sie beachtet werden, dass man auf sie eingeht und sich mit ihnen beschäftigt, oder wie Buber sagt, dass sie lebendig vergegenwärtigt werden.

Die Anerkennung und Bestätigung des Menschen in seinem Sein bzw. in dem ihm eigenen Möglichsein ist somit keine spektakuläre, wirklichkeitstranszendierende Anzeige, sondern durchaus ein positiv ausweisbarer humanspezifischer Grundsachverhalt.

Die in diesem Kapitel an einigen Phänomenen aufgezeigte Bedeutung der zwischenmenschlichen Anerkennung für die Konstitution von Selbst sowie die im vierten Kapitel genannten Phänomene von Anerkennung und Nichtanerkennung im Hinblick auf den ‚sozialen Tod' sowie umgekehrt die seinsstiftende Kraft von Beziehung geben einen deutlichen Hinweis darauf, dass die von Buber behauptete Wirklichkeit der Ich-Du-Beziehung und damit der gegenseitigen Seinsbestätigung keineswegs nur negativ auf die Destruktion des klassisch-transzendentalphilosophischen Ansatzes bezogen bleiben muss, sondern durchaus als ontisch ausweisbare ontologische Struktur verstanden werden kann.

Die zwischenmenschliche Beziehung entfaltet überall dort, wo sie sich ereignet, ihre eigene Wirklichkeit, deren grundlegende Bedeutung wie Buber zu Recht feststellt, bislang noch zu wenig gesehen worden ist.

Die Cartesische Evidenz: ‚cogito, ergo sum' ist zwar für sich beachtet zunächst richtig. Denn, wo immer ein Mensch sich als denkend erfährt und sei es auch im kritischen Zweifel an der Wirklichkeit seines Denkens, ist er sich in diesem Moment ganz augenscheinlich seiner selbst als Denkender bzw. Zweifelnder gewiss. Was nun aber bei dieser Evidenz leicht übersehen wird, ist die fundamentale Tatsache, dass auch Descartes diesen augenscheinlich richtigen Satz überhaupt nur sagen kann, weil er bereits über ein entwickeltes Selbst bzw. über ein Selbst-sein-Können verfügt, das ihm allererst ermöglicht, diese Evidenz zu erfahren und auszusprechen.

Über ein entwickeltes Selbst-sein-Können zu verfügen und sich somit lebendig und wirklich zu fühlen, ist aber, wie im Verlauf der Untersuchung gezeigt, keineswegs selbstverständlich.

228

Denn der Mensch ist nicht einfach, sondern muss erst von Anderen ins Sein gerufen werden. Die für sich gesehen richtige Cartesische Evidenz der Selbstvergewisserung muss auf diesem Hintergrund gelesen werden. Betrachtet man sie nur für sich allein, könnte sie im Sinne der Theorie von der Fremdexistenz zu der Fehlinterpretation Anlass geben, dass der Mensch zuerst seiner selbst gewiss ist, bevor er sich zu anderen Menschen in Beziehung setzt. Dem ist aber nicht so. Menschliches Sein ist ursprünglich an ihm selbst beziehungshaft.

8. Die Ich-Es-Beziehung im Gefolge der Dialektik der Aufklärung

Bubers Philosophie hat letztlich appellativen Charakter. In ihrem Zentrum steht die Sorge um das menschliche Miteinander, oder wie es Martin Goes richtig formuliert, „ob die, die miteinander zu tun haben, nun wirklich miteinander zu tun haben."[327] Dass sie auch wirklich miteinander zu tun haben können, steht für Buber außer Frage:

> „Zwiesprache gibt man keinem auf. Antworten wird nicht gesollt; aber es wird gekonnt. Es wird wirklich gekonnt."[328]

‚Wirklich miteinander zu tun haben' ist also kein spektakuläres Ideal, sondern im Grunde etwas ganz Einfaches. Es bedeutet letztlich nur, in der Beziehung dem Anderen als eben diesem konkret Anderen lebendig zu begegnen, ihn dabei gerade auch in dieser seiner Einzigheit, sowie dem ihm eigenen Möglichsein zu vergegenwärtigen.

Warum aber liegt diese einfache und grundlegende Fähigkeit der lebendigen Vergegenwärtigung so häufig brach? Und warum, so muss abschließend gefragt werden, wird die ureinfache Kategorie des ‚In-Beziehung-treten-Könnens‘, wie Buber feststellt, gerade heute immer weniger realisiert. Handelt es sich bei der zunehmenden Verdinglichung und Entwirklichung um ein zeitgeschichtliches, spezifisch modernes Problem? Buber bejaht diese Frage eindeutig:

> „Die Krankheit unseres Zeitalters gleicht der keines […]. Dem Wahrnehmen des Mitmenschen als einer […] Ganzheit, Einheit und Einzigkeit widerstrebt in unserer Zeit fast alles, was man als das spezifisch Moderne zu verstehen pflegt. In dieser Zeit herrscht ein analytisches, reduktives und ableitendes Blicken zwischen Mensch und Mensch vor.“[329]

Der Grund für dieses reduktive Blicken und die damit einhergehende ‚Krisis des Zwischen‘[330] ist letztlich in der geschichtlichen Entwicklung selbst angelegt und hat insbesondere seit der Aufklärung eine entscheidende Akzeleration erfahren.

Die Geschichte des Einzelnen und die der Menschengattung stimmen, so Buber, insofern überein, als sie eine fortschreitende Zunahme der Eswelt bedeuten. So wie das Kind aus seiner anfänglich umfassenden Beziehungswelt nach und nach herauswächst und seine erfahrenden und gebrauchenden Fähigkeiten entwickelt, ist auch die ‚Eswelt einer jeden Kultur umfänglicher als die der vorangegangenen‘:

> „Denn die Ausbildung der erfahrenden und gebrauchenden Fähigkeit erfolgt zumeist durch Minderung der Beziehungskraft des Menschen […].“[331]

Der zunehmende Verlust der Beziehungskraft ist somit der zu zahlende Preis für den immer weitergehenden sozioökonomischen Fortschritt hinsichtlich der Erkenntnis und Beherrschung der Natur sowie der Planung und Verwaltung des gesellschaftlichen Lebens. Das Fortschreiten der Eswelt in der Moderne lässt sich, so Buber, daran erkennen, dass das das kausale Denken in Ursache und Wirkungsgefügen, das die Aufklärung seit ihren Anfängen prägt, jetzt in allen Bereichen des menschlichen Lebens Fuß fasst und eine seltsame Eigendynamik entwickelt.

Ein erster Bereich ist die Technik. Durch die Entdeckung und Umsetzung der Gesetze der Mechanik wurden ungeheure Produktivkräfte freigesetzt. Die Maschinen mit ihren vorhersehbaren Wirkungen wurden ursprünglich erfunden, um dem arbeitenden Menschen zu dienen, haben ihrerseits inzwischen den Menschen ihrer eigenen Notwendigkeit und ihrem eigenen Rhythmus unterworfen.

Der zweite Bereich ist die Wirtschaft. Auch hier ist die Produktion und Verteilung der Güter nicht mehr nur nach den Bedürfnissen der Menschen zugeschnitten, sondern der Markt unterliegt längst seinen eigenen Gesetzen. Die Menschen werden im allgemeinen Warenverkehr selbst zur Ware.

Der dritte Bereich ist das gesellschaftliche und politische Leben, das unter der Parole der Freiheit und Emanzipation des Individuums auf der einen Seite den egoistischen und isolierten Lebensstil des modernen Individualismus hervorgebracht hat, und auf der anderen Seite als dessen Pendant einen ebenso beziehungsarmen Kollektivismus. Die seit der Aufklärung postulierte Aufwertung des Einzelnen und seiner Entfaltungsfreiheit droht in ihr Gegenteil umzuschlagen. Weder Individualismus noch Kollektivismus ermöglichen wirkliche Entfaltung und echte Beziehung. Auch der dazugehörige Versuch, den zwischenmenschlichen Kontakt in Massenorganisationen zu institutionalisieren, scheitert zunehmend:

„Daß Einrichtungen kein öffentliches Leben ergeben, verspüren Menschen in wachsender Zahl, verspüren es mit wachsendem Leid; dies ist der Ort, von dem die suchende Not des Zeitalters ausgeht."[332]

Die gewachsenen sozialen Strukturen des Zusammenlebens in der Familie, der Dorfgemeinschaft und der Stadtgemeinde fallen auseinander und weichen der Anonymität der Massengesellschaft:

„Ihr fortschreitender Zerfall ist der Preis, der für die politische Freimachung des Menschen in der Französischen Revolution und für die dadurch begründete Entstehung der bürgerlichen Gesellschaft zu zahlen war."[333]

All diese Faktoren führen, so Buber, zu einer ungeheueren Bedrohung und Zerstörung der Duwelt und damit zu einem Zustand ,sozialer Heimatlosigkeit, Weltangst und Lebensangst, zu einer Daseinsverfassung der Einsamkeit, wie es sie in diesem Ausmaß vermutlich noch nie zuvor gegeben hat'.[334]

Der Mensch vermag die durch ihn selbst entstandene Welt nicht mehr zu bewältigen, sie verselbständigt sich und steht ihm schließlich in einer elementaren Unabhängigkeit gegenüber. Lässt sich aber diese Entwicklung hin zur arbeitsteiligen, hochtechnisierten und bürokratisch verwalteten Gesellschaft wieder umkehren? Auch hier ist Bubers Antwort eindeutig:

„Es wäre absurd, sie zurückschrauben zu wollen - und gelänge das Absurde, so wäre zugleich der ungeheure Präzisionsapparat dieser Zivilisation zerstört, der allein der ungeheuer angewachsenen Menschheit das Leben ermöglicht."[335]

Buber versteht somit die gegenwärtige Situation als direkte Folge der in der Aufklärung anhebenden Emanzipationsprozesse in Wissenschaft und Technik und der damit verbundenen Entzauberung der Lebenswelt. Die Fragilität der Beziehungsverhältnisse, so wie sie uns heute vor Augen steht, wäre somit nicht struktureller Natur, sondern als ein spezifisch moderner Tatbestand zu verstehen.

Inwieweit diese These richtig ist oder ob nicht jenseits aller Zeitsignatur immer wieder ‚Krisen des Zwischenmenschlichen‘ zu verzeichnen waren, ist schwer zu beurteilen, da in letzter Konsequenz hierzu ein Vergleich der Beziehungsverhältnisse quer durch die geschichtlichen und gesellschaftlichen Formen vonnöten wäre. Wohl aber scheint es beispielsweise kein Zufall zu sein, dass das Wort ‚kafkaesk‘ im 20. Jahrhundert in den industrialisierten Gesellschaften zu einem Begriff geworden ist. Die ursprünglich untrennbar mit dem Autor verbundene Stimmung, inmitten einer belebten Welt heimatlos, isoliert und ‚fremder als ein Fremder‘ zu sein, ist zu einem, gleichwohl nicht überall geteilten, so doch weithin verstandenen Phänomen geworden.

In dem Gedanken, dass die ‚Krisis des Zwischen‘ letztlich als eine Folge der Aufklärung zu verstehen ist, deren Intention nach Emanzipation des Menschen gegenüber der Natur in ihr Gegenteil umschlug, liegt eine nicht zu übersehende Nähe des Buberschen Denkens zu Adornos und Horkheimers Analyse der ‚Dialektik der Aufklärung‘. Auch Adorno und Horkheimer und mit ihnen weitere Vertreter der Kritischen Theorie wie etwa Fromm und Marcuse sehen in der Aufklärung und der sie tragenden Freiheitsbestrebung eine für die moderne Gesellschaft unabdingbare und auch berechtigte Emanzipationsbewegung auf politischem, rechtlichem, sozialem, wirtschaftlichem und wissenschaftlichem Gebiet, die aber gleichzeitig bereits den Keim zu ihrer Selbstzerstörung in sich trägt:

„Wir hegen keinen Zweifel [...], daß die Freiheit in der Gesellschaft vom aufklärenden Denken unabtrennbar ist. Jedoch glauben wir [...], daß der Begriff eben dieses Denkens, nicht weniger als die konkreten historischen Formen, die Institutionen der Gesellschaft, in die es verflochten ist, schon den Keim zu jenem Rückschritt enthalten, der heute überall sich ereignet.“[337]

Seit jeher hat Aufklärung im umfassenden Sinn fortschreitenden Denkens das Ziel verfolgt, die Menschen aus ihrer gesellschaftlichen Unmündigkeit und aus ihrer Abhängigkeit von der Natur zu befreien und einem befriedigenderen Leben zuzuführen. ‚Aber‘, so Horkheimer und Adorno, ‚die vollends aufgeklärte Erde strahlt im Zeichen triumphalen Unheils‘. Der Einzelne wird zwar besser als je zuvor versorgt, gleichzeitig aber verschwindet er völlig vor dem übermächtigen Apparat, den er dazu bedienen muss und der allein den ungeheuren Bedarf sicherstellen kann. Die mit der wachsenden Naturbeherrschung und der modernen arbeitsteiligen Güterproduktion einhergehenden Entfremdungserscheinungen am Arbeitsplatz und im zwischenmenschlichen Bereich sind aber letztlich nicht nur als Folge der Aufklärung und damit der entfesselten Naturwissenschaft zu verstehen, sondern haben ihre Ursache, so Adorno, primär bereits in den Anfängen der Menschheitsgeschichte. Diese zeichnet sich nämlich dadurch aus, dass der Mensch den Naturgewalten ausgeliefert war, die er zwangsweise so gut als möglich verstehen und beherrschen musste, um zu überleben. Die Naturbeherrschung mit Hilfe von technisch immer weiter ausgefeilten Werkzeugen und Instrumenten war ebenso wie die dadurch entstehende Trennung von Subjekt und Objekt von Mensch und Natur unumgänglich.

Ein entscheidender Schritt zu dieser Trennung war das ,begriffliche Denken', das insbesondere seit der Aufklärung seinen Siegeszug in Gestalt der abendländischen Logik antrat. Auch das begriffliche Denken dient der Naturbeherrschung, denn Begriffe sind für Adorno nichts anderes als ideelle Werkzeuge, mit denen die Menschen denkend sich von der Natur distanzieren, um sie vor sich hinzustellen und zu beherrschen. Mit der Entfaltung dieses Werkzeuges wird die Trennung forciert und die auf den Begriff gebrachte Natur nur mehr als fremdes Objekt verstanden, das nach den jeweiligen Bedürfnissen zugerichtet werden muss:

> „Die Menschen bezahlen die Vermehrung ihrer Macht mit der Entfremdung von dem, worüber sie die Macht ausüben. Die Aufklärung verhält sich zu den Dingen wie der Diktator zu den Menschen […]. Der Mann der Wissenschaft kennt die Dinge, insofern er sie machen kann […]. In der Verwandlung enthüllt sich das Wesen der Dinge immer als je dasselbe, als Substrat von Herrschaft."[339]

Diese These, dass sich das Wesen der Dinge unter dem Primat der Technik nicht mehr in seiner ihm eigenen Ganzheit, sondern nur mehr als Substrat von Herrschaft zuspricht, ist außer von Buber und Adorno insbesondere von Heidegger ausgearbeitet worden.

Heidegger spricht in seiner bekannten Schrift von der Technik als einem ,Gestell'. Wie Adorno im obigen Zitat wirft auch Heidegger der Naturwissenschaft vor, die Natur zu stellen, wie man einen Gegner stellt indem sie in ihren Versuchsanordnungen stets spezifische, einzig zu deren Vernutzung dienliche Fragen stellt. Diese dienen weder der reinen Theorie, noch sind sie zweckfrei, sondern von einem Interesse bestimmt, das die Art und Weise der möglichen Antworten vorab feststellt. Technik ist dasjenige Stellen, das in seiner Gesamtheit als Gestell in Erscheinung tritt.

Der heutige Mensch erfährt die Natur und die Welt, ja selbst seine Mitmenschen, nicht mehr als diese selbst, sondern nur mehr unter dem ‚Gestell‘ der Technik. Machbarkeit und Utilität bilden den Filter, unter der vorwiegend die Wirklichkeit wahrgenommen wird. Das ‚Gestell‘ ist somit nichts Dingliches, sondern eine Art und Weise, wie sich uns das Sein entbirgt. Das Seinsgeschick unserer Zeit ist es, dass wir das Sein nur mehr unter dem Gestell der Technik erfahren und somit selbst, wie Heidegger auch sagt, zu ‚Gestellten‘ der Technik werden:

> „Die Herrschaft des Gestells droht mit der Möglichkeit, daß dem Menschen versagt sein könnte, in ein ursprünglicheres Entbergen einzukehren und so den Zuspruch einer anfänglicheren Wahrheit zu erfahren."[340]

Heidegger spricht in diesem Zusammenhang auch von einer Seinsvergessenheit.[341] Auch Marcuses Prognosen der Entwicklung zum ‚eindimensionalen Menschen‘ sowie Fromms Analyse des ‚Marketingcharakters‘ des modernen Menschen, der sich selbst und die Anderen nur mehr als Ware erfährt, lassen sich auf dem Hintergrund dieser Technikdeutung lesen.

Diese offensichtliche Parallele zwischen Buber, Heidegger und der kritischen Theorie hinsichtlich der Beurteilung der modernen Beziehungsverhältnisse sowie der gesamtgesellschaftlichen Entwicklung im Gefolge der Aufklärung mag erstaunen, angesichts der Tatsache, dass Adorno und Horkheimer sich in ihrer dialektischen Methode aufs schärfste gegen jede anthropologische, existenzialistische und existenziale Betrachtungsweise wendeten[342], so wie Buber umgekehrt den historisch-dialek-

tischen Ansatz als am ‚Wesen des Mitmenschlichen' vorbei-
gehend etikettierte und gerade Marx und den ‚sozialistischen
Denkern' vorwirft, das ‚Soziale' nie richtig verstanden zu haben. So schreibt etwa Horkheimer in seinen ‚Bemerkungen zur
philosophischen Anthropologie':

> „Der Wunsch, das Handeln in festen Wesenseinsichten zu
> begründen, hat die Phänomenologie (die moderne Anthro-
> pologie und die Existenzphilosophie) seit ihrem Ursprung
> motiviert [...]. Dabei steht sie zur Theorie der Gesellschaft
> im Gegensatz."[343]

Umgekehrt kritisiert Buber an der dialektischen Betrachtung,
dass gerade in der Herleitung und Ableitung der individuellen
Existenz aus der gesamtgesellschaftlichen Produktionsweise das
‚Element der realen Beziehung zwischen den real verschiedenen
Ich und Du' mit ihren Chancen und Zwängen übersehen wird.[344]
   Trotz dieser zumindest deklarierten[345] Gegensätzlichkeit bleibt
die gemeinsame Einschätzung der ‚Dialektik der Aufklärung'
bestehen. Ob Buber von dem unaufhaltsamen Fortschreiten der
Eswelt, ob Heidegger von der ‚Seinsvergessenheit' oder Adorno
von der ‚in ihrer Totalität verkehrten Welt' spricht, immer wird
einem fundamentalen Krisenbewusstsein Ausdruck gegeben.
   In seiner Studie ‚Zur geistigen Situation der Zeit'[346] weist
Manfred Zahn darauf hin, dass generell in den allermeisten
namhaften philosophischen Ortsbestimmungen der Moderne
ein ‚Krisen und Katastrophenbewusstsein bisher unbekannten
Ausmaßes' zu verzeichnen sei. Ansätze, die in der sich entwi-
ckelnden Wissenschaft und Technik einen Weg der Befreiung
von physischer Arbeit und damit eine Freisetzung zu neuen
geistigen und seelischen Möglichkeiten des Menschen sehen,
sind selten geworden.

Der Fortschrittsoptimismus, der noch zu Beginn der Aufklärung das Feld dominierte, ist gänzlich geschwunden. Auch weist Zahn darauf hin, dass der Gedanke der ‚Dialektik der Aufklärung‘ nicht erst im 20. Jahrhundert geboren wurde, sondern im Grunde so alt ist, wie die Aufklärung selbst. Denn bereits Rousseau hat in der Mitte des 18. Jahrhunderts, also in einer überwiegend fortschrittsgläubigen Zeit, der europäischen Gesellschaft eine pessimistische Diagnose gestellt, wonach sich diese mit zunehmendem Fortschritt ihrer Zivilisation auch in eine immer größere Selbstentfremdung manövriere. „Unsere Seelen“, so Rousseaus aktuell anmutende These, „sind in dem Maße verdorben, in dem unsere Wissenschaften und unsere Künste vollkommener geworden sind.“[347]

> „Der wilde Mensch lebt in sich, der gesellige hingegen ist immer außer sich und lebt nur in der Meinung, die andere von ihm haben. Selbst die Empfindung seines Daseins nimmt er nur aus ihrem Urteil.“[348]

Bubers hier auch von Rousseau geteilter Gedanke, dass unsere Beziehungsverhältnisse sowie unsere Fähigkeit, gegenüber sich und den Anderen authentisch zu leben, durch das moderne Selbstverständnis zunehmend bedroht wird, soll jetzt an einem Beispiel verdeutlicht werden, an dem sich die Auswirkungen des antimetaphysischen, maschinalen Impulses der Aufklärung, insbesondere der französischen Materialisten des 18. Jahrhunderts bis in unsere heutige Zeit hinein verfolgen lassen. Die mit großem Elan vorgetragene antimetaphysische Weltsicht der frühen französischen Materialisten sowie der englischen Empiristen kommt in Publikationen wie ‚De Corpore‘[349] ‚L'homme machine‘[350], ‚Politique naturelle, ou Discours sur les vrais principes du gouvernement‘[351] zum Ausdruck. Die französischen Materialisten und die englischen Empiristen verstehen gleichermaßen die Realität des Menschen aus der Natur. Gemäß der Erfahrung (experience) und der Beobachtung (observation) der Natur zu philosophieren, ist ihre Devise. Statt ‚ancilla theologiae' zu sein, versteht sich die materialistische Philosophie nun als ‚fille de la nature'.[352] Hobbes, La Mettrie, Helvetius, Condillac, Holbach, Diderot und de Sade leiten den Menschen nicht mehr von Gott oder einem geistigen Prinzip ab, sondern aus seiner Materialität. Der Mensch ist nicht mehr Abbild eines göttlichen Urbildes, sein Wesen nicht vom Geist, sondern von seiner Körperlichkeit bestimmt. Entgegen der traditionellen ‚Selbsttäuschung' wird der Mensch nicht mehr als Geistwesen, sondern als triebhaft gesteuertes ‚Übertier' verstanden. Neben der Materialisierung und Animalisierung und damit der Bestimmung des Menschen als einer im wesentlichen tierischen Seinsform war die Maschinalisierung der dritte und vielleicht folgenreichste Impuls des frühen Materialismus.[353]

„Diente das Tier als Eliminierungsprinzip für die göttliche Vernunft und den Menschen als Imago dei, so dient die Maschine als Definitionsprinzip, um den Menschen radikal erklärbar zu machen."[354]

Insofern der Mensch als nachkonstruierbare und herstellbare Maschine verstanden wird, wird die religiöse Schöpfer-Geschöpf-Relation obsolet. So ist für La Mettrie der Mensch eine Maschine von der Art, dass sie sich selbst produziert.

„Der menschliche Körper ist eine Maschine, die selbst ihre Federn aufzieht;..Ich täusche mich sicher nicht: der menschliche Körper ist eine Uhr, aber eine erstaunliche."[355]

Unser Verhalten folgt wie ein aufgezogenes Uhrwerk letztlich einer Notwendigkeit der inneren Bewegung (force innée), welche, durch Triebfedern erzeugt, die eigentliche Ursache für alle vermeintlich bewussten Haltungen darstellt:

> „Alle lebenswichtigen, animalischen, natürlichen und automatischen Bewegungen werden durch die Tätigkeit dieser Triebfedern ausgeübt." [356]

Die Handlungsorientierung, die sich daraus ergibt, ist ein von Eigeninteresse geleiteter Hedonismus, insofern den als natürlich erkannten Trieben so weit wie möglich Rechnung getragen werden muss, um eine größtmögliche Glücksmaximierung zu erreichen.

Seit Galilei und Newton faszinierte der Gedanke der Gesetzlichkeit der Natur alle großen Denker[357] und führte zu zahlreichen Anstrengungen, nun auch das menschliche Verhalten analog zu den Naturgesetzen zu konstruieren und aus ihnen heraus abzuleiten. So wie La Mettrie in der ‚amour propre‘, sieht Hobbes im ‚self interest‘ die fundamentale Gesetzlichkeit der menschlichen Natur, die eben deshalb auch Ausgangspunkt und Grundlage der Gesellschaft sein soll. Auch die zur Unterdrückung der gegenseitigen Tötungsneigung notwendige Staatsmaschinerie des Leviathan hat letztlich nur den Zweck, die ‚Balance des Egozentrismus‘[358] zu erhalten. Für Hobbes ist genau wie später für Adam Smith gerade das naturgegebene Eigeninteresse des Individuums die - weil in der Natur angelegte, so auch moralisch legitime - Triebkraft für das Wohl und das Funktionieren der gesamtgesellschaftlichen Maschinerie.

Der Wettbewerb um knappe Güter (competition), die Macht zur Sicherung der Güter (defence) sowie die Lust, einander die eigene Überlegenheit zu beweisen (glory), die im Naturzustand zum Krieg aller gegen alle führen, bleiben auch im Leviathan erhalten. Die Marktteilnehmer werden lediglich im freien Wettbewerb um die Güter einiger ihrer allzumenschlichen Mittel beraubt, wie etwa Eigentumswechsel durch Diebstahl oder Totschlag. Bei Adam Smith lautet die These ähnlich:

> „[...] ja, gerade dadurch, daß er (der Einzelne) das eigene Interesse verfolgt, fördert er häufig das der Gesellschaft nachhaltiger, als wenn er wirklich beabsichtigt, es zu tun, Alle, die jemals vorgaben, ihre Geschäfte dienten dem Wohl der Allgemeinheit, haben meines Wissens niemals etwas Gutes getan." [359]

Die naturnotwendig auf Eigeninteresse und Lustmaximierung beruhende Gesellschaftstheorie wird von de Sade schließlich zu ihrer äußersten Konsequenz getrieben. Wenn nämlich, so de Sades fataler Gedanke, der Mensch naturnotwendig von seinen Interessen und Leidenschaften angetrieben wird, so ist auch der Mord sowie jegliches Verbrechen, welches aus Eigeninteresse, Gewinnsucht oder Lustmaximierung durchgeführt wird, als naturanaloges Verhalten unbedingt zu legitimieren. Deshalb fordert er von den Franzosen noch ‚eine letzte Anstrengung, wenn sie Republikaner sein wollen', nämlich ‚das System der Freiheit'[360] zu errichten und damit die Befreiung von jedweder restriktiven Moral. Anstatt des Leviathan propagiert de Sade deshalb die ‚Gesellschaft der Freunde des Verbrechens'. Hier ist der aufklärerische Gedanke der Emanzipation und Selbstverwirklichung des sich seiner Natur bewussten Individuums zweifellos zu seiner äußersten Konsequenz gebracht.

Als bedeutendster Vertreter einer auf Eigeninteresse und Lustmaximierung gegründeten Gesellschaftstheorie und Naturmoral ist aber Holbach zu nennen, der in seinem ‚System der Natur' den wohl umfassendsten Versuch unternimmt, die Gesetze und Normen des menschlichen Zusammenlebens aus der maschinalen Naturnotwendigkeit herzuleiten und zu legitimieren.

> „Der moralische Mensch ist nichts anderes als dieses physische Wesen, betrachtet unter einem bestimmten Gesichtspunkt [...]. Seine sichtbaren Handlungen, ebenso wie die unsichtbaren Bewegungen, sind natürliche Wirkungen seines eigentümlichen Mechanismus [...]. Alles, was wir tun, ist nur Antrieb der Natur [...]. So ist das Interesse oder das Streben nach Glück die einzige Triebkraft all seiner Handlungen;"[361]

Das natürlich-moralische Handeln setzt aber voraus, dass man auf die inneren Gesetze der Selbstliebe hört. Wer dies aber nicht tut und sich gegen diese Naturnotwendigkeit stellt, wird zwangsläufig unglücklich. So schreibt Holbach bereits in der Einleitung zu seiner Abhandlung über die Naturmoral: „Die Absicht dieses Werkes ist es also, den Menschen zur Natur zurückzuführen", denn, so Holbach, „der Mensch ist nur darum unglücklich, weil er die Natur verkennt".[362] Und eben deshalb endet seine Abhandlung über die Naturmoral dann auch mit dem Aufruf, sich naturanalog zu verhalten: „Lehrt (das Kind der Natur), sich der Notwendigkeit zu unterwerfen".[363]

> „Wenn wir das Spiel unserer Organe durchschauten; wenn wir uns alle die empfangenen Eindrücke oder Modifikationen und die Wirkungen, die sie hervorgebracht haben, zurückrufen könnten, so würden wir sehen, dass alle unsere Handlungen der Fatalität unterworfen sind, die unser besonderes System ebenso beherrscht wie das ganze System des Universums."[364]

242

Die Bestimmung des menschlichen Verhaltens als maschinale Naturnotwendigkeit einerseits sowie die gleichzeitige moralisch praktische Aufforderung, das Verhalten bewusst dieser Notwendigkeit zu unterwerfen, wirft natürlich einen immanenten Widerspruch auf. Denn entweder unterliegen wir als Menschen einer durchgehenden Naturnotwendigkeit, dann ist die Aufforderung Holbachs, sich naturanalog zu verhalten, überflüssig, oder aber seine Aufforderung ist sinnvoll, dann aber sind für unser moralisch praktisches Handeln, um es mit Kant zu sagen, unbedingtere Gründe vonnöten, als die Natur uns geben kann, Gründe die außerhalb der Naturbedingtheit liegen.

Dieser immanente Widerspruch einer Naturmoral, der bei Holbach ebenso wie bei La Mettrie unvermeidlich ist, ist bereits einigen Zeitgenossen aufgefallen, wie etwa Friedrich dem Großen:

> „Nachdem der Autor (La Mettrie) alle Beweisgründe erschöpft hat, um darzutun, daß die Menschen in all ihren Handlungen von einer fatalistischen Notwendigkeit geleitet werden, müßte er daraus den Schluß ziehen, daß wir nur eine Art von Maschinen sind: nur Marionetten, die von der Hand einer blinden Kraft bewegt werden. Und doch ereifert er sich gegen die Priester, die Regierungen, gegen unser gesamtes Erziehungssystem [...]. Welche Torheit und welcher Widersinn!"[365]

Trotz dieser offensichtlich bereits zeitgenössischen Skepsis ist auch unser modernes Selbstverständnis von dem maschinalen Denken sowie der damit einhergehenden Reduktion des menschlichen Verhaltens auf naturgegebene Gesetzmäßigkeiten keineswegs verschont geblieben. Gerade das ‚Denken sub specie machine' und damit die Selbstunterwerfung unter eine wie auch immer verstandene biologische oder soziologische Notwendigkeit ist, so Buber, mit ein Grund für die zunehmende Verdinglichung und das Vorrücken der Eswelt. Zwischen egoistischen Überlebensmaschinen gibt es in der fast keine authentische Beziehung mehr. Es bleibt dann wirklich nur noch Wettbewerb, Kampf und Selektion übrig, sei es zwischen verschiedenen Rassen oder zwischen verschiedenen Individuen.

Die Gefährlichkeit des biomaschinalen Selbstverständnisses ist nach den Erfahrungen des Nationalsozialismus weithin bekannt. Gleichwohl finden wir auch heute wieder starke Tendenzen eines solchen freilich modifizierten biomaschinalen Selbstverständnisses, welches unsere zwischenmenschliche Wirklichkeit in entscheidender Weise belasten kann, sofern es sich durchsetzt.

So unternimmt die in den siebziger und achtziger Jahren populär gewordene neue wissenschaftliche Forschungsrichtung der Soziobiologie erneut große Anstrengungen, eine Naturmoral zu entwickeln. In typisch aufklärerischer Manier will auch sie ‚die wirklichen Gründe‘ des menschlichen Verhaltens wissenschaftlich erforschen und damit deren Gesetzmäßigkeiten aufzeigen, wie unter anderem aus David P. Barashs soziobiologischen Lehrbuch zu entnehmen ist.

> „Diese Evolutionsgeschichte und das daraus hervorgegangene derzeitige Biogramm zu verstehen, heißt, die menschliche Natur in ihrer Feinheit zu verstehen, zu erkennen, was wir wirklich sind, und uns nicht für etwas zu halten, was wir gerne sein möchten, wenn wir uns durch die Prismen unserer Mythologien betrachten.“[366]

Exakt mit demselben emanzipatorischen Elan wie in Holbachs Einleitung zum ‚System der Natur‘, der die Menschen von ihrer jahrhundertealten Selbstverkennung zu erlösen verspricht, nehmen auch die Soziobiologen für sich in Anspruch, aufzuzeigen, was der Mensch wirklich ist, und nicht das, für was er sich hält. Und genauso wie Holbach wird ihnen der Widerspruch gar nicht erst bewusst, dass sie in ein und demselben Satz einerseits die naturale Determination des menschlichen Verhaltens andeuten und den Wahrheitsanspruch der kybernetischen Maschinentheorie aufrechterhalten, andererseits aber gleichzeitig darüber klagen, dass der Mensch einer ist, der sich auch entgegen der von der Soziobiologie behaupteten Wirklichkeit für etwas anderes halten kann, und dass dies, wofür er sich hält, eine nicht unerhebliche Auswirkung auf sein Verhalten hat.

Auch der bekannte Soziobiologe Eduard Wilson (Cambridge) fordert in der Einleitung zu seiner Untersuchung ,Biologie als Schicksal, Die biologischen Grundlagen des menschlichen Verhaltens', fast mit derselben Wortwahl wie Holbach und La Mettrie, ,die Ethik nicht länger den ,Theologen, Philosophen und Gurus zu überlassen', sondern endlich ,auf eine materiale Grundlage zu stellen':

> „Die Neurobiologie kann nicht zu Füßen eines Gurus erlernt werden. Über Konsequenzen der Geschichte der Genetik kann nicht von Volksvertretungen befunden werden. Vor allem darf - und sei es auch nur um unseres psychischen Wohlbefindens willen - die Ethik nicht denen überlassen bleiben, die lediglich weise sind [...]. Der einzige Ausweg besteht darin, die menschliche Natur als einen naturwissenschaftlichen Gegenstand zu erforschen [...]. Es gibt im Gehirn angeborene Zensoren und Motivatoren, die unsere ethischen Grundlagen tiefgehend und für uns unbewusst beeinflussen; aus diesen Wurzeln entwickelte sich die Moral als ein Instinkt [...]."[367]

Auch die Gesellschaftstheorie und damit das menschliche Zusammenleben überhaupt liegt, so Wilson, in der Tiefenstruktur der menschlichen Natur begründet und ist somit ‚ein wesentlich biologisches Phänomen.

In derselben Weise wird auch von Dawkins (Das egoistische Gen, Oxford 1976) und Wickler (Das Prinzip Eigennutz, Hamburg 1977) der für die französischen Materialisten typische aufklärerische Anspruch erhoben, die Welt und die Menschen vom Schein zu befreien und über die allen Erscheinungen zu Grunde liegenden Gesetzmäßigkeiten aufzuklären, denen das menschliche Verhalten naturnotwendig folgt. Die Kausalität, in welche die menschlichen ebenso wie die tierischen Gesellschaften von der Biologie schicksalhaft eingebunden sind (‚Biologie als Schicksal‘), ist die Evolution mit ihren Gesetzen von Mutation und Selektion. Im Gegensatz aber zum Darwinismus ist für die Soziobiologen das Ziel der Entfaltung von tierischen und menschlichen Sozietäten nicht die Arterhaltung, sondern das rein individuelle Überleben und damit die Vermehrung des je eigenen Genbestandes des Individuums bei gleichzeitiger Maximierung der individuellen Eignung. Als anschaulichen Beweis für ihre These vom ‚egoistischen Gen‘ dient den Soziobiologen unter anderem die Affenart der Languren:

> „Diese Affen leben in Trupps, deren Lebenszelle der Harem ist. Herrscher dieses Harems ist ein einzelnes erwachsenes Männchen, das die alleinigen Fortpflanzungsrechte besitzt. Männchen, die noch keine Jungen gezeugt haben, bilden am Rande der Trupps Jungmänner-Gruppen, die in regelmäßigen Abständen das Oberhaupt eines Harems zu entthronen versuchen. Ist der Patriarch mit Erfolg vertrieben worden, beginnt das Männchen, das nun seinen Rang einnimmt, sämtliche Affenbabys in dem eroberten Trupp zu töten."[368]

Der Grund für dieses Verhalten liegt nach soziobiologischer Auffassung darin, dass das neue Männchen möglichst schnell seine eigenen Gene fortpflanzen will. Normalerweise haben Affenmütter in der Zeit, in der sie ihre Nachkommen noch säugen, keinen Eisprung, und das Männchen müsste warten, bis diese Zeit vorüber ist. Wenn es aber die Mütter ihrer Kinder beraubt, setzt der Eisprung wieder ein, und das neue Oberhaupt kann nun sofort seine eigenen Gene weitergeben. Ginge es dem Affen um Arterhaltung, so die soziobiologische Argumentation, würde er warten, bis die Jungen herangewachsen sind und dann erst eigene Nachkommen erzeugen, um die Population soweit wie möglich zu fördern. Dem ist aber nicht so.

Die Soziobiologen zeigen dieses in der Natur angelegte Prinzip Eigennutz bzw. diesen naturhaften Egoismus an zahllosen weiteren Beispielen aus dem Tierreich. Aber auch der Mensch ist letztlich, so Dawkins, eine Überlebensmaschine im Dienste seiner egoistischen Gene, die unbewusst das Verhalten zu ihren Zwecken programmieren:

> „Die These dieses Buches ist, daß wir und alle anderen Tiere Maschinen sind, die durch Gene geschaffen wurden […], daß eine vorherrschende Eigenschaft, die wir bei einem erfolgreichen Gen erwarten müssen, ein skrupelloser Egoismus ist. Dieser Egoismus des Gens wird gewöhnlich egoistisches Verhalten des Individuums hervorrufen […]. Ich trete nicht für eine Ethik auf der Grundlage der Evolution ein. Ich berichte lediglich, wie die Dinge sich entwickelt haben."[369]

Die Dinge haben sich nach Dawkins so entwickelt, dass die einzelnen egoistischen, auf Selbsterhaltung bedachten Gene sich zu diesem Zwecke in jahrtausendelangen Selektionskämpfen immer bessere Zellmembranen, Häute und Schutzhüllen um sich herum aufgebaut haben, bis sie schließlich in diesem egoistischen Kampf ums Überleben über ausgeklügelte Überlebensmaschinen verfügten.

> „Eine Hauptgruppe der Überlebensmaschinen, heute als
> Pflanzen bezeichnet, begann das Sonnenlicht direkt dazu zu
> verwenden, um in eigener Regie aus einfachen Molekülen
> komplexere Moleküle aufzubauen [...]. Ein anderer Zweig,
> heute unter dem Namen Tiere bekannt, ‚entdeckte‘, wie er
> die chemische Arbeit der Pflanzen ausnutzen konnte, indem
> er entweder die Pflanzen selbst oder andere Tiere verzehrte.
> Beide großen Gruppen von Überlebensmaschinen entwi
> ckelten immer kunstvollere Tricks, um eine größere Effizienz
> zu erzielen.“[370]

Der Mensch ist in Wirklichkeit, für was er sich sonst auch immer halten mag, die perfekteste Überlebensmaschine, welche die Gene hervorgebracht haben, insofern er mit Sinnesorganen, Speicherkapazitäten, Simulations- und Rechenfähigkeiten ausgestattet ist, die den ‚besseren elektronischen Rechenmaschinen vergleichbar‘ sind.

> „Es ist sogar möglich, daß sich das vergrößerte Gehirn des
> Menschen [...] als ein Mechanismus immer ausgefalleneren
> Betrügens und immer scharfsinnigeren Erkennens von Be
> trug bei anderen herausgebildet hat.“[371]

Diese ganz in der Tradition des französischen Materialismus stehende Beurteilung der Vernunft als eines materialen Mechanismus im Dienste der Interessensmaximierung findet sich auch bei Wilson:

"Wenn das Gehirn sich durch die natürliche Auslese entwickelt hat, dann sind zwangsläufig auch die Fähigkeiten, sich für bestimmte ästhetische Urteile und religiöse Überzeugungen zu entscheiden, durch diesen mechanistischen Prozeß entstanden."[372]

Der Genegoismus zeigt sich im egoistischen Verhalten der Individuen aller Spezies, auch dort, wo wir auf den ersten Blick gemeinhin Altruismus vermuten. Bei der Exemplifizierung seiner Egoismushypothese schreckt Dawkins auch vor Zirkelschlüssen nicht zurück, etwa wenn er schreibt, es sei „von bestimmtem Vorteil, in Scharen zu leben, sonst würden Vögel es nicht tun".[373] Die Gene sind, so Dawkins, Meisterprogrammierer und programmieren um ihr Leben. Dies gilt für tierische ebenso wie für menschliche Überlebensmaschinen:

> „Ich betrachte eine Mutter als eine Maschine, die so programmiert ist, daß sie alles in ihrer Macht stehende tut, um Kopien der in ihr enthaltenen Gene zu vererben."[374]

Die Überlebensmaschine Kind wiederum „kann das Lächeln oder das Kätzchen das Schnurren dafür einsetzen, den Elter zu manipulieren, um mehr als seinen gerechten Anteil am Elternaufwand zu erhalten."[375] Die Bedeutung der Genselektion für das zwischenmenschliche Zusammenleben wird auch von Barash unter dem Kapitel ‚Die Soziobiologie menschlichen Verhaltens‘ ausgearbeitet:

> „Vom Standpunkt der Evolution sind jene Eltern als erfolgreich einzustufen, die Großeltern werden […]. Gemäß der soziobiologischen Theorie investieren Eltern in ihre Kinder, weil solche Investition die Wahrscheinlichkeit erhöht, daß sie

Großeltern werden; [...] Selbstverständlich ist das Begehren der Eltern, Großeltern werden zu wollen, natürlich."[376]

Die Maschinalisierung, Animalisierung und Materialisierung des soziobiologischen Ansatzes führt bei fast allen Autoren trotz der immer wieder beteuerten Wertfreiheit zu abenteuerlichen Konsequenzen und naturanalogen Handlungsempfehlungen, wie noch einmal an folgendem Beispiel sichtbar wird:

> „Wie bei der Weißkopfammerfinken-Unterart pugetensis kann eine junge Frau viele Kinder bekommen; gerät sie bei ihrer ersten Schwangerschaft in Lebensgefahr, so ist sie bestens beraten, wenn sie dieses Kind aufgibt und versucht, in andere Kinder zu investieren. Die Situation einer älteren Frau ähnelt dagegen der Unterart gambelli; sie würde mit dem Kind, was sie aufgibt, ihren Fortpflanzungserfolg in Frage stellen, da es sich um die letzte Möglichkeit handeln könnte. Das Leben des Kindes zu opfern, sollte sie daher eher von sich weisen als eine junge Frau."[377]

Die Gene sind also daran interessiert, im Genpool immer zahlreicher zu werden. Um dieses Ziel zu erreichen, programmieren sie die Menschenmaschine, in der sie sich befinden, auf Überleben und Reproduktion. Darüber hinaus ist, wie Dawkins betont, das Gen aber auch am Überleben identischer oder verwandter Gene interessiert:

> „Nun legen wir jedoch die Betonung darauf, daß ‚es' - das Gen - etwas ist, das verteilt ist, das in vielen verschiedenen Individuen gleichzeitig existiert. Der Kernpunkt dieses Kapitels ist, daß ein Gen in der Lage sein könnte, den Kopien seiner selbst, die in anderen Körpern sitzen, zu helfen."[378]

Daraus resultiert auch der Zusammenhalt in der menschlichen Familie, in der Volksgemeinschaft, der noch größeren ethnischen Gruppe sowie umgekehrt die zunehmende Aggressionsbereitschaft bei genetischer Unterschiedlichkeit, die sich an körperlichen Merkmalen wie Hautfarbe und Physiognomie zeigt. Nur selten bemerken Dawkins, Wilson oder Barash die implizite Gefährlichkeit der These vom erfolgreichen Überlebenskampf der eigenen sowie der verwandten Gene wie an dieser Stelle:

> „Außerhalb einer sozialen Gruppe ist von einer genetischen Verwandtschaft häufig kaum etwas zu spüren (Hamilton, 1975), und bezeichnenderweise nimmt die Aggressivität entsprechend zu [...]. Körperliche Ähnlichkeit ist ebenfalls von der genetischen Verwandtschaft abhängig; [...] So kennzeichnet unsere mit Vorurteilen behafteten Äußerungen über andere die Neigung, eindeutige Merkmale hervorzuheben, die diese von uns unterscheiden: Honky, Nigger, Schlitzauge, usw. Natürlich wird mit dieser Vermutung über eine evolutionäre Grundlage für Rassenvorurteile nicht der Versuch unternommen, Rassenvorurteile zu legitimieren; vielmehr wird versucht, aufzuzeigen, warum sie auftreten könnten."[379]

Nichtsdestoweniger müssen Rassenvorurteile, folgt man der soziobiologischen Auffassung, ähnlich wie der Wunsch, Großmutter zu werden, als ‚natürlich' angesehen werden, und ohne Zweifel wird von der Soziobiologie an vielen Stellen einhergehend mit der Unterscheidung ‚natürlich/unnatürlich' die Natur moralisiert und implizit ein naturanaloges Verhalten empfohlen. Dasselbe Problem einer Naturmoralisierung findet sich auch deutlich bei dem Soziobiologen Wickler, obgleich sich auch dieser wie seine Kollegen stets dagegen verwahrt und die Soziobiologie als reine Tatsachenwissenschaft auszuweisen ver-

sucht, die jenseits moralischer Implikationen den Menschen als
‚objektiven Gegenstand‘ erforscht:

> „Sie (die Soziobiologie) liefert aber Einblicke in etwas, das
> man vielleicht ganz grob ein ‚Antriebsgefüge‘ nennen könn-
> te, das gemäß unserer biologischen Natur vorhanden ist und
> mit dem man folglich rechnen muss. Auch dieses Antriebsge-
> füge ist ethisch wertfrei.“ [380]

Wenige Seiten weiter heißt es dann aber:

> „Ich selbst sehe mit Sorge, wie das Lehramt der Kirche er-
> neut ganz unnötigerweise durch Nichtbeachten naturwissen-
> schaftlicher Ergebnisse in eine für die Verkündigung ebenso
> aussichtslose Lage gerät wie in Fragen der Erbschuld.“[381]

In seiner Studie ‚Die Biologie der zehn Gebote‘ heißt es dann
ganz im Holbachschen Geist:

> „Ethische Forderungen, die nicht von konkret biologischen
> Gegebenheiten ausgehen, sind unsinnig.“[382]

In Vergleichen mit einigen, aus dem Tierreich gezielt ausgewählten Verhaltensformen (Paarungsverhalten, Brutpflege, Ag-
gressionsneigung, Revierverteidigung) werden dann bestehende
ethische Normen (du sollst nicht ehebrechen, du sollst Vater
und Mutter ehren, du sollst nicht töten, du sollst nicht stehlen)
entweder als natürlich gepriesen oder, wo sie nicht entsprechen,
als unnatürlich verworfen.

Ähnlich wie Wickler zunächst auf die Wertneutralität des von
ihm erforschten ‚Antriebsgefüges‘ besteht und dann doch dieses
Antriebsgefüge zum normativen Wertmaßstab für die richtige

Handlungsorientierung erhebt, entlarvt auch der Naturforscher Konrad Lorenz in seinem gleichnamigen Buch zunächst ‚das sogenannte Böse' als in Wirklichkeit natürliches, in der Evolution sich bewährt habendes Aggressionsverhalten, das vom naturwissenschaftlichen Standpunkt aus völlig wertneutral ist, sowie es überhaupt für den objektiven Naturwissenschaftler kein ‚Gut und Böse' geben könne. In seinem Buch ‚Die zehn Todsünden der Menschheit' weiß er aber dann sehr wohl zwischen gut und böse zu unterscheiden. Löw hat diese in der Soziobiologie immer wieder auftretende Diskrepanz auf den Punkt gebracht:

> „Man hält den Wahrheitsanspruch der kybernetischen Maschinentheorie des Lebendigen aufrecht, verschließt aber die Augen vor ihren theoretischen Konsequenzen und argumentiert gegen sie praktisch-philosophisch."[383]

Die Soziobiologen schwanken in ihren Ausführungen dann auch genau wie Holbach zwangsweise hin und her. Manchmal moralisieren sie die Natur, indem sie beispielsweise den in den Genen verankerten Egoismus zum moralischen Prinzip und zur Handlungsorientierung erheben, manchmal aber naturalisieren sie umgekehrt nachträglich einen bestehenden Moralkodex, indem sie beispielsweise nachweisen, dass ein bestimmtes moralisches Verhalten oder ein bestimmtes ethisches Gebot oder auch eine auf Konkurrenz und Wettbewerb ausgerichtete Wirtschaftsweise seine Existenz einem auch im Tierreich vorfindbaren und bewährten Instinktverhalten verdankt. Manchmal kritisieren sie aber auch ein bestimmtes Gesellschaftssystem oder ein bestimmtes Verhalten, weil es dem natürlichen Antriebsgefüge nicht entspricht.

Letztlich entkommen die Soziobiologen alle nicht dem immanenten Problem einer Naturmoral, an dem schon Holbach gescheitert ist, wonach entweder alles Verhalten einer materiellen, biologischen Naturnotwendigkeit folgt und somit auch alles, was sich in der Gesellschaft ereignet, naturgegeben und moralisch ist, und seien es auch Kriege oder Verbrechen aus Eigennutz und Leidenschaft, wie dies de Sade konsequent zu Ende dachte, oder aber es gibt in der menschlichen Gesellschaft auch Verhaltensformen, die, wie Wickler ja auch behauptet, nicht naturanalog sind und somit einer anderen Kausalität entspringen; dann aber verliert die Soziobiologie ihren ontologischen Anspruch, die materiale und biomaschinale Naturnotwendigkeit als eigentliche Wirklichkeit auszuweisen bzw. den Menschen zu sehen, ‚wie er wirklich ist‘. Der grundlegende Fehler des soziobiologischen Unterfangens liegt bereits darin, aus der Beobachtung der Natur ein ihr immanentes Naturrecht herauslesen zu wollen, denn letztlich ist es doch immer der Mensch, der das Recht setzt und in die Natur hineininterpretiert, oder wie Hegel in ähnlichem Zusammenhang sagt: „[…]das Recht kommt nur aus dem Geist, denn die Natur hat keine Rechte.“[384]

Es geht an dieser Stelle aber nicht darum, die zahlreichen Widersprüche der soziobiologischen Wissenschaft zu kritisieren. Dies wurde von philosophischer Seite[385] bereits mehrfach geleistet. Es geht hier vielmehr darum aufzuzeigen, dass die von Buber und Adorno angezeigte ‚Dialektik der Aufklärung‘ nichts an Schärfe verloren hat. So konstatieren Horkheimer und Adorno zu Recht:

> „Aufklärung hatte als bürgerliche längst vor Turgot und d‘ Alembert sich an ihr positivistisches Moment verloren. Sie war vor der Verwechslung der Freiheit mit dem Betrieb der Selbsterhaltung nie gefeit.“[386]

Und in der Tat liegt im Falle der Soziobiologie eine solche Verwechslung vor. Denn sie tritt in dem Geist an, den Menschen aus seiner Unmündigkeit zu befreien, ihn über sein wahres (biologisches) Wesen aufzuklären und ihn dadurch erst seiner eigentlichen Bestimmung zuzuführen. So lautet Wilsons Empfehlung ähnlich wie die von La Mettrie und Holbach, die Naturgesetze endlich zu erkennen und sich ihrer Notwendigkeit so weit als möglich zu fügen. „Unser Schicksal selbst zu bestimmen heißt, daß wir von einer auf unseren biologischen Eigenschaften beruhenden automatischen Kontrolle zu einer auf biologischer Erkenntnis beruhenden Präzisionssteuerung übergehen müssen."[387]

Ob diese Präzisonssteuerung auch die Gen-Manipulation miteinschließt, was Wilson bestreitet, mag dahingestellt sein. Aber auch, wenn damit nur das präzise Ausführen der Naturimperative gemeint ist, schlägt der Aufklärungsakt dialektisch in sein Gegenteil um. Denn ein Individuum, welches sich nur mehr als Präzisionsmaschine zur Optimierung der individuellen Eignung und zur Maximierung seiner Gene im Genpool versteht und sein Leben unter dem Druck der Selektionsimperative einem einsamen und egoistischen Konkurrenzkampf verschreibt, verliert durch diese Erkenntnis mehr an Freiheit, als es gewinnen kann. Das ‚Denken sub spezie machinae' schlägt vom Emanzipationsakt in Entmündigung um.

Buber kritisierte bereits 1936, sicher auch unter dem Eindruck der damals popularisierten Rassentheorie, die Gefährlichkeit eines solch reduktionistischen Selbstverständnisses für die zwischenmenschlichen Beziehungen:

„Alles biologische Verstehenwollen des menschlichen Handelns ist (so wenig man die biologische Existenz vergessen darf, wenn man den Menschen deutet) ein Banalisieren, eine schlechte Vereinfachung nämlich, weil es ein Aufgeben des anthropologischen Eigenbestandes, dessen also ist, was die Kategorie des Menschen erst konstituiert."[388]

Auch die modernen Soziobiologen versuchen, wenngleich sie sich von Rassen- und Arterhaltungstheoretikern distanzieren, den Menschen weitgehend in seiner biologischen Natur aufgehen zu lassen und überall dort, wo er es offensichtlich nicht tut, durch Appelle nachzuhelfen. So gerät ihnen ihre Wissenschaft, genau wie es Arno Baruzzi für die Naturmoral der frühen französischen Materialisten feststellt, ins „Zwielicht von Betriebsanleitung und Beschwörungsformel"[389], wie auch aus einer Auflistung ihrer typisch antimetaphysischen Titel zu entnehmen ist:

- Adam und sein Revier, Der Mensch im Zwang des Territoriums (Robert Ardrey)
- Der nackte Affe (Desmond Morris)
- Zoologie des Menschen. Entwurf einer Anthropologie (Illies Joachim)
- Biologie als Schicksal. Die soziobiologischen Grundlagen des menschlichen Verhaltens (Eduard Wilson)
- Die Biologie der zehn Gebote (Wolfgang Wickler)
- Das sogenannte Böse, Zur Naturgeschichte der Aggression (Konrad Lorenz)
- Das egoistische Gen (Richard Dawkins)
- Das Prinzip Eigennutz. Ursachen und Konsequenzen sozialen Verhaltens (Wickler)
- Der vorprogrammierte Mensch (Eibl-Eibelsfeldt).

All diese Publikationen zeugen noch von jenem frühen aufklärerischen Eifer eines Holbachs und eines La Mettrie. Sie alle gleichen sich, seien es nun wissenschaftliche Arbeiten wie die von Dawkins, Wilson, Wickler, Lorenz und Eibl-Eibelsfeldt oder populäre und auflagenstarke journalistische Publikationen, die auf dieser Welle mitschwimmen, in drei für den französischen Materialismus typischen Punkten:

Erstens versuchen sie gemäß La Mettries Forderung gegenüber Leibnitz nicht mehr die Materie zu spiritualisieren, sondern umgekehrt die Seele zu materialisieren (matérialiser). Die Unité Matérielle ist jetzt das umgreifende Prinzip.

Zum zweiten verwischen sie die Differenz zwischen Mensch und Tier und versuchen genau wie La Mettrie, Diderot und Holbach, die Vernunft als das Resultat der körperlich-materiellen Organisation zu begreifen und leiten somit die menschliche Rationalität als Epiphänomen von seiner Animalität ab (animaliser).

Drittens teilen sie la Mettries These vom l'homme machine, insofern auch sie von der Intention geleitet sind, das menschliche Verhalten als exakt bestimmbare Folge notwendig und eigengesetzlich ablaufender Mechanismen zu verstehen (machinaliser).

Viertens, und dies ergibt sich aus den ersten drei Übereinstimmungen, haben die Soziobiologen nun auch dieselben immanenten Probleme wie die französischen Materialisten. Da alles menschliche Verhalten, das traditionell dem Geist zugeschrieben wurde, somit auch das ethische und moralische Verhalten nunmehr auch aus der biologisch determinierten Animalität, Maschinalität und Materialität der menschlichen Natur hergeleitet wird, muss nun von den Soziobiologen entweder die Natur moralisiert oder umgekehrt die Moral naturalisiert werden.

Die Handlungsorientierung, die dabei in der Regel herauskommt und die, trotz der gegenläufigen Beteuerungen der Wertfreiheit ihrer Studien, implizit von der Soziobiologie empfohlen wird, ist ein aufgrund der genetischen Determination ohnehin letztlich nicht zu vermeidendes naturanaloges Verhalten, wobei die Natur als biologisch-genetisch bedingter Kampf um Reviere, Selbsterhaltung, Genvermehrung und Maximierung der individuellen Eignung verstanden wird. Eigeninteresse, Eigennutz und Egoismus sind die Lehrmeister der Natur, die uns lehren, was der Mensch wirklich ist und wie er sich vom sinnverbürgenden Standpunkt der Evolution aus erfolgreich zu verhalten habe, indem er sich ihrer Notwendigkeit unterwirft. Das ,egoistische Gen' und das ,Prinzip Eigennutz' von Dawkins und Wickler unterscheiden sich nur in wenigem von der ,amour propre' und dem ,self interest' eines La Mettrie und eines Hobbes. Letztlich ist La Mettries ,l'homme machine' ebenso wie Dawkins ,Überlebensmaschine' auf sich selbst gestellt, in einem Kampf aller gegen alle, in den sie von der Naturnotwendigkeit schicksalhaft eingebunden sind.

Ob Holbach von der ,fatalité de la Nature' oder Wilson von der ,Biologie als Schicksal' spricht, ist letztendlich unerheblich. Es braucht nicht mehr eigens ausgeführt werden, dass ein solch reduktives, mechanistisches, von konkurrierenden Überlebensstrategien geprägtes Selbstverständnis eine geradezu unerträgliche Atmosphäre mitmenschlicher Beziehung erzeugen muss, sollte es sich tatsächlich eines Tages durchsetzen. Die Soziobiologie als Wissenschaft von der einsamen Konkurrenz oder, um sie mit ihrer eigenen Definition zu benennen, die Wissenschaft der biologischen Grundlagen des menschlichen Verhaltens verdankt ihre insbesondere in Amerika wachsende Popularität zweifellos dem Vertrauen in das naturwissenschaftliche Weltbild, das trotz der inzwischen lauter gewordenen Zweifel die alten Werte verbürgenden Weltbilder abgelöst hat und das gegenwärtige Selbstverständnis weitgehend dominiert.

Der antimetaphysische Impuls der Naturwissenschaften, wonach der Mensch sich als Produkt seiner Gene, als Triebwesen, als höheres Säugetier versteht, hat inzwischen zweifellos im Bewusstsein des modernen Mitteleuropäers einen festen Platz eingenommen:

„Mit gutem Grund hat man das 19. Jahrhundert als das Jahrhundert der Chemie, das 20. als das Biologie bezeichnet […]. Es ist ins sog. öffentliche Bewußtsein […] übergegangen, daß der Mensch zureichend als Evolutionsprodukt erklärt ist, daß sein Verhalten programmgesteuert, sein Bewußtsein auf natürliche Weise in ihn gekommen ist, seine kognitiven Fähigkeiten dialektisch aus dem Mutations-Selektions-Zyklus im Evolutionsgeschehen entstanden sind.“[390]

Anderer Meinung ist Lyotard. In seiner Schrift über ‚Das postmoderne Wissen‘ diagnostiziert er die Krise der großen Erzählungen und damit einhergehend auch den Zusammenbruch der naturwissenschaftlichen Welterklärung, die seit der Aufklärung zusammen mit anderen großen Erzählungen den Sinn der Welt zu verbürgen beansprucht. Große Erzählungen wie die Bibel, die Naturwissenschaften und der Sozialismus mit seiner Fortschrittsverheißung, oder große Erzähler wie Hegel und Marx hätten das Chaos der Ereignisse in die Form einer Erzählung gebracht und dadurch die Welt erst sinnvoll gemacht.

Wir Menschen der Postmoderne aber verspüren, so Lyotard, in wachsender Zahl die ‚Krise aller großen Erzählungen‘. Niemand glaubt mehr an die Erzählung vom Klassenkampf und die Verheißung einer klassenlosen Gesellschaft, an die Erzählung von der Aufklärung, die uns von den Fesseln der Unfreiheit erlöst, an die Erzählung vom technischen Fortschritt oder an die Erzählung einer sinnhaften Geschichte überhaupt:

„Die große Erzählung hat ihre Glaubwürdigkeit verloren, welche Weise der Vereinheitlichung ihr auch immer zugeordnet wird: Spekulative Erzählung oder Erzählung der Emanzipation.“[391]

Diese Krise der Erzählungen bewirke aber, so Lyotards Folgerung, auch gleichzeitig eine Krise der Werte und somit der Legitimation des Gerechten, Guten, Schönen, Wahren. Da nur die Geschichte die Ordnung der Dinge und Werte liefert, bricht mit ihrer Unglaubwürdigkeit auch jede Orientierung zusammen. Niemand weiß mehr Bescheid. Niemand kann sich mehr mit einer Erzählung identifizieren. Es entsteht ein Loch. Zweifellos hat Lyotard recht, dass unsere Zeit in einer vielleicht noch nie zuvor gekannten Weise dem Zweifel an den großen Wertvorstellungen und Weltbildern ausgesetzt ist, gleichwohl gibt es auch heute noch nach wie vor, wie am Beispiel der Soziobiologie deutlich wird, persistierende Formen von naturwissenschaftlichen und pseudonaturwissenschaftlichen Welterklärungen, die noch ganz in der Tradition des aufklärerischen Gedankenguts wurzeln und deren Einfluss nicht zu unterschätzen ist.

Natürlich ist speziell die Soziobiologie wie überhaupt das biologische Selbstverständnis des Menschen nur eine der vielen nebeneinanderlaufenden zeitgenössischen Strömungen, die unser modernes Selbstverständnis und damit auch unsere mitmenschlichen Beziehungen beeinflussen. Der Einfluss von anderen Strömungen wie etwa die Gegenreaktion auf das rationale antimetaphysische Weltbild, nämlich die Renaissance von mystischen Weltbildern, Esoterik, Astrologie, der Einfluss ostasiatischen Denkens, die neue Körper- und Gesundheitsbewusstheit, der seit den siebziger Jahren zu verzeichnende Psychoboom, die sogenannte ‚New-Age'-Bewegung, die selbst ein Sammelsurium von allem darstellt, sowie zahlreiche weitere identitätsverbürgende Anschauungen sind sicher ebenso zu berücksichtigen. Überhaupt ist festzustellen, dass der moderne Mensch seine Identität nicht mehr aus einer umfassenden Weltanschauung bezieht, sondern aus einer Vielzahl von verschiedenen nebeneinander persistierenden und konkurrierenden Einsichten und Orientierungen. Auf einer Braunschweiger Tagung zur Postmoderne wurden von verschiedenen Teilnehmern als Charakteristikum des zeitgenössischen Selbstverständnisses ein überall zu findendes Potpourri von verschiedensten zum Teil auch inkommensurablen Wertvorstellungen genannt. Die Kommunikation sei mehr und mehr durch einen unverbindlichen Geist der Ironie und des Relativismus sowie vom monologisch vorgetragenen Narzissmus geprägt, wobei sich das polimorphe Selbstverständnis des Individuums, durch die hedonistisch-polymorphistischen Tendenzen auf dem Kultursektor begünstigt, auch gesamtgesellschaftlich im Phänomen der Aufsplitterung in unterschiedliche Lebensstilgruppen bis hin zur Entstehung einer Kaleidoskopgesellschaft zeige.[392]

Diese Tendenz, dass der Zusammenbruch der großen Erzählungen im zwanzigsten Jahrhundert durch eine Vielzahl von biologistischen, psychologistischen und historiosophischen Erzählungen ersetzt wurde, die allesamt der Kommunikation letztlich äußerst abträglich sein können, steht auch in Bubers Analyse der geistigen Situation der Gegenwart an zentraler Stelle:

> „Vielerlei Gewalten beanspruchen die Herrschaft, aber wenn mans recht betrachtet, glauben die meisten Zeitgenossen an ein Gemisch von ihnen […]. Ob es das ‚Lebensgesetz‘ eines Allkampfes ist, in dem jeder mitfechten oder auf das Leben verzichten muß; oder das ‚Seelengesetz‘ eines restlosen Aufbaus der psychischen Person aus eingeborenen Gebrauchstrieben; oder das ‚Gesellschaftsgesetz‘ eines unaufhaltsamen sozialen Prozesses […] oder das ‚Kulturgesetz‘ eines unabänderlich gleichmäßigen Werden und Vergehens […]."[393]

Das Gefährliche dieser zumeist reduktionistischen und einfach verständlichen Lebensbewältigungsstrategien liegt vor allem darin, dass sie in ihrer Gesamtheit ein Selbstverständnis erzeugen können, das der authentischen zwischenmenschlichen Begegnung auf vielfache Weise im Wege steht. Zum einen wird ein nur mehr nach Gesetzen der Selbsterhaltung und des Eigeninteresses denkender und nach individueller, hedonistischer Lustmaximierung strebender Mensch gar nicht mehr in der Lage sein, den Mitmenschen als etwas Anderes zu sehen als ein Objekt zur Befriedigung seiner Bedürfnisse sexueller und ökonomischer Natur. Ein maschinal verdinglichter und rein funktionaler zwischenmenschlicher Umgang wäre die unvermeidliche Folge eines biomaschinalen Selbstverständnisses. Zum anderen besteht die Gefahr, dass bei aller Vielfalt, bei allen zur Schau getragenen Unterschieden des Lebensstils, der Kleidung und des ‚outfit‘ die Individuen letztlich doch nur ein und derselben Lebensweise anhängen, die Rousseau als das Leben außerhalb seines Selbst ‚in der Meinung anderer‘ beschrieben und die Buber als unauthentisches ‚Leben vom Bilde her‘ kritisiert hat. Was ist aber angesichts einer solchen Situation zu tun? Kann sich das Zwischenmenschliche noch authentisch entfalten, oder sind wir tatsächlich zum eindimensionalen Menschen Marcuses, zum großen Bruder Orwells, zur technotronen Gesellschaft Fromms, zu den genormten unter Kontrolle eines Welt-Aufsichtsrats stehenden ‚Viellingen‘ Huxleys unterwegs?"[394]

Im Unterschied zur kritischen Theorie, die den Ausbruch aus der in ihrer Totalität verkehrten Welt für unmöglich hält, sieht Buber in der Beziehungshaftigkeit des menschlichen Seins ein durch die heutigen sozioökonomischen Verhältnisse zwar zurückgedrängtes, gleichwohl jederzeit vorhandenes Potential, welches sich auch bei aller eingestandenen Bedingtheit durch die Verhältnisse jederzeit entfalten kann und das, wie gezeigt, zumindest rudimentär auch immer schon wirksam sein muss, da sonst der Mensch nicht *sein* könnte:

„Unverkennbar nimmt die Bedingtheit des Menschen von den ‚Verhältnissen' im Gang dieses Zeitalters zu. Und dennoch […]. All das geregelte Chaos des Zeitalters wartet auf den Durchbruch und wo immer ein Mensch vernimmt und erwidert, wirkt er daran."[395]

Wenn auch die Fähigkeit des Menschen zum echten Dialog in unserer Zeit Gefahr läuft, zunehmend verschüttet zu werden, so besteht doch stets die Chance, eine gegenseitige Wesensbeziehung einzugehen. Buber spricht in diesem Zusammenhang von einer „Urchance des Seins, die allein dadurch in Erscheinung tritt, daß es den Menschen gibt".[396]
Auch ist das wesenhafte In-Beziehung-treten-Können und somit die lebendige Vergegenwärtigung, wie bereits erwähnt, letztlich etwas Einfaches. Zur lebendigen Vergegenwärtigung des Anderen in dem ihm eigenen Sein bedarf es, wie am Anerkennungsphänomen gezeigt, vor allem des ‚Sein-lassen-Könnens' des Anderen. Kann man den Anderen in seinem Sein, in seinem ihm eigenen Möglichsein gelten lassen, so tritt von selbst an Stelle der Auferlegung die Erschließung, an Stelle des Bestimmtwerdens das ‚Selbst-sein-Können'. Dem Sein-lassen-Können oder um es mit einem Heideggerschen Wort zu sagen der Gelassenheit kommt somit auch bei Buber eine elementare Bedeutung zu. Aber auch die ‚Gelassenheit' ist im Grunde, wie am Anerkennungsphänomen ausgewiesen, nichts Kompliziertes. Gelassenheit meint weder einen feldunabhängigen Stil der Wahrnehmung, einen selbstentgrenzten Umgang mit der eigenen, immer schon kulturell interpretierten inneren Natur der Bedürfnisse, wie dies Habermas und Krappmann fordern, noch stoische Apathie oder selbstbescheidende Hinnahme. Gelassenheit meint einfach, um es noch einmal mit einem Bu-

berschen Bild zu sagen, ‚das Hören-Können der Melodie eines Menschen'. Das Anerkennen des Anderen in dem, was er ist, ja was er sein kann, bedeutet dabei nicht, etwaigen Meinungsver-schiedenheiten, Kontroversen oder Gegnerschaften auszuwei-chen oder sie gar tolerant hinzunehmen, sondern im Gegenteil den Anderen gerade in seiner Andersheit ernst zu nehmen und, wenn es sein muss, auch hartnäckig zu streiten.

Gelassenheit ist gerade dazu die Voraussetzung, insofern erst das gegenseitige Sein-lassen-Können die authentische Dimensi-on des Zwischen stiftet, in der lebendige Gegnerschaft sich ent-falten kann, ohne in ein von Vernichtungswillen gezeichnetes Monologisieren zu verfallen.

Was aber den Dialog heute so gefährdet, sind keineswegs allzu geschäftige inhaltliche Kontroversen, über deren hitzige Austra-gung das Sein-lassen-Können des Anderen vergessen wird, als vielmehr umgekehrt ein gleichgültiger und distanzierter Um-gang der Menschen untereinander, ein Umgang, der geprägt ist von jener modernen geschäftigen Sachlichkeit und ober-flächlichen Flüchtigkeit, die bereits Goethe in der neuzeitlichen Gesellschaft heraufziehen sah, wenn er 1825 in einem Brief schreibt:

„Alles ist jetzt ultra, alles transzendiert unaufhaltsam, im Den-ken wie im Tun. Niemand kennt sich mehr, niemand kennt das Element, worin er schwebt und wirkt, niemand den Stoff, den er bearbeitet [...]. Reichtum und Schnelligkeit ist es, was die Welt bewundert und wonach jeder strebt. Es ist das Jahrhundert für leichtfassende praktische Menschen."[397]

Es ist aber, so Buber, unzulässig, sich auf die Zeitlage hinauszure-den. Die Behauptung, wirkliche Hinwendung sei im Getriebe des heutigen Lebens unpraktizierbar, ist nur ein Eingeständnis der eigenen Initiativschwäche des Menschen gegenüber der Zeitlage:

> „...er läßt sich von ihr diktieren, was möglich oder zulässig sei, statt als gelassener Partner mit ihr zu vereinbaren, was mit jeder Zeitlage zu vereinbaren ist, welchen Raum näm-lich und welche Gestalt sie dem kreatürlichen Dasein zuzu-gestehen gehalten sei."[398]

Auch Baruzzi stellt in einer neueren Untersuchung mit dem Ti-tel ‚Alternative Lebensform' die Frage, ob und wie sich ange-sichts der modernen Rastlosigkeit und immer weitergehenden Ausbreitung der technisch maschinalen Welt das menschliche Dasein noch authentisch verwirklichen kann, und kommt unab-hängig von Buber zu einem ähnlichen Ergebnis.

Die Technik lässt sich zwar nicht aufhalten oder beseitigen, da sie - wie Baruzzi mit Heidegger feststellt - als ein Seinsgeschick zu verstehen ist, gleichwohl aber ist es möglich, das Wesen der Technik zu erkennen und sich somit zu diesem Faktum je ei-gens und in ganz bestimmter Weise zu verhalten. Die Technik erweist sich dadurch als Gestell, dass sie uns eine Fülle von Le-bensmöglichkeiten bereitstellt. So stellt uns etwa die Verkehrs-technik ganz neue noch im vorigen Jahrhundert ungeahnte Rei-semöglichkeiten bereit. Die akzelerierende Vernetzung durch Rundfunk, Fernsehen sowie weitere Informations- und Kom-munikationstechniken stellen sicher, dass wir fast zu jeder Zeit mit den entlegensten Informationen aus aller Welt versorgt wer-den und zudem in den Unterhaltungssendungen und Serien am Bildschirm exotischen Abenteuern, fernen Ländern, anderen Zeiten und einer Vielzahl von agierenden Menschen begegnen.

„Man hält dies für wachsende Kommunikation. Es ist aber die Frage, ob wir hier überhaupt etwas begegnen; jedenfalls keinem Seienden, bei welchem wir ja stehen und uns aufhalten müßten."[399]

Das Sich-Aufhalten bei etwas, das Sich-Zeit-Lassen für etwas, das Sich-Einlassen auf das Begegnende, die unmittelbare Erfahrung des Augenblicks, als Einblick in das, was ist,[400] sind aber letztlich Formen der Gelassenheit.

Damit beantwortet auch Baruzzi ähnlich wie Buber die Frage nach der ‚alternativen Lebensform' nicht mit einer technischen Alternative zur Technik, sondern mit dem Hinweis auf die Bedeutung des Sein-lassen-Könnens, das umso wichtiger wird, je rastloser unsere technische Welt sich darstellt. „Heute kommt es darauf an", so Baruzzi, „ob wir es noch und wieder vermögen, etwas sein zu lassen - die Mitmenschen, die Natur und jeder sich selbst."[401]

SCHLUSSBEMERKUNG:

Die Ausgangsfrage der Untersuchung galt der Bedeutung des Anerkennungsphänomens im Hinblick auf die ontologische Struktur mitmenschlicher Seinsverfasstheit. Das ‚Mitsein‘, wie Heidegger diese grundlegende Struktur formal abstrakt benannt hat, sollte durch die Untersuchung des konkreten Vorgangs von Anerkennung und Nicht-Anerkennung eine nähere inhaltliche Bestimmung und Konkretisierung erfahren sowie auf seine ontologisch-anthropologische Unhintergehbarkeit hin befragt werden.

Hierzu wurden drei Ansätze herangezogen, die der Anerkennungsproblematik, teilweise implizit, teilweise explizit, eine besondere Bedeutung beigemessen haben: Der Symbolische Interaktionismus von Goffman, die Existenzphilosophie Sartres sowie die Dialogphilosophie Bubers. Trotz einiger wesentlicher Übereinstimmungen und Gemeinsamkeiten, insbesondere zwischen Sartre und Goffman, aber auch zwischen Buber und Sartre, wird in den drei Theorietraditionen das Anerkennungsphänomen letztlich doch ganz unterschiedlich verstanden.

Goffman sieht den Vorgang von Anerkennung und Nicht-Anerkennung letztlich als eine unhintergehbare Dynamik, die im gesellschaftlichen Prozess selbst angelegt ist. Der einzelne Mensch ist nichts anderes als ein Produkt dieses Prozesses, aus dem heraus er erst seine Identität bezieht.

Dabei versteht Goffman unter Identität bzw. Ich-Identität die Aufrechterhaltung und Behauptung eines akzeptablen Selbstgefühls dergestalt, dass ein Mensch in der Lage ist, sich selbst als dasjenige Wesen zu akzeptieren, als dass er sich auch durch die Antizipationen der Anderen hinsichtlich seines Wesens vorstellig wird. Denn wir sind, so Goffman, immer schon gezwungen, das Bild, welches sich die Mitmenschen von uns machen, in entscheidender Weise ernst zu nehmen.

Identität bzw. Sich-selbst-Gleichheit heißt für Goffman in der Tat nichts Anderes als sich selbst gleich zu sein, wobei dieses Selbst, mit dem wir uns als wesentlich gleich empfinden sollen und in dem wir uns auch immer schon wiederzuerkennen gezwungen sind, als sozial konstituiertes verstanden wird.

Auf die Anerkennungsproblematik bezogen, heißt dies, dass der Mensch immer schon gezwungen ist, sich als dasjenige Wesen anzuerkennen, als das er von den Anderen anerkannt wird. Eine Identitätskrise tritt deshalb nach Goffman immer dann auf, wenn es dem Individuum in einer Situation oder über längere Zeit hinweg nicht gelingt, sich in der ihm zuerkannten Identität anzunehmen und wiederzuerkennen. Eine Identitätskrise bedeutet somit, dass das, wofür das Individuum glaubt sich halten zu müssen, auseinanderfällt mit dem, was das Individuum von der Gesellschaft gesagt bekommt, was es wirklich ist.

Die Pointe von Goffmans Ausführungen liegt letztlich darin, dass sowohl das, wofür das Individuum sich hält und als was es selbst gerne gelten will, also die Ideale und Wunschvorstellungen hinsichtlich der eigenen Identität ebenso wie die daraufhin im sozialen Prozess erfolgende tatsächliche Zuerkennung bzw. Aberkennung von Merkmalen gleichermaßen dem gesellschaftlichen Normenkodex entspringen.

Deshalb kommt Goffman zu dem Ergebnis, dass das menschliche Verhalten einer veränderlichen Formel oder Schablone vergleichbar ist, deren individuelle Form sich dadurch ergibt, dass sie sich auf der noch größeren Schablone der Kultur positiv oder negativ abhebt. Zwar ist es - wie in diesem Zusammenhang herausgearbeitet wurde - unmöglich, das Phänomen der Identitätskrise so zu erklären, dass ein gesellschaftliches Ideal an seiner ebenfalls gesellschaftlich festgestellten Nichtverwirklichung leidet.

Gleichwohl macht Goffman in seinen Untersuchungen eine für die Anerkennungsproblematik nicht unerhebliche Entdeckung. So konstatiert er die Ubiquität von ‚normal‘ und ‚abweichend‘, das heißt, er stellt fest, dass der Mensch für die Herstellung und Aufrechterhaltung seiner Identität gleichermaßen auf Identifizierungen und Distanzierungen gegenüber den anderen Menschen angewiesen ist, um sich überhaupt erst in seiner Eigenheit zu erfahren. Dabei wird er durch den Zuspruch der Anderen ebenso ermutigt und in seinem Selbstgefühl bestärkt, wie er aber auch umgekehrt durch soziale Nicht-Anerkennung über kurze oder längere Zeit in seiner Identität erschüttert werden kann.

Diese Vorstellung galt es zunächst innerhalb der von Goffman für sich selbst in Anspruch genommenen Tradition des symbolischen Interaktionismus zu strukturieren und zu problematisieren.

Goffman wird zwar in der Regel zusammen mit Mead, Krappmann und Habermas zu den bedeutendsten Vertretern des Symbolischen Interaktionismus gerechnet und versteht sich auch selbst in dieser Tradition stehend, es hat sich aber in der Untersuchung herausgestellt, dass Goffman in seinen Ergebnissen ganz aus diesem Rahmen herausfällt, auch wenn er die Grundannahmen des Symbolischen Interaktionismus teilt.

Ausgehend von der Annahme, dass sich menschliche Ich-Identität immer erst in zwischenmenschlichen Interaktionen und somit im sozialen Umgang mit anderen Menschen konstituiert, fragen Mead, vor allem aber Habermas und Krappmann, wie zwischenmenschliche Interaktion optimal zu gestalten sei. Dabei spielt für Mead und Habermas die Sprache eine entscheidende Rolle, da sie aus den in die Sprache eingelassenen Geltungsansprüchen die ‚Idee einer unversehrten Intersubjektivität‘ ableiten wollen, die sich im Laufe der Geschichte zunehmend in ihr Recht setzt. „Die Menschen“, so Mead, „ent-

wickeln die Fähigkeit zur Kommunikation, und dieser Kommunikationsprozess tendiert dazu, die einzelnen Individuen enger
miteinander zu verbinden.'"[402]

Auch Habermas teilt diese geschichtsphilosophische Spekulation, dass sich durch die sprachliche Verständigung eine immer
weitergehende universale und rationale Ich-Identität entfaltet,
und sieht die Entwicklung zur ‚ungezwungenen Ich-Identität
und unversehrten Intersubjektivität' in der Sprache bereits angelegt. Sein zentrales Anliegen besteht, wie er selbst sagt, darin,
aus den Bedingungen sprachlicher Verständigung und den in
der Sprache eingelassenen Geltungsansprüchen die Idee der
unversehrten Intersubjektivität abzuleiten: „Unversehrte Intersubjektivität ist der Vorschein von symmetrischen Verhältnissen
freier reziproker Anerkennung."[403]

Diesem Versuch von Mead und Habermas, die Entwicklung
hin zur freien reziproken Anerkennung als ein in der Sprache
bereits angelegtes und aus ihr ableitbares Phänomen zu erkennen, wurde aber die Vermutung entgegengehalten, dass ein ge-
lingendes Anerkennungsverhältnis und somit eine authentische
Beziehungswirklichkeit das gegenüber der Sprache ontologisch
ursprünglichere Phänomen ist und daher auch die freie rezipro-
ke Anerkennung keineswegs zwangsläufig als Folge gelingender
sprachlicher Verständigung zu betrachten ist, sondern eher umgekehrt als deren Grundlage.

Entgegen diesen Versuchen, die Identität aus dem wachsenden Austausch von Sprachsymbolen zu deduzieren und aus der
Sprache ein hypothetisches Modell optimaler Interaktion abzuleiten, wurde daher zunächst Goffmans Unternehmen weiterverfolgt, die realen alltäglichen Anerkennungsprozesse zu erfassen, in denen sich menschliche Identität verwirklicht.

Zwar teilt auch Goffman die symbolisch-interaktionistische
Grundauffassung, dass sich menschliche Identität in einem zu-

nehmenden Austausch von Symbolen sprachlicher und gesti-
scher Natur entwickelt und in ihrer Entfaltung in diesen Kommunikationsprozess unentrinnbar eingebunden ist, insofern sich
das individuelle Verhalten immer schon nach den Haltungen
aller Anderen ausrichtet. Er gesteht aber diesem wachsenden
symbolischen Universum keinerlei immanent positive Tendenz
zu, geschweige denn ein normativ angelegtes Entwicklungsziel
wie etwa bei Mead die Entwicklung zur universalen Gesellschaft, in der sich die einzelnen Mitglieder als Brüder erkennen.
Goffman zeigt eher umgekehrt die Problematik, welche sich aus
diesem Prozess der Hereinnahme des ‚verallgemeinerten Anderen' für diejenigen Individuen ergibt, die über kurze oder längere Zeit hinweg dem intersubjektiv akklamierten Verhalten nicht
entsprechen können.

Als Ergebnis lässt sich festhalten, dass Goffman letztlich hinsichtlich dieser Prozesse die These vertritt, dass unser Identitätsgefühl sich nicht nur auf Identifizierung mit unserer Umwelt
gründet, sondern allem Anschein nach auch auf Distanzierungen. Der Mensch, so Goffman, gewinnt sein Selbstgefühl einerseits aus seinem ‚So sein wie Andere', andererseits aber auch aus
seinem ‚Nicht so sein wie Andere'. Deshalb kommt es gleichzeitig
zu Identifizierungen wie aber auch ubiquitär zu Distanzierungen.
Wo immer aber ein Mensch gerade eine Identifizierung wünscht,
diese ihm aber versagt bleibt, kann dies zu schweren Selbstzweifeln führen. Denn ebenso, wie der Zuspruch der Anderen einem
Menschen das Gefühl geben kann, ‚jemand zu sein', kann umgekehrt das Ausbleiben dieser Bestätigung das Gefühl erzeugen,
ein ‚Niemand zu sein'. Dieser Dynamik von Anerkennung und
Nicht-Anerkennung ist letztlich nicht zu entkommen, da es keinen wirklichen Rückzug von der Gesellschaft gibt. Es handelt
sich, so Goffmans fatale Quintessenz, um einen ‚Zwei-Rollen-
Prozess', an dem wir zwangsweise in beiden Rollen teilnehmen.

Es stellte sich die Frage, ob den von Goffman gemachten Beobachtungen sowie seinen theoretischen Überlegungen zur Zwangsläufigkeit sozialer Nicht-Anerkennung tatsächlich ein existenzieller Charakter zukommt und inwieweit er somit auf einen ursprünglichen anthropologischen Sachverhalt mitmenschlicher Lebenswirklichkeit verweist, oder ob er nicht trotz seiner zweifellos weitreichenden Beobachtungen zwischenmenschlicher Interaktionen das Phänomen Anerkennung in seiner soziologischen Analyse und Terminologie letztlich doch verfehlt hat.

Hierzu wurde Sartres Hauptwerk ‚Das Sein und das Nichts' herangezogen. Das ‚pour-autrui' bzw. das Für-Andere-Sein, wie Sartre zunächst diese grundlegende Struktur abstrakt benennt, wurde aufgezeigt und mit den von Goffman entdeckten Phänomenen und Prozessen sozialen Verkehrs konfrontiert.

Als Ergebnis dieses Vergleichs stellte sich heraus, welche weitgehenden Analogien, aber auch Differenzen zwischen Sartres Strukturanalyse des Für-Andere-Seins und Goffmans soziologischer Sichtweise bestehen. Obgleich Sartre den Menschen im Gegensatz zu Goffman nicht als Schablone und Spielball des gesellschaftlichen Normen- und Rollenprozesses, sondern als transzendentales Subjekt und somit als wesenhaft frei begreift, gibt es doch hinsichtlich ihrer Einschätzung der Anerkennungsproblematik eine weitgehende Übereinstimmung.

So kann auch Sartres qua Existenz wesenhaft freier Mensch sich im Vollzug seiner Freiheit nicht der Dynamik von Anerkennung und Nicht-Anerkennung entziehen, da er nur aus dieser überhaupt eine Vorstellung seiner selbst als Selbst erhält. Auch ergeben sich insbesondere hinsichtlich ihrer pessimistischen Einschätzung der menschlichen Beziehungswirklichkeit weitgehende Analogien, insofern beide weniger die Chancen und Möglichkeiten von Beziehung darstellen, als vielmehr die Zwänge, die sich aus der gegenseitigen Zuschreibung bzw.

Nicht-Anerkennung von Eigenschaften ergeben. Für Goffman wie für Sartre gilt: Die Hölle, das sind die Anderen.

Seien es transzendentale Subjekte wie bei Sartre oder Träger von Rollenkonfigurationen wie bei Goffman, in jedem Fall sind die Individuen in einen ständigen Vorgang der Identitätsfindung als Prozess gegenseitiger Zuschreibung und Aberkennung von Eigenschaften verwickelt, so dass man sagen kann, dass Sartre im wesentlichen Goffmans Mechanismen sozialen Verkehrs als ontologische Struktur bestätigt. In diesem Zusammenhang wurde auch unter Bezugnahme auf die angelsächsische Forschungsdiskussion zum Sartre-Goffman Vergleich auf die Möglichkeit und Notwendigkeit einer Sartreschen Lesart und somit einer ontologischen Interpretation von Goffmans Thesen verwiesen.

Der wichtigere Aspekt aber bestand darin, eine weitere Annäherung an das Phänomen Anerkennung und Nicht-Anerkennung zu gewinnen. Vor allem an Sartres phänomenologischen Analysen des Blicks, bzw. des Erblickt-Werdens, sowie in dem Drama ‚Bei geschlossenen Türen‘ wurde ein wesentlicher, gegenüber Goffmans oft widersprüchlicher Betrachtung präzisierter Aspekt der Anerkennungsproblematik sichtbar.

Der beständige Vorgang von Anerkennung und Nicht-Anerkennung ist, so müsste man mit Sartre sagen, der direkte phänomenale Ausdruck jener strukturellen, ontologischen Knechtschaft und Unsicherheit, wonach ein jeder im Blick des Anderen steht und dadurch eine Objektivierung erfährt. Eine Objektivierung, an die ausgeliefert zu sein der Mensch einerseits als Unsicherheit und ontologische Gefahr erlebt, die er vergeblich zu fliehen bzw. zu kontrollieren versucht, die er aber andererseits unbedingt benötigt, um sich überhaupt selbst vorstellig zu werden. Denn nur im Blick des Anderen können wir uns selbst als lebendig und wirklich erfahren. ‚Wir sind das andere Erfahren, das ist die Urtatsache‘. (Sartre).

Dieser von Sartre behauptete strukturelle Konflikt, bzw. dieses Paradox, dass der Mensch einerseits auf die absolut freie Anerkennung durch den Anderen angewiesen ist, sich aber andererseits dieser Situation des Ausgeliefertseins beständig zu entziehen versucht, wurde insbesondere am Phänomen der Liebe ausgewiesen.

Im Fortgang der Untersuchung stellte sich aber heraus, dass Sartre vor allem in seiner Thematisierung der ‚Urwahl‘ als tiefstem Ausdruck der existenziellen Verantwortung diese Erkenntnis des ‚Seinszusammenhangs des Seins mit dem Sein Andrer‘ dann doch wieder zugunsten seines radikalen Freiheitspostulates verstellt hat. Letztendlich nämlich steht bei Sartre, wie vor allem an seinen Ausführungen zur existenziellen Psychoanalyse gezeigt werden konnte, am Ursprung und ontologischen Grund menschlichen Seins nicht die Urbeziehung, sondern die ‚Urwahl‘, der ‚Urentwurf‘ und damit - ähnlich wie bei Heidegger - die ‚Wahl der Wahl seiner selbst‘. Deshalb ist auch das Ereignis der Begegnung des Einen mit dem Anderen letztlich keine unmittelbare seinsstiftende Wirklichkeit mehr, wie Sartre noch zu Beginn seiner Theorie des Für-Andere-Seins postuliert, sondern immer schon dadurch vermittelt, dass es erst in dem jeweiligen Entwurf des transzendentalen Subjektes seinen Sinn erfährt.

Die Unmittelbarkeit der lebendigen Begegnung war die Parole, unter der Sartre angetreten ist, die Theorie der Fremdexistenz zu revolutionieren, die er aber in der Ausarbeitung seiner Strukturanalyse des Für-Andere-Seins letztlich wieder fallen ließ.

Nicht so Buber, der das ‚Andere-Erfahren‘ konsequent als ursprüngliche und unhintergehbare Dimension menschlicher Existenz auszuweisen unternimmt. Aus seinen Schriften zum dialogischen Prinzip geht hervor, dass Buber die zwischenmenschliche Beziehung als ontologische Struktur begreift, aus der heraus erst das je einzelne Dasein seine Wirklichkeit erfährt.

Im Gegensatz zu Sartre, der im ‚Konflikt' den ursprünglichen Sinn des ‚Für-Andere-Seins' sieht, insofern als jede Freiheit sich erst im Entwurf der anderen Freiheit als Subjekt erkennt, gerade dadurch aber seiner Freiheit und Potentialität beraubt wird, existiert für Buber dieses Paradox nicht.

Buber sieht nämlich die Vergegenwärtigung im Blick des Anderen nicht darin erschöpft, dass der Erblickte in seiner Eigenschaftlichkeit versteinert wird, sondern dass es darüber hinaus möglich ist, auch die Potentialität eines Menschen noch anzuerkennen und somit den Erblickten auch auf sein Möglichsein hin zu entwerfen und ihn dadurch gerade auch in seiner Freiheit zu objektivieren und zu bestätigen.

Der Anerkennungsvorgang gewinnt bei Buber deshalb eine so eminente Bedeutung, weil sein tieferer Sinn nun darin besteht, auch und in erster Linie die Potentialität des Anderen anzuerkennen, oder - um es mit einer Sartreschen Abwandlung zu sagen - nicht nur das anzuerkennen, was er ist, sondern auch das, was er nicht ist.

Ist dies nicht aber eine Illusion? Kann man einen Menschen überhaupt jenseits seiner Eigenschaftlichkeit anerkennen, oder handelt es sich hierbei nur wieder um eine abstrakte Forderung gegenseitiger Toleranz und somit um einen ideellen, ganz in der Tradition der Aufklärung stehenden Vernunftappell? Die in dieser Frage angesprochene Problematik spiegelt sich auch in der nach wie vor aktuellen Diskussion um die Interpretation des Buberschen Gesamtwerkes zwischen Michael Theunissen und Jochanan Bloch wider.

Theunissen verneint die Frage und bezeichnet Bubers Ontologie als ‚negative Ontologie', insofern auch Buber die von ihm behauptete dialogische Wirklichkeit nur in destruierender Absetzung gegen die traditionelle Erkenntnislehre und das klassisch-transzendentale Modell der subjektiven Weltkonstitution darstellen kann, ohne sie umgekehrt positiv phänomenologisch auszuweisen. Dies sei, so Theunissen, prinzipiell nicht möglich, da Bubers Philosophie hier an eine immanente Grenze stoße. Jochanan Bloch sieht hingegen eine Möglichkeit, Bubers dialogische Wirklichkeit durchaus positiv auszuweisen, allerdings unter Vernachlässigung von dessen Formalismus.

Im weiteren Verlauf der Untersuchung wurde im Ausgang von Jochanan Blochs Hinweis und unter Rückgriff auf verschiedene ethnologische, medizinisch und philosophisch-anthropologische Forschungsergebnisse der freilich noch erweiterungsfähige Versuch unternommen zu zeigen, dass auch die Anerkennung der Potentialität menschlichen Daseins kein theoretisches Konstrukt, sondern ein ausweisbares Phänomen ist.

Es wurde unter anderem am Phänomen des ‚sozialen Todes‘ verdeutlicht, dass dem Vorgang mitmenschlicher Anerkennung bzw. Nicht-Anerkennung für das menschliche Sein in diesem Sinne nicht nur eine fördernde bzw. abträgliche Rolle, sondern darüber hinaus eine existenzielle Bedeutung zukommt.

Insbesondere der noch kleine Mensch ist hinsichtlich seines Selbstgefühls in ganz entscheidender Weise auf die mitmenschliche Anerkennung und Seinsbestätigung angewiesen, insofern diese zu einem Zeitpunkt erfolgt oder ausbleibt, wo das Selbstgefühl ja gerade erst im Entstehen begriffen ist. Ihr Ausbleiben erweist sich als lebensbedrohend. Die Bedeutung der Anerkennung als ausschlaggebend für ‚Sein oder Nicht-Sein‘ des Kindes ist in diesem Zusammenhang keinesfalls Theatralik, sondern muss als zwingender anthropologischer Tatbestand angesehen werden.

An einigen ontischen Phänomenen wurde unter anderem die große Bedeutung des mitmenschlichen Seinszuspruchs für die Konstitution des Selbst gezeigt. Diese Angewiesenheit auf den Seinszuspruch in der Beziehung wurde ferner als humanspezifische Struktur erkannt. Zwar kommt der Anerkennung im späteren Leben des Erwachsenen in der Regel keine lebensnotwendige Bedeutung mehr zu, da das Dasein bereits über ein Selbstgefühl verfügt, auf das es zurückgreifen kann, gleichwohl bleibt auch dann noch die Struktur der Angewiesenheit menschlichen Seins auf den Seinszuspruch Anderer bestehen.

Letztlich, so kann man mit Buber sagen, ist das, „was die Menschenwelt eigentümlich kennzeichnet, vor allem andern dies, dass sich hier zwischen Wesen und Wesen etwas begibt, dessengleichen nirgends in der Natur zu finden ist."[404]

ANMERKUNGEN:

1 Zit. Theunissen, Michael, Der Andere, Untersuchungen zur Sozialontologie der Gegenwart, Berlin, New York 1977, S.1

2 Vgl. Löwith, Karl, Das Individuum in der Rolle des Mitmenschen, München 1928, S.3f: „Die offizielle Geschichte der Philosophie blieb von Feuerbachs ‚Grundsätzen' völlig unberührt. Insbesondere in ihrer erkenntnistheoretischen Verflachung blieb sie so sehr im Subjekt-Objekt-Problem befangen, dass eine historische Hinführung auf das Problem der Mitwelt ein künstliches Unternehmen wäre."

3 Vgl. Löwith, a.a.O., S.2, Vgl. Knapp, Guntram, Narzissmus und Primärbeziehung, Psychoanalytisch-anthropologische Grundlagen für ein neues Verständnis von Kindheit, Berlin, New York 1988, S. 51, Vgl. Plattel, G. Martinus, Der Mensch und das Mitmenschliche, Köln 1962, S.31-46

4 Zit. Löwith, a.a.O., S.2

5 Dieter Henrich zeigt in seiner Schrift ‚Selbstverhältnisse', wie Kant der ersten cartesischen Gewissheit, dass mit dem ‚Cogito' notwendig das ‚Sum' gedacht werden muss, die zweite Gewissheit hinzufügt, dass mit dem ‚Cogito', bzw. mit dem ‚Ego' des cogito darüber hinaus auch ebenso notwendig das Identitätsprinzip gedacht werden muss: „Denn der Ausdruck ‚ich' hat wesentlich eine Identitätsbedeutung. Und diese Identität gewinnt in jedem Fall seines Gebrauches ihren Bedeutungsgehalt lediglich durch die Beziehung auf unbestimmt viele andere Fälle, in denen gleichfalls der Gedanke ‚ich denke' eintritt - und zwar in Beziehung auf ein und dasselbe. selbstbewusste Wesen. Es gibt also gar kein Selbstbewusstsein, ohne dass damit, dass es eintritt, eine Beziehung auf unbestimmt viele Gedanken mitgedacht wird, welche allesamt Gedanken des identisch selben selbstbewussten Wesens sind [...]. Wir wissen im Selbstbewusstsein aller Erfahrung voraus nicht nur von unserem Dasein (Descartes), sondern auch von dem Identitätsprinzip, unser Selbstbewusstsein ist (Kant). Denn nur von seiner Identität her hat der Gebrauch des ‚Ich' irgendeinen Sinn." Zit. Henrich, Dieter, Selbstverhältnisse, Stuttgart 1982, 180f.

6 Zit. Knapp, a.a.O., S.51

7 Vgl. Heidegger, Martin, Sein und Zeit, Tübingen 1979, S.114

8 Zit. Heidegger, ebenda, S. 24

9 Vgl. Müller, Max, Existenzphilosophie, Von der Metaphysik zur Metahistorik, Freiburg, München 1986, S.22-32, S.48ff., S.52f.: „Indem das realistische und idealistische Philosophieren Weisen der Insistenz sind und indem so in ihnen das verfehlt wird, um das es im Leben wie im Philosophieren allein geht (das Sein), wird in diesem Philosophieren immer und notwendig damit auch das Wesen des Menschen verfehlt, das da ist: ‚Eksistenz', das heißt Ausstand in das Sein hinein."

10 Heideggers ‚Überwindung des weltlosen Subjektes' bezieht sich nicht nur auf die cartesische Vorstellung des ‚Ich denke', sondern auch auf das von Husserl in

der transzendentalen Reduktion gewonnene ‚reine Ich'. Die Differenz zwischen Husserls ‚reinem Ego' und Heideggers ‚in-der-Welt-sein' kommt mit großer Deutlichkeit in den Randbemerkungen Heideggers zu Husserls Entwurf für den Phänomenologie-Artikel zum Vorschein, den letzterer für das Nachschlagewerk Encyclopaedia Britannica verfasste und Heidegger zur Überarbeitung vorlegte. Darin stellt Heidegger an genau der Stelle, wo Husserl ‚die Reduktion auf das transzendental reine Ego als Geltungsboden und Sinnesquelle aller möglichen natürlichen Erfahrungen' und Urteile über die Welt fordert, die provokative Frage: ‚Gehört nicht eine Welt überhaupt zum Wesen des reinen Ego?'
Vgl. Rombach, Heinrich, Phänomenologie des gegenwärtigen Bewusstseins, München 1980, S.66-72
Vgl. Pöggeler, Otto, Heideggers Neubestimmung des Phänomenbegriffs, in: Orth, Wolfgang (Hrsg.), Phänomenologische Forschungen, Bd.9, München 1980, S.124-163, speziell S.135f.

11 Zit. Heidegger, a.a.O., S.116 Zit.
12 Heidegger, ebenda, S. 120
13 Vgl. Heidegger, a.a.0., S.126
14 Zur Kritik an der Heideggerschen Ausarbeitung und phänomenologischen Erschließung des Mitseins unter der Polarität von Eigentlichkeit und Uneigentlichkeit bei gleichzeitig formal richtiger Anzeige vgl. Buber, Martin, Das Problem des Menschen, Heidelberg 1982, S. 104-126, insbesondere S.104-113: „ ‚Die Erschlossenheit', sagt Heidegger, ‚bringt das Selbst gerade in das jeweilige besorgende Sein bei Zuhandenem und stößt es in das fürsorgende Mitsein mit den Anderen'. Und weiter: ‚Aus dem eigentlichen Selbstsein der Erschlossenheit entspringt allererst das eigentliche Miteinander'. Es hat demnach den Anschein, als kennte und anerkennte Heidegger durchaus das Verhältnis zum Anderen als wesentlich [...]. Was Heidegger über das Man und das Verhältnis des Daseins zu ihm sagt, ist im wesentlichen richtig. Auch das ist richtig, daß das Dasein sich ihm entwinden muss, um zum Selbstsein zu kommen. Nun aber fehlt etwas, ohne dessen Vorhandensein das an sich Richtige unrichtig wird." Vgl. auch Löwiths Distanzierung und Prononcierung seines Begriffes der ‚Mitwelt' als einem Raum ‚ursprünglichen Miteinanderseins' gegenüber dem Heideggerschen Begriff der Mitwelt als Raum des gemeinsamen Besorgens.
Vgl. Löwith, a.a.O., S.XIV, Anm.1
Vgl. Theunissen, a.a.O., S.171, insbesondere S.182ff: „Zum Undurchsichtigsten gehört in ‚Sein und Zeit' zweifellos die Deutung der ‚Uneigentlichkeit'. Aufmerksam gemacht sei nur auf zwei Schwierigkeiten. Erstens ist das Verhältnis der Uneigentlichkeit zur ‚Alltäglichkeit' äußerst problematisch. Ursprünglich allem Anschein nach entworfen als Indifferenz gegenüber Eigentlichkeit und Uneigentlichkeit [...] schmilzt die Alltäglichkeit im Fortgang der Untersuchung immer mehr mit der Uneigentlichkeit zusammen. An den meisten Stellen gebraucht Heidegger die Begriffe ‚alltäglich' und ‚uneigentlich' als gleichbedeutend. Zweitens erscheint es als unbegründet, dass Heidegger die Uneigentlichkeit einmal als [...] ‚Aufgehen in der Welt' und dann wieder als ‚Verfallen an

das Man' bzw. „Aufgehen im Man' kennzeichnet, zweifellos in der Meinung, es handle sich um dasselbe Phänomen."

Vgl. Knapp, a.a.O., S.53

Vgl. Schrey, Heinz-Horst, Dialogisches Denken, Darmstadt 1983, S.32ff.

Vgl. Rombach, Heinrich, Strukturanthropologie, Der menschliche Mensch, Freiburg 1987, S.344f, S.258: „Heidegger hat das ‚man‘ als die Verfallsform des Ich beschrieben - und damit gewissermaßen einen phänomenologischen Fehler begangen, denn das ‚man‘ ist die Verfallsform des Wir."

Das Ungenügen an der Heideggerschen Analyse des Mitseins kann auch aus den zahlreichen Arbeiten der ihn positiv rezipierenden Interpreten ersehen werden, die das Heideggersche Werk gerade an dieser Stelle zu ergänzen und zu erweitern versuchten. So versuchte z.B. Binswanger in seinem daseinsanalytischen Ansatz das Existenzial der Sorge um das der Liebe bzw. des ‚Liebenden-in-der-Welt-seins‘ zu ergänzen.

Vgl. Binswanger, Ludwig, Über die daseinsanalytische Forschungsrichtung der Psychiatrie, in: Ausgewählte Vorträge und Aufsätze, Bd.l, Bern 1947, S.190-217, speziell S.195: „Ich selbst habe an der Heideggerschen Lehre insofern Kritik geübt, als ich dem In-der-Welt-Sein als Sein des Daseins umwillen meiner selbst, von Heidegger bekanntlich als Sorge bezeichnet, das Über-die-Welt-hinaus-Sein als Sein des Daseins umwillen unserer, von mir als Liebe bezeichnet, entgegengestellt habe."

Vgl. auch Binswanger, Der Fall Ellen West, Pfullingen 1957, S.127 ff.

Vgl. Kunz, H., Die Daseinsanalytik Martin Heideggers und ihre Bedeutung für die Psychologie und philosophische Anthropologie, in: Psychologie des 20. Jahrhunderts, S.446-460.

Vgl. Guzzoni, Ute (Hrsg.), Nachdenken über Heidegger, Hildesheim 1980, Guzzoni stellt sogar die Frage, ob nicht Heidegger das Phänomen der Intersubjektivität übersehen habe und somit eine ‚zweite Kehre‘ hin zu dieser Dimension notwendig mache. (S.132f.)

Vgl. dazu allerdings kritisch: Schirmacher, Wolfgang, Heideggers Einfluss auf das gegenwärtige Denken, in: Philosophischer Literaturanzeiger, Bd.35, Meisenheim Glan 1982, S. 383-398

15 Vgl. Brumlik, Micha, Der symbolische Interaktionismus und seine pädagogische Bedeutung, Frankfurt a.M. 1973, S.88: „Goffman [...] nahm zum Material seiner Untersuchungen alltägliche (verzerrte und ‚normale‘) Interaktionen und hat sich dabei einer phänomenologisch-verstehenden Methode bedient, die wesentlich über die Forderung des alten Interaktionismus, sich Lebenszeugnissen und Verhaltensdokumenten zu bedienen, hinausgeht, als sie sich nicht mehr nur dem Leben von einzelnen rückschließend zuwendet, sondern sich den hier und jetzt abspielenden Interaktionen ganzer Gruppen von Individuen, ganzer Interaktionssysteme, beobachtend und beschreibend zuwandte."

16 Zit. Heidegger, a.a.O., S.50f.

17 Neben Mead, Habermas, Krappmann und Goffman werden ferner C.S.Peirce, C.I.Lewis, C.H.Cooley, W.I. Thomas und A.Strauß dem Symbolischen Interak-

tionismus zugerechnet. G.H.Mead, der Begründer des Symbolischen Interaktionismus und der Chicagoer Schule, sowie Goffman als deren heutiger Vertreter dürfen aber zumindest im deutschsprachigen Raum als die bekanntesten Repräsentanten des Symbolischen Interaktionismus bezeichnet werden. Habermas nimmt insofern eine Sonderstellung ein, als er sich selbst nicht in erster Linie als Symbolischen Interaktionisten versteht, auch wenn er eindeutig in dieser Tradition steht und sich auch durchaus auf sie beruft. Inwieweit Habermas ein Vertreter der kritischen Theorie ist, kann an dieser Stelle nicht untersucht werden. Zweifellos aber wurzelt seine Theorie kommunikativen Handelns stark in der Denktradition des Symbolischen Interaktionismus.

Vgl. Brumlik, Micha, Der Symbolische Interaktionismus und seine pädagogische Bedeutung, Frankfurt a. M. 1973

Vgl. Haeberlin, Niklaus, Identitätskrisen, Stuttgart 1978, S.41, 52f.

18   Vgl. Goffman, Erving, Stigma, Über Techniken beschädigter Identität, Frankfurt a. M. 1967, S.160f., S.167, S.169,

Vgl. hierzu auch: Ziegler, Walther Urs, Die Dynamik beschämender Andersartigkeit. Eine philosophisch-anthropologische Studie zur Strukturanalyse des Mitseins, Magisterarbeit, Universitätsbibliothek Ludwig-Maximilians-Universität, München 1986

19   Zit. Sartre, Jean-Paul, Das Sein und das Nichts, Versuch einer phänomenologischen Ontologie, Hamburg 1982, S.301

20   ebenda, S.466

21   Schrey, Horst-Heinz, Dialogisches Denken, (EDF), Darmstadt 1983, S.2ff.

22   Vgl. Theunissen, Der Andere, a.a.O., S.257

23   Vgl. Buber, Martin, Ich und Du, S.32, in: Buber, Das Dialogische Prinzip, Heidelberg 1984, S.7-136 Vgl. Buber, Urdistanz und Beziehung, Heidelberg 1978, S.48f.

24   Vgl. Schrey, a.a.O., S.59

Zit. Buber, Urdistanz und Beziehung, a.a.O., S.37

25   ebenda, S.28

27   Zit. Buber, Elemente des Zwischenmenschlichen, S.280, in: Buber, Das dialogische Prinzip, a.a.O., S.269-298

28   Theunissen hat anlässlich der Wiederherausgabe seiner Habilitation ‚Der Andere, Studien zur Sozialontologie der Gegenwart‘ im Vorwort bemerkt, dass er zwar die Problematik der Mitmenschlichkeit in der dargestellten Form nach wie vor für aktuell halte, dass er aber rückblickend eine Ergänzung gerade um den gesellschaftstheoretischen Aspekt für wünschenswert halte. So schreibt er selbstkritisch über seine Untersuchung: „Die Hauptdefizite dieser Darstellung sind wohl der Verzicht auf den gewiss schwierigen Versuch, die in den verschiedenen Vorentscheidungen über die Bestimmtheit des Einen, dem der Andere gegenübersteht, argumentativ gegeneinander abzuwägen, und im zweiten Teil die Abstraktion von den Fehlformen dialogischen Lebens. Im Rückblick erscheint sie mir als Folge der Elimination einer Gesellschaftstheorie, in deren Horizont mit den anonymen Verkehrsformen auch die persönlichen Beziehungen als his-

torisch konkrete hätten wahrgenommen werden können."
Vgl. Theunissen, a.a.O., S.IX

29 Zit. Nietzsche, Friedrich, Jenseits von Gut und Böse, Zwischenspiel 138, S.97, in: Colli, Georgio, Montinari, Mazzino, (Hrsg.), Friedrich Nietzsche, Werke, Kritische Gesamtausgabe, Berlin 1967, Bd.VI2, S.3-255

30 Zit. Goffman, Erving, Stigma, Über Techniken beschädigter Identität, Frankfurt a. M. 1967, S.10

31 ebenda, S.11f.

32 Goffman verweist an dieser Stelle auf Freud. Vgl. auch Goffman, Interaktion, Spaß am Spiel, Rollendistanz, München 1973, S.51

33 Zit. Brecht, Bertolt, Geschichten vom Herrn Keuner, S.386, in: Brecht, Bertolt, Gesammelte Werke in 20 Bänden, Bd.12, Frankfurt a. M. 1967, S. 375-415

34 ebenda, S.383

35 Zit. Goffman, Interaktion: Spaß am Spiel, Rollendistanz, a.a.O., S.46f.

36 Zit. Goffman, Stigma, a.a.O., S.112

37 Vgl. Goffman, Stigma, passim, speziell S.134f., 145, 149, 160-164

38 Goffman zeigt die ‚Dynamik von Anerkennung und Nicht-Anerkennung‘ auch in Alltagssituationen auf, in denen nur ‚Normale‘ beteiligt sind. In der Studie ‚Stigma‘ kommen jedoch die Erscheinungsformen des Identitätsgefühls und des Identitätsmanagements sowie die dabei wirksam werdenden Mechanismen am deutlichsten zum Ausdruck, weshalb im Folgenden vor allem diese Studie zugrunde gelegt wird.

39 Der Begriff Stigma kommt aus dem Griechischen und bedeutet ursprünglich soviel wie ‚körperliches Mal, Brandmarkung‘. Heute wird das Wort in den Bedeutungen ‚Fehler, Unzulänglichkeit‘ verwendet. Bei Goffman bedeutet Stigma jede Situation, in der ein Individuum in unerwünschter Weise anders ist, als wir es antizipiert haben. ‚Normale‘ nennt Goffman im Gegensatz zu den ‚Stigmatisierten‘ all jene, die von den jeweils in Frage stehenden Erwartungen nicht negativ abweichen. Vgl. Goffman, Stigma, a.a.O., S.13

40 Zit. Goffman, Stigma, a.a.O., S.14

41 ebenda, S.14, von Goffman zitiert aus: A.G. Gowman, The War Blind in American Social Structure, New York 1957, S.198

42 ebenda, S.17, von Goffman zitiert aus: K.B. Hathaway, The little Locksmith, New York 1947, S.157

43 was bereits auf die enorme Bedeutung des ‚verallgemeinerten Anderen‘ im Sinne von Mead hinweist.

44 Bezeichnenderweise befindet sich in der langen Reihe der stigmaträchtigen und zu tilgenden Attribute und Eigenschaften auch das Alter an sich.

45 Zit. Goffman, Stigma, a.a.0., S.23, von Goffman zitiert aus: Clinical Studies in Psychiatry, New York 1956, S.145

46 ebenda, S.25, von Goffman zitiert aus: T.Parker and R.Allerton, The Courage of his convictions, London 1962, S.111

47 ebenda, Stigma, a.a.O., S.26, von Goffman zitiert aus: Baker, Out on a limb, New York 1959, S.22

48 ebenda

49 Zit. Nietzsche, Friedrich, Menschliches, Allzumenschliches II, S.213, in: Nietzsche, Werke, a.a.O., Bd.IV

50 Zit. Goffman, Stigma, a.a.O., S.168, von Goffman zitiert aus: Baker, Out on a limb, New York 1959, S.22.

51 ebenda, S.137, von Goffman zitiert aus: Carling, And yet we are human, London 1962, S.54-55

52 Zit. Nietzsche, Friedrich, Jenseits von Gut und Böse, Zwischenspiel 125, S.95, in: Nietzsche, Werke, a.a.O., Bd.VI,2

53 Zit. Goffman, Stigma, a.a.O., S.150, von Goffman zitiert aus: Carling, And yet we are human, London 1962, S.56

54 ebenda, S.160, ebenda, S.145

55 ebenda S.145f.

56 Es wird an dieser Stelle deutlich, dass Goffman zwar den Mechanismus des ‚verallgemeinerten Anderen' anerkennt, diesen aber keineswegs im Sinne von Mead als integrierendes Element sieht, welches zu immer größerer gesellschaftlicher Harmonisierung führt.

57 ebenda, S.154f. In diesem Satz wie in der folgenden Passage zeigt sich der abgeklärte ironische Stil, in dem Goffman das Groteske menschlicher Interaktionsmuster kommentiert.

58 Vgl. Goffman, Stigma, a.a.O., S.154 ff.

59 Zit. Goffman, Stigma, a.a.O., S.161

60 Zit. Brumlik, Micha, a.a.O., S.83
    Vgl. hierzu auch Ashworth, P.D., „L'enfer, c'est les autres": Goffman's Sartrism, in: Human Studies, Bd.8, Norwood 1985, S.156: „But, Goffman points out, that is the problem of presentation of self generally."

61 Vgl. Goffman, Stigma, a.a.O., S.157

62 ebenda, S.158

63 ebenda, S.164

64 Zit. Goffman, Wir alle spielen Theater, Die Selbstdarstellung im Alltag, München 1973, S.20,

65 Zit. Nietzsche, Jenseits von Gut und Böse, Zwischenspiel 92, S.90, in: Nietzsche, Werke, a.a.O., Bd.VI,

66 Vgl. Goffman, Interaktion: Spaß am Spiel, Rollendistanz, a.a.O., S.118-171

67 Zit. Goffman, Interaktion: Spaß am Spiel, Rollendistanz, a.a.O., S.30

68 Der Höflichkeit widmet Goffman, verstreut durch alle seine Studien, eine besondere Aufmerksamkeit, da sie - wie die meisten etikettierten Verhaltensregeln - allgemeine, gesellschaftliche Antizipationen besonders verräterisch zeigt. So lassen sich z.B. Frauen gemäß ihrer virtual inferioren sozialen Identität den Mantel reichen, obgleich sie aktual natürlich selbst in der Lage wären, sich anzuziehen. Viele der kleinen Höflichkeiten werden Frauen, Kindern und alten Menschen zuteil, nicht weil Alter, Schwäche oder Jugend geehrt werden, sondern als zeremonielle Umkehrung des gewöhnlichen Umgangs. Bei gewissen Einheiten der Streitkräfte bedienen die Offiziere an Weihnachten - und nur an

Weihnachten - die Soldaten bei Tisch.

69 Zit. Goffman, Interaktion: Spaß am Spiel, Rollendistanz, a.a.O., S.90
70 Zit. Dahrendorf, Ralf, Vorwort zu: Goffman, Wir alle spielen Theater, a.a.0., S.VII
71 Zit. Goffman, Interaktion: Spaß am Spiel, Rollendistanz, a.a.O., S.53
72 Zit. Goffman, Stigma, a.a.O., S.29
73 Zit. Mead, George Herbert, Geist, Identität und Gesellschaft, Frankfurt a. M. 1980, S.348 (Titel der Originalausgabe: Mind, Self and Society, From the standpoint of a social behaviorist, Chicago 1934)
74 ebenda, S.320f.
75 Vgl. Goffman, Stigma, a.a.0., S.161
76 Vgl. Mead, Geist, Identität und Gesellschaft, a.a.O., S.348
77 ebenda, S.321
78 ebenda, S.234
79 ebenda, S.234
80 ebenda, S.130
81 ebenda, S.330
82 Mead vergleicht die Entwicklung zu der universalistischen Weltidentität mit der von Rousseau entworfenen ,volonté générale‘. So könnte sich durch die immer weitergehende Hereinnahme der Haltungen der anderen in die eigene Haltung, also durch den ,verallgemeinerten Anderen‘, ein Gleichklang der Interessen einstellen, der dem von Rousseau entworfenen Bild eines vom Gemeinwillen getragenen Gesellschaftsvertrages weitgehend entspricht, Vgl. Mead, Geist, Identität und Gesellschaft, a.a.O., S. 333f.
83 ebenda, S.239, S.330
84 Zit. Habermas, Jürgen, Zur Rekonstruktion des Historischen Materialismus, Frankfurt a.M. 1976, S.88, S.84f.
85 ebenda, S.67
86 ebenda, S.68
87 ebenda, S.68, Vgl. auch S.77ff.
Habermas nimmt für seine Theorie in Anspruch, drei verschiedene Theorietraditionen integriert zu haben: - die analytische Ich-Psychologie (Freud, Sullivan, Erikson) - die kognitivistische Entwicklungspsychologie (Piaget, Kohlberg) - den Symbolischen Interaktionismus (Mead, Blumer, Goffman). Er versucht dabei die natürlichen Reifungsphasen und Reifungskrisen in Beziehung zu setzen mit den Stufen des moralischen Bewusstseins, wie sie Kohlberg darstellt, wobei er als Ursache und generierende Kraft dieses Reifungsprozesses vor allem das Meadsche Konzept des ,Hineinwachsens in das logische Universum‘ zugrunde legt. Diese Zusammenschau der drei Theorietraditionen ist, so Habermas, deshalb notwendig, weil bisher ,trotz konvergierender Grundauffassungen keiner der drei theoretischen Ansätze zu einer erklärungskräftigen Entwicklungstheorie geführt hat, die eine genaue und empirisch gehaltvolle Bestimmung des Konzepts der Ich-Identität erlauben würde‘. Ob es Habermas allerdings wirklich geglückt ist, die drei Theorietraditionen in einer erklärungskräftigen

Entwicklungstheorie zu integrieren, wird von verschiedenen Seiten bestritten. So wird ihm unter anderem vorgeworfen, den psychoanalytischen Ansatz missverstanden zu haben. Alfred Kessler weist beispielsweise darauf hin, dass Habermas sich täusche, wenn er, ‚fasziniert von der emanzipatorischen Kraft reflexiver Ablösung von geschichtlich Gewordenem, in der Möglichkeit der Kritik einen archimedischen Punkt gefunden zu haben meint, von dem her sich alle vergangene Bestimmtheit aufheben zu lassen scheint.' Von diesem archimedischen Punkt ausgehend, würde Habermas die Psychoanalyse lediglich auf ihre kognitiv emanzipatorische Struktur hin anschauen und sie als reine Selbstreflexion begreifen, als ‚Bewusstwerdung des eigenen Bildungsprozesses', wobei es zu einer ‚sprachanalytischen' Erinnerung der vorher ausgeschlossenen ‚Exkommunikation' kommt, die nunmehr als intellektuelle Gehalte distanziert und diskursiv überprüft werden können. Diese Interpretation von Habermas, wonach kognitive Zugänglichkeit eines Konflikts bereits dessen Auflösung bedeutet, geht, so Kessler, am Wesen der psychoanalytischen Therapie vorbei, deren grundlegendes Bemühen zunächst gar nicht der Bewusstmachung bestimmter affektiv beladener Lebenszusammenhänge und Szenen der Biographie gilt, als vielmehr der Bewegung und Umgruppierung solcher Affekte in der lebendigen Wiederholung der belastenden Lebenserfahrungen im ‚gelebten Drama'. Die kognitive Einsicht in die Veränderung des affektiven Selbstbezugs ist höchstens eine wünschenswerte Folgeerscheinung, aber keinesfalls die Therapie selbst.
Vgl. Kessler, Alfred, Identität und Kritik, Zu Habermas' Interpretation des psychoanalytischen Prozesses, Würzburg 1983, S.1-28, 76-91.
Vgl. auch Ottmann, Henning, Cognitive Interests and Self-Reflection, in: B.Thompson and D.Held, Habermas Critical Debates, London 1982, S.79-97, insbesondere S.86: "The reflection problem is documented above all in an exceedingly intellectual interpretation of Freud. Even when, following Habermas, one does not underestimate the cooperative role of the patient during therapy, and even when one does retain the moment of insight, nevertheless it seems exaggerated to elevate the patients' ‚selfreflection' to means of liberation. In psychotherapy, liberation is more the result of ‚acting out of the conflict' […]. Rather than being primary cause of liberation, reflection confirms in retrospect the successful freeing from repression […]. It is also possible, that the intellectualised interpretation of Freud is influenced by an idealism of the Fichtian sort."

88   Zit. Habermas, Zur Rekonstruktion des Historischen Materialismus, a.a.O. S.80f.
Vgl. hierzu auch S.80: „Erst auf dem dritten Niveau (Stufe 5-7) verwandeln sich die Rollenträger in Personen, die ihre Identität unabhängig von konkreten Rollen und besonderen Normensystemen behaupten können." Diese Aussage, dass das Kind als eine ‚Kombination von Rollenattributen' verstanden werden muss und erst mit der Adoleszenz in die Lage versetzt wird, sein ‚Ich hinter die Linie aller besonderen Normen und Rollen zurückzunehmen', wird von Habermas nicht weiter ausgewiesen. Man könnte jedoch mit Ronald D.Laing fragen, ob nicht bereits die kindliche ‚Lüge' ein erstes Indiz für eine Art ‚Ich-Identität' ist,

die sich hinter die Linie der Normen und Rollen zurückziehen kann: „Vielleicht erinnern wir uns, wie in der Kindheit Erwachsene zuerst mitten durch uns hindurch und in uns hinein sehen konnten, und was für eine Leistung es war, als wir zitternd vor Furcht die erste Lüge sagen konnten, und als wir für uns die Entdeckung machten, dass wir in bestimmten Hinsichten unwiderruflich allein sind, und dass es innerhalb des Territoriums unserer selbst nur unsere eigenen Fußspuren geben kann."

Zit. Laing, D.Ronald, Das geteilte Selbst, Köln 1983, S.44f.

89 Zit. Habermas, Zur Rekonstruktion des Historischen Materialismus, a.a.O., S.85

90 ebenda, S.87f.

91 ebenda, S.64

92 ebenda, S.117

93 ebenda, S.120

94 Krappmann bezieht sich ganz explizit auf Habermas.
Vgl. Krappmann, Lothar, Soziologische Dimensionen der Identität, Strukturelle Bedingungen für die Teilnahme an Interaktionsprozessen, Stuttgart 1972

95 ebenda, S.56

96 Zit. Habermas, Zur Rekonstruktion des Historischen Materialismus, a.a.O., S.88

97 Zur Kritik am Diskursmodell vgl. auch Müller, a.a.O., S.322 und S.334: "Aber soviel sei gesagt, daß die Ansetzung der ‚Mündigkeit' und des ‚herrschaftsfreien Dialogs' als des gesollten Sinns der Geschichte, weil beide die wahre Wirklichkeit der menschlichen Gattung seien, durchaus dogmatisch und willkürlich geschieht und keinerlei Evidenz oder Stringenz für sich beanspruchen kann. Denn die mit ‚Mündigkeit' und ‚herrschaftsfreier Dialogizität' umschriebene Freiheit ist nur ein unbestimmter formaler Aspekt der Freiheit sowie die ‚Emanzipation', die als Schlagwort seit einigen Jahren wie ein Dauerregen auf uns niederprasselt, nur Befreiung als Vorgang einer Lösung aus Bindungen besagt, aber über das Wesen der Freiheit oder ihren positiven Begriff sich ausschweigt […]. Die Mündigkeit als Freiheit ist Freiheit für die Freiheit, der ihr entsprechende Wille ist Wille zum Willen, ganz wie es der Willensmetaphysik sowohl Kants, wie auch Nietzsches entspricht […] . Von dieser Sicht her gehört auch die kritische Theorie von Jürgen Habermas in die Endstufe der Metaphysik der Subjektivität."

98 Zit. Goffman, Stigma, a.a.O., S.8

99 Vgl. Habermas, Moralbewußtsein und kommunikatives Handeln, Frankfurt a. M. 1983, S.172ff.
Vgl. Habermas, Zur Rekonstruktion des historischen Materialismus, a.a.0., S.81ff., S.94.
Vgl. auch Junker, Jean-Pierre, Entfremdung von der Rolle, Ein Nachtrag zu Goffmans Konzept der Rollendistanz, Bern 1971, S.20: „Für Jürgen Habermas ist Rollendistanz die mentale Vorbedingung zu reflektiertem im Gegensatz zu unreflektiertem Rollenspiel".

100 Zit. Goffman, Interaktion: Spaß am Spiel, Rollendistanz, a.a.O., S.121f.
101 ebenda, S.122 f.
102 Zit. Habermas, Kleine politische Schriften I-IV, Frankfurt a.M. 1981, S.486
103 Zit. Habermas, Was heißt Universalpragmatik?, S.176, in: Apel, Karl Otto (Hrsg.), Sprachpragmatik und Philosophie, Frankfurt a.M. 1976, S.174-272
104 Zit. Habermas, Die Einheit der Vernunft in der Vielheit ihrer Stimmen, in: Merkur, Deutsche Zeitschrift für europäisches Denken, Heft 1, Januar 1988, S.14
105 Vgl. Gerd H. Müllers Rezension zu: Jürgen Habermas, Zur Rekonstruktion des Historischen Materialismus, in: Philosophischer Literaturanzeiger, Bd.36, Meisenheim 1983, S.91: „Ironischerweise, aber auch konsequenterweise, mündet die ‚Rekonstruktion des Historischen Materialismus' nicht im Marxismus aus, sondern durchaus unverkennbar, wenn auch anscheinend unbemerkt durch Habermas - im Neukantianismus."
106 Zit. Habermas, Technik und Wissenschaften als ‚Ideologie', Frankfurt a.M. 1968, S.163
107 Vgl. Habermas, Kleine politische Schriften I-IV, a.a.O., S.452ff.
108 Zit. ebenda, S.531
109 Zit. Habermas, Moralbewußtsein und kommunikatives Handeln, a.a.O., S.26
110 Zit. Mead, Geist, Identität und Gesellschaft, a.a.O., S.331
111 ebenda, S.330
112 Zit. Goffman, Stigma, a.a.O., S.160, S.167, S.169f.
113 Vgl. Sartre, Das Sein und das Nichts, a.a.O., S.301-308
Sartres phänomenologische Ontologie ist von Hegel, Husserl und Heidegger ebenso beeinflusst, wie sie sich aber auch kritisch von deren Position abzuheben bemüht. Im Hinblick auf die Strukturanalyse des ‚Für-Andere-Seins' versucht Sartre seine Position in erster Linie von der Kantischen Sichtweise klar zu trennen, dem er einen solipsistischen Ausgangspunkt vorwirft, wonach der Andere nur als gewöhnliches, dem Subjekt unverwandt gegenüberstehendes Objekt begriffen wird.
114 Zit. Sartre, Das Sein und das Nichts, a.a.O., S.339
115 ebenda, S.341
116 ebenda, S.341
117 ebenda, S.341
118 ebenda, S.345, S.347
119 ebenda, S.33
120 ebenda, S.381
121 ebenda, S.468
122 ebenda, S.356
123 ebenda, S.356
124 Zit. Laing, D. Ronald, Das Selbst und die Anderen, Köln 1977, S.66 Laing unternimmt in Anlehnung an die von Sartre aufgewiesene Struktur des Für-Andere-Seins den Versuch, die Psychose existenziell zu verstehen. Die Psychose wäre demzufolge als durchaus normale Schwierigkeit zu verstehen, eine konse-

quente Identität für das Selbst herzustellen, das heißt das Selbst kohärent auf gleiche Art und Weise zu sehen. Zu solchen Schwierigkeiten kommt es etwa dann, wenn die Definitionen des Selbst durch die Anderen inkonsequent sind oder sich gegenseitig ausschließen. In diesem Fall findet sich der betroffene Mensch laut Laing nicht nur in einem Konflikt wieder, ‚sondern in einer solchen Verwirrung, dass er nicht einmal weiß, woher die Verwirrung kommt, und dass er zudem nicht weiß, dass er verwirrt ist.' Menschen, die unter einer derart ausgehöhlten Identität leiden, fühlen sich daher zu dem Versuch getrieben, alle Möglichkeiten, wie sie von außen definiert werden könnten, zu kontrollieren, um nicht in noch größere Verwirrung gestürzt zu werden. Laing gibt uns an dieser Stelle unter anderem das Beispiel zweier Patienten, die während einer analytischen Gruppensitzung miteinander diskutierten. Plötzlich brach einer der beiden die Diskussion ab, indem er sagte: ‚Ich kann nicht weitermachen. Sie argumentieren, um über mich triumphieren zu können. Bestenfalls können ihre Argumente anerkannt werden, schlimmstenfalls werden sie verworfen. Ich aber argumentiere, um meine Existenz zu bewahren.'

Laing schlussfolgert, dass beim sogenannten Gesunden ein starkes Selbstgefühl bereits vorhanden sein muss, damit man als menschliches Sein mit Anderen in Beziehung sein kann, ohne dass jede Beziehung bereits das Dasein mit dem Verlust seiner Identität bedroht.

Vgl. Laing, D. Ronald, Das Selbst und die Anderen, a.a.O., S.62-73, und Ders., Das geteilte Selbst, Eine existenzielle Studie über geistige Gesundheit und Wahnsinn, Köln 1983, S.52ff.

125 Zur Entstehung des Stückes schreibt Simone de Beauvoir: „Der Gedanke, ein sehr kurzes Drama mit einem einzigen Bühnenbild und nur zwei oder drei Personen zu schreiben, lockte Sartre. Er dachte sofort an eine Situation hinter verschlossenen Türen: Leute, die während eines langen Bombardements in einem Keller eingeschlossen wären. Dann kam ihm die Erleuchtung, seine Helden gleich für alle Ewigkeit in die Hölle zu verfrachten. Er verfasste mit Leichtigkeit Huis Clos, das er zuerst Les Autres nannte und unter diesem Titel in L' Arbalète abgedruckt wurde." Vgl. de Beauvoir, Simone, In den besten Jahren, Reinbek 1961, S.474

126 Zit. Sartre, Bei geschlossenen Türen, in: Drei Dramen, Hamburg 1985, S.9f.

127 ebenda, S.19

128 ebenda, S.20

129 ebenda, S.23f

130 ebenda, S.27

131 ebenda, S.35f.

132 Zit. Sartre, Das Sein und das Nichts, a.a.O., S.466

133 Zit. Sartre, Bei geschlossenen Türen, a.a.O., S.39,42

134 ebenda, S.41

135 Vgl. Sartre, Ist der Existenzialismus ein Humanismus? in: Drei Essays, Frankfurt a.M. 1964, S.11

136 Zit. Goffman, Rahmen-Analyse, Frankfurt a.M. 1977, S.617, 619

137 Vgl. Brumlik, a.a.O., S.89f.
138 Zit. Ashworth. P.D., L'enfer, c'est les autres': Goffman's Sartrism, S.98, in: Human Studies, Bd.8, Norwood 1985, S.97-168
139 Vgl. Ashworth, a.a.0., S.98,
140 Vgl. Brumlik, a.a.O., S.82
141 Zit. Ashworth, a.a.0., S.105
142 Vgl. Lofland, J., Early Goffman: Style, structur, substance, soul, in: Ditton, J. (Hrsg.), The View from Goffman, London 1980, S.48,
     Vgl. Craib, J., Existentialism and Sociology: A Study of Jean-Paul Sartre, Cambridge 1976
     Vgl. Ashworth, a.a.O., S.102 ff.
143 Zit. Sartre, Das Sein und das Nichts, a.a.O., S.381
144 ebenda, S.356
145 ebenda, S.470
146 ebenda, S.476
147 ebenda, S.473
148 ebenda, S.482
149 Vgl. Danto, C.Arthur, Jean-Paul Sartre, München 1977, S.117f.
150 Zit. Sartre, Das Sein und das Nichts, a.a.O., S.467, Vgl. hierzu auch Sartre, Das Sein und das Nichts, a.a.0. S.467: „Es gibt also keine Dialektik meiner Beziehungen zu anderen, sondern einen Kreislauf [...]."
151 Vgl. Hegel, Friedrich Willhelm, Phänomenologie des Geistes, Frankfurt 1986
152 Vgl. Sartres Hegelkritik, Das Sein und das Nichts, a.a.O., S.316-326: „Wir richten gegen Hegel eine zweifache Anklage wegen Optimismus, Zum ersten scheint Hegel der Sünde des erkenntnistheoretischen Optimismus schuldig zu sein. Er hält in der Tat dafür, dass die Wahrheit des Selbstbewusstseins sichtbar werden kann, das heißt, dass eine objektive Übereinstimmung zwischen den Bewusstseinsindividuen realisiert werden kann [...]."(S.322)
     Dies ist nach Sartre aber prinzipiell unmöglich, da der konkrete Andere niemals ‚für sich' so ist, wie er mir erscheint, und ich mir nicht so erscheine, wie ich ‚für den Anderen' bin. Ich bin ebenso unfähig, mich für mich so zu ergreifen, wie ich für den anderen bin, so wie ich auch nicht in der Lage bin, dasjenige, was der Andere für sich ist, an dem mir erscheinenden Anderen zu ergreifen. „Wie kann man also", so Sartres kritische Frage an Hegel, „einen Allgemeinbegriff prägen, der unter dem Namen Selbstbewusstsein sowohl mein Bewusstsein für mich und von mir als auch meine Erkenntnis des Anderen in sich begreift?" (S.325)
     Neben dem erkenntnistheoretischen Optimismus bezichtigt Sartre Hegel auch eines ontologischen Optimismus. Für Hegel sei die Wahrheit immer die Wahrheit des Ganzen. Wenn er nun das Verhältnis von Bewusstseinsindividuen betrachte, so versetze er sich in kein Einzelbewusstsein, sondern untersuche deren Verhältnis unter dem Gesichtspunkt der ihnen bereits innewohnenden gemeinsamen Ganzheit. Die Vielheit wird bei Hegel immer in Richtung auf die Ganzheit hin überschritten. „Aber", so Sartres Kritik, „wenn Hegel die Realität

dieses Überschreitens zusichern kann, so deshalb, weil er sie sich von Anfang an gegeben hat. Faktisch hat er sein eigenes Bewusstsein vergessen, er ist das Ganze, und wenn er in diesem Sinne das Problem der Bewusstseinsindividuen so leicht löst, so deshalb, weil es für ihn niemals ein wirkliches Problem in dieser Angelegenheit gegeben hat."(S.326)

Letztlich wirft Sartre hier Hegel, ähnlich wie Heidegger, das Vorbeigehen am Phänomen des ‚konkret Anderen‘ vor. Seine Hegel-Interpretation und Hegel-Kritik ist allerdings ebenso wie seine Auseinandersetzung mit Heidegger sehr eigenwillig. Er setzt die Hegelsche Begrifflichkeit im Selbstbewusstseinskapitel, die ihn zweifellos bei seiner Phänomenologie der Liebe angeregt hat, insbesondere die Herr/Knecht Dialektik, für seine Zwecke anthropologisch um. So versteht er auch die Erfahrung der ungleichen Anerkennung im Herr/Knecht-Verhältnis und dessen Aufhebung nicht als entwicklungslogische oder historische Geistgestalt, sondern als zeitlose Evidenz konkreter Beziehungserfahrung. Hierzu mag er auch durch Kojèves Hegel-Vorlesungen angeregt worden sein, der dem damals starken Bedürfnis einer anthropologischen Einbindung und Fundierung der Dialektik Folge leistete und damit das französische Hegel-Verständnis weitgehend prägte.

Vgl. hierzu auch Ottman, Henning; Individuum und Gemeinschaft bei Hegel, Hegel im Spiegel der Interpretationen, Bd.1, Berlin, New York 1977, S.93-100. Ottman schreibt in dem Kapitel ‚Die Phänomenologie des Geistes als Bibel eines existenzialistischen Marxismus‘: „Noch ungehemmter als Lukacs verkleidet Kojeve Hegel als atheistischen, revolutionären und anthropologischen Marxisten mit existenzialistischem Einschlag [...]. Kojeve beweist auf radikale Weise, wie weit der Linkshegelianismus gegangen ist, um die ehemals gegen Hegel erhobenen Vorwürfe fallen zu lassen [...]."(S.91 und 96)

Vgl. zu Sartres eigenwilligem Hegelverständnis und seiner Kritik an der Hegelschen Herr-Knecht-Dialektik auch Kampits, Peter, Sartre und die Frage nach dem Anderen, Eine Sozialontologische Untersuchung, München 1975, S.63-76

153 Eine Reihe kritischer Einwände gegen Sartres Phänomenologie der Liebe bringt Lee H. Sander in seinem Artikel ‚The failure of love and sexual desire in the philosophy of Jean-Paul Sartre‘.

Insbesondere hält es Sander durchaus für möglich, den Geliebten gerade auch in seiner Freiheit noch anzuerkennen, ohne sich dabei selbst der Freiheit zu berauben, wie dies Sartre fälschlicherweise folgern würde. Sander verweist bei seiner Argumentation unter anderem auch auf folgende Beschreibung der ‚genuinen Liebe‘ von Simone de Beauvoir, die ebenfalls entgegen Sartres These eine authentische gegenseitige Beziehung für möglich hält, in der keiner den Anderen unterwerfen muss, um nicht selbst unterworfen zu werden:

„Genuine love ought to be founded on mutual recognition of two liberties; the lovers would then experience themselves both as self and as other; neither would give up transcendence, neither would be mutilated; together they would manifest values and aims in the world. For the one and the other, love would be a relevation of self by the gift of self and enrichment of world."

Zit. Simone de Beauvoir, The second Sex, (translated by Alfred Knopf) New York 1953, S.667, zitiert nach Sander H. Lee, The failure of love and sexuel desire in the philosophy of Jean-Paul Sartre, S. 512-519 in: Philosophy Research Archives,(1985) Bd.11, An international scholarly Journal, published by the Philosophy Documentation Center, Ohio 1985

154 Zit. Sartre, Ist der Existenzialismus ein Humanismus?, a.a.O., S.11

155 Zit. Sartre, Das Sein und das Nichts, a.a.O., S.561

156 ebenda, S.720

157 ebenda, S.599

158 ebenda, S.708

159 ebenda, S.721

160 ebenda, S.720

161 ebenda, S.670

162 Zit. Biemel, a.a.O., S.127

163 Vgl. Sartre, Ist der Existenzialismus ein Humanismus?, a.a.O., S.12, S.32, S.28ff.
Peter Kampits bemerkt hierzu einerseits, dass Sartres spärliche Ausführungen zur Anerkennung des Anderen in seiner Freiheit als rein ethische Forderung zu verstehen sei, deren Einlösung zu seiner Ontologie im Widerspruch steht. Ontologisch gesehen sei für Sartre die Anerkennung nur auf der Ebene gegenseitiger Zuweisungen und Objektivationen möglich, nicht aber als Anerkennung des Anderen in seiner Freiheit. Kampits interpretiert Sartre somit entgegen Biemels Interpretation unzweideutig: „Eine gelingende gegenseitige Anerkennung bleibt aufgrund des antagonistischen Charakters meiner Seinsbeziehung zum Anderen ausgeschlossen [...]. Meine Freiheit und die Freiheit des Anderen stehen zueinander in strenger Ausschließlichkeit." (S.231)
Zum anderen weist Kampits darauf hin, dass Sartres anderslautende Ausführungen in der Schrift ‚L'existentialisme est un humanisme' für eine philosophische Untersuchung nicht ernst zu nehmen seien, da Sartre selbst diese Schrift später durch die Feder seines Apologeten Francis Jeanson hat widerrufen lassen.
Vgl. Kampits, Peter, Sartre und die Frage nach dem Anderen, eine sozialontologische Untersuchung, München 1975, S.231-239

164 Zit. Planty-Bonjour, Guy, Sartres Begriff der menschlichen Freiheit, S.126, in: Perspektiven der Philosophie, Bd.11, Amsterdam, Würzburg 1985, S.113-129

165 Zit.Theunissen, Der Andere, a.a.O., S.221

166 Zit. Theunissen, Der Andere, a.a.O., S.207

167 ebenda, S.187

168 ebenda, S.224

169 Zit. Kampits, a.a.O., S.296f.

170 Zt. Sartre, Das Sein und das Nichts, a.a.O., S.466

171 ebenda, S.467

172 Vgl. Buber, Martin, Zwiesprache, Traktat zum Dialogischen Leben, Heidelberg 1978, S.79: „Diese Schrift (Zwiesprache) darf als Ergänzung meines 1923 erschienenen Buchs ‚Ich und Du' gelten [...]. „

Eine ausführliche Rekonstruktion der Entstehungsgeschichte und des darauf aufbauenden thematischen Zusammenhangs des Buberschen Werkes findet sich bei Rivka Horwitz, Buber's Way to I and Thou ', Heidelberg 1978. (Rez. von Erich Mende, in: Dialog zwischen Theologie und Philosophie, Aspekte der neueren Buber-Literatur, in: Philosophischer Literaturanzeiger, Bd.33, 180, S.185-194)

Zu Aufbau und Entwicklung des Buberschen Werkes vgl. auch: Editorischer Anhang zu ‚Urdistanz und Beziehung', Heidelberg 1978, S.41-57

173   Zit. Schaeder, Grete, Martin Buber, Hebräischer Humanismus, Göttingen 1966, S.141

174   Vgl. hierzu Bubers Vorbemerkung in: Das Problem des Menschen, Heidelberg 1982, S.5: „Diese in ihrem ersten Teil wesentlich problemgeschichtliche, im zweiten wesentlich erörternde Schrift soll die in anderen Arbeiten dargelegte Erkenntnis des dialogischen Prinzips historisch einordnen und gegen einige zeitgenössische Theorien kritisch abheben. Zugleich mag sie als Einleitung zu einer noch ausstehenden Veröffentlichung dienen." (gemeint ist ‚Urdistanz und Beziehung')

175   Vgl. Schaeder, Grete, a.a.O., S.363: „Bubers Weltbild hat immer etwas von der Dynamik eines religiösen Mythos behalten - es war in der Sprache der neuzeitlichen Philosophie nicht wiederzugeben."

176   Zit. Amir, Yehoshua, Das Endliche und das Ewige bei Buber, S.89 und S.106, in: Bloch, Jochanan, Haim, Gordon (Hrsg.), Martin Buber, Bilanz seines Denkens, Freiburg, Rom 1983, S.87-105

177   Vgl. Buber, Das Dialogische Prinzip, Heidelberg 1984, S.80, S.135

178   ebenda, S.313

179   Zit. Buber, Die Antwort, S.590, in: Schilpp, Paul Arthur, Friedman, Maurice, Martin Buber, Stuttgart 1963, S.589-639 Vgl. hierzu auch: Mende, Erich, Dialog zwischen Theologie und Philosophie, a.a.O., S.185

180   Zit. Buber, Die Antwort, a.a.O., S.593

181   ebenda, S.592

182   Zit. Buber, Ich und Du, in: Das Dialogische Prinzip, a.a.O., S.10,

183   Zit. ebenda, S.8

184   Vgl. Buber, Zwiesprache, a.a.O., S.25

185   Zit. Buber, Zwiesprache, a.a.O., S.26f.

186   Zit. Buber, Elemente des Zwischenmenschlichen, S.284 in: Buber, Martin, Das Dialogische Prinzip, a.a.O., S.271-298

187   Zit. Buber, Ich und Du, in: Das Dialogische Prinzip, a.a.O., S.34

188   ebenda, S.17

189   ebenda, S.11f.

190   Vgl. Buber, Elemente des Zwischenmenschlichen, in: Das Dialogische Prinzip, a.a.O., S.290

      Vgl. Theunissen, Der Andere, S.260

      Vgl. Theunissen, Bubers negative Ontologie des Zwischen, S.321, in: Philosophisches Jahrbuch, Bd. 71, (Hrsg. Max Müller), Freiburg 1963/64, S. 319-330.

Vgl. Albert, Karl, Das gemeinsame Sein. Studien zur Philosophie des Sozialen, Sankt Augustin 1981, S.74f.
Albert weist hinsichtlich Bubers Konzept des Ich-Du-Verhältnisses darauf hin, dass das Sein keine Teile hat und deshalb die dialogische Teilhabe an der Seinsgemeinschaft nicht allein auf Menschen beschränkt sein kann, sondern sich konsequenterweise ‚auf das Sein alles Seienden‘ richten muss.

191 Vgl. Buber, Ich und Du, in: Das Dialogische Prinzip, a.a.O., S.66
192 ebenda, S.66
193 ebenda, S.67
194 Vgl. Buber, Urdistanz und Beziehung, Beiträge zu einer philosophischen Anthropologie, Heidelberg 1978, S.12, S.18
195 Zit. Buber, Die Antwort, a.a.O., S.594
196 Vgl. Buber, Ich und Du, in: Das Dialogische Prinzip, a.a.O., S.31
197 Zit. Buber, Die Antwort, a.a.O., S.594
198 Zit. Buber, Ich und Du, in: Das Dialogische Prinzip, a.a.O., S.100, S.21
199 ebenda, S.38
200 ebenda, S.13
201 ebenda, S.66
202 ebenda, S.15
203 Zit. Sartre, Das Sein und das Nichts, a.a.O., S.466
204 Vgl. Buber, Die Antwort, a.a.0., S.596
205 Vgl. Buber, Das Problem des Menschen, a.a.O., S.165
206 ebenda, S.165f.
207 Vgl. Buber, Ich und Du, in: Das Dialogische Prinzip, a.a.O., S.11
208 ebenda, S.15f.
209 Vgl. Hermanns, Jutta, Die Erziehungsphilosophie Martin Bubers als Ausdruck seiner Einstellung zum Mitmenschen, Ein philosophisch-pädagogisches Komplement zu pädagogischen Tendenzen der Gegenwart, Mainz 1987
Vgl. Faber, Werner, Das Dialogische Prinzip Martin Bubers und das erzieherische Verhältnis, in: Martin Buber zum Gedächtnis, Vorträge und Berichte der Universität Frankfurt, Didaktisches Zentrum (Hrsg.), Frankfurt 1976,
Vgl. Dilger, Irene, Das dialogische Prinzip bei Martin Buber, Frankfurt a.M. 1983
In oben aufgeführten Studien ist mit Ausnahme von einigen Hinweisen (Hermanns S.129,146 und Dilger S.53) die Bubersche These von der Notwendigkeit der Anerkennung der ‚Potentialität des Anderen‘ noch zu wenig beachtet worden, obgleich eine Auswertung gerade dieses Aspektes der Buberschen Dialogik für die pädagogische Diskussion zur Kindererziehung wertvoll sein könnte.
Vgl. hingegen Suter, Alois, Menschenbild und Erziehung bei M.Buber und C.Rogers, Ein Vergleich, Stuttgart 1986
Suter zitiert die Stellen, an denen Buber das Kind als ‚werdebereite Seele‘ und als ‚urgewaltige Potentia‘ bezeichnet, betont aber dann, dass Buber dennoch, entgegen reformpädagogischen Absichten des ‚entfaltenden Wachsenlassens‘, der Erziehung letztlich doch die Aufgabe der formenden Gestaltung im Hin-

blick auf die dem Kinde zukommende ‚Bestimmung' zuweise. Dies ist richtig, es gilt dabei allerdings zu berücksichtigen, dass Buber unter ‚Bestimmung' nicht etwas dem Kind vom Erzieher Zugedachtes versteht, als vielmehr die dem Kind selbst innewohnende und zukommende wesenhafte Entfaltung, bei der der Erzieher als Helfer nur insofern einspringt und einspringen soll, als jede Entfaltung erst auf dem sicheren Boden einer dialogischen Beziehung möglich ist. Denn das optimale erzieherische Verhältnis ist bei Buber, worauf auch Suter zu Recht hinweist (S.197f.), immer ein rein dialogisches. Die ‚Anerkennung der Potentialität' bzw. die Bestätigung des Kindes in seinem Möglichsein bleibt dabei eine zentrale Aufgabe des Erziehers. Suter zeigt in seinem Kapitel ‚Das erzieherische Verhältnis bei Buber' schließlich auch deutlich auf diesen Sachverhalt hin: „Im Menschen verkörpert sich gewissermaßen die Kategorie der Möglichkeit [...]. Aus der Bestätigung der eigenen Person erwächst das Selbstvertrauen. Aber der Mensch, insbesondere das Kind, ist nichts Statisches, sondern ein sich ständig entwickelndes, sich wandelndes Wesen. Die erzieherische Umfassung bestätigt daher auch - wie wir sahen - die Potentialität des Kindes." (S.201f.) Vgl. Suter, a.a.O., S.113-117, 155-173, vor allem S.195-214

210 Zit. Deschoux, Marcel, Du dialogue authentique et de ses conditions, S.31, in: L'homme et son prochain, Actes de VIIIe Congrès des Societés de Philosophie de Langue Française, Toulouse 1956, S.29-33

211 Zit. Buber, Elemente des Zwischenmenschlichen, in: Das Dialogische Prinzip, a.a.O., S.287
Zum selben Ergebnis kommt auch Deschoux auf S. 30: „N'admettant pas que le partenaire puisse avoir part à la vérité (et soimême à l'erreur), venu vers autrui avec en mains, rédigé à l'avance, un ‚contract d'adhésion' (alors qu'il s'agirait d'en étudier les termes), inévitablement on bloque le dialogue au moment même de l'entamer."

212 Zit. Buber, Elemente des Zwischenmenschlichen, in: Das Dialogische Prinzip, a.a.O., S.286

213 Vgl. Buber, Ich und Du, in: Das Dialogische Prinzip, a.a.O., S.32

214 ebenda, S.30f.

215 ebenda, S.31

216 Zit. Buber, Elemente des Zwischenmenschlichen, in: Das Dialogische Prinzip, a.a.O., S. 289

217 ebenda, S.291f.

218 Zit. Buber, Urdistanz und Beziehung, a.a.O., S.28

219 Vgl. Sartre, Das Sein und das Nichts, a.a.O., S.33

220 ebenda, S.350, S.364

221 ebenda, S.522
Vgl. hierzu auch Kampits, a.a.O,, S.232

222 Zit. Buber, Elemente des Zwischenmenschlichen, in: Das Dialogische Prinzip, a.a.O., S.274f.

223 ebenda, S.280

224 Vgl. hierzu auch das Ergebnis der Untersuchung von Pfuetze, Paul: Self, Soci-

ety, Existence, Human Nature and Dialogue in the Thought of George Herbert Mead and Martin Buber, Westport 1973, S.350-355, speziell S.353f: „Both Mead and Buber attempt to maintain the ultimate autonomy, freedom and integrity of the finite ,social individual', but the internal evidence suggest that Mead is less successful than Buber because of his social idealism and his radical empiricism [...]. Meads too great stress on the social and cultural factors led him to minimize the factors of uniqueness, singularity, and autonomy which Buber underscores [...]. In the absence of a firmer metaphysics, Mead's naturalism never accounts for the capacity of the human animal to develop language, take the role of others, and envisage values. He therefore assumes a self in order to get a self. Metaphysically and epistemologically, Mead appears guilty of begging the question [...] Mead's self is not more ethical than the social group which molds the self. And Mead fails to show how to get a harmonious integrated self from a discordant and multifold society, especially if there is no nuclear permanent center."

225 ebenda, S.354
226 Vgl. Sartre, Die Transzendenz des Ego, Reinbek 1964, S.39
227 Zit. Buber, Elemente des Zwischenmenschlichen, in: Das Dialogische Prinzip, a.a.O., S.279f.
228 ebenda, S.282
229 Vgl. Buber, Nachwort: Zur Geschichte des dialogischen Prinzips, in: Das Dialogische Prinzip, a.a.O., S.301
230 Marcel, Gabriel, L'anthropologie philosophique de Martin Buber, S.1741, in: Martin Buber, L'homme et le philosophe, Edition de l'institut de Sociologie de l'université libre de Bruxelles 1968
231 Boni bestätigt zu großen Teilen Goldsteins bereits 1965 erschienene Studie ,Jean-Paul Sartre und Martin Buber', in der dieser folgendes hier verkürzt wiedergegebenes Diagramm aufgestellt hat:

„Existenzialismus	Dialogik
Ausgangspunkt: Kierkegaard	Kierkegaard
Ändert den Inhalt Kierkegaards	Behält den Inhalt Kierkegaards
Leugnet Gott	,Der Gott, zu dem ich mich und Kierkegaard bekennen' (Buber)
Folge: Isoliertes Ich	Grundsätzlich stets bezogenes Ich
Kernsatz: Existenz geht Essenz voraus Existenz heißt	auch für Dialogik gültig auch in der Dialogik

Verwirklichung

Der Mensch von heute ist der Mensch in der Krise	Auch für Buber ist er der Mensch der ‚Hauslosigkeit‘
und ist dem Absoluten nicht verbunden, hat statt des objektiven Maßstabes nur den Blick auf sich	ist dem Ewigen Du durch alle Beziehung verbunden
Ergebnis: Solipsismus Narzissmus Egomanie Verzweiflung	Altruismus Nächstenliebe Hilfsbereitschaft Vertrauen" (S.38ff.)

Goldsteins auch von Boni als ‚hyperbolisch‘ kritisierte Schematisierung legt nahe, dass Bubers ontologische Unterscheidung von Eswelt und Duwelt, von Beziehungsebene und Objektebene gleichbedeutend ist mit einer moralischen Wertung, was aber, wie zu zeigen sein wird, nicht der Fall ist.
Vgl. Goldstein, Walter, Jean-Paul Sartre und Martin Buber, Eine vergleichende Betrachtung von Existenzialismus und Dialogik, S.38-40
Vgl. Boni, Sylvain, The self and the other in the ontologies of Sartre and Buber, Washington 1982, S.169-180
232 Zit. Buber, Zwiesprache, a.a.O. S.69
233 Zit. Buber, Elemente des Zwischenmenschlichen, in : Das Dialogische Prinzip, a.a.O., S.275
234 Vgl. Rosenzweig, Franz, a.a.O., S.77 in: Buber, Martin, Briefwechsel aus sieben Jahrzehnten, Bd.l, Heidelberg 1972
Vgl. Mende, Erich, Dialog zwischen Theologie und Philosophie, a.a.O., S.185
235 Sowohl Theunissens inzwischen wieder neu aufgelegte Untersuchung ‚Der Andere, Studien zur Sozialontologie der Gegenwart‘ gilt nach wie vor als Standardwerk der Rezeption des Buberschen Denkens (1977 neu aufgelegt) als auch Jochanan Blochs bekannte Buberuntersuchung ‚Die Aporie des Du‘ (1977). Bloch hat bereits 1968 über Bubers Dialogik promoviert. Die in der ‚Aporie des Du‘ wieder aufgenommene Auseinandersetzung mit Theunissens Buberinterpretation versteht Bloch als eine Fortführung des bereits in der Dissertation thematisierten Problems der dialogischen Wirklichkeit. Er schreibt dazu: „Es war für mich ein Glücksfall, daß zu der Zeit, als ich an dieser Arbeit saß, Michael Theunissen sich an der freien Universität habilitierte. Im April 1965 gab er mir die Fahnen seiner im Druck befindlichen Habilitationsschrift ‚Der Andere‘ zu lesen. Ich war erschrocken und fasziniert. Instinkt und Einsicht sagten mir, daß das Resultat der Theunissenschen Schrift weder in der Absicht Bubers liegen, noch wirklich aus der ‚Sache‘ heraus entwickelt werden könne. Aber ich sah auch, daß das Resultat gleichsam ‚nur einen Sprung weit‘ von dem ablag, was mir damals recht verschwommen vorschwebte. Auf diesen Sprung kam es

allerdings an, in ihm kehrten sich die Intentionen um [...] die Theunissensche Analyse hat das Problem überhaupt erst begrifflich und begreifbar gemacht." (Aporie des Du, S.317)

Vgl. Theunissen, Der Andere, Studien zur Sozialontologie der Gegenwart, Berlin 1977

Vgl. Bloch, Jochanan, Die Aporie des Du, Probleme der Dialogik Martin Bubers, Heidelberg 1977

Beide Autoren haben ihre Standpunkte in Aufsätzen nochmals in komprimierter Form publiziert.

Vgl. Theunissen, Bubers negative Ontologie des Zwischen, a.a.O.

Vgl. Bloch, Jochanan, Berechtigung und Vergeblichkeit des dialogischen Denkens, in: Martin Buber, Bilanz seines Denkens, Freiburg 1983, S.62-86

236 Zit. Theunissen, Bubers negative Ontologie des Zwischen, a.a.O., S.320, S.328
237 Zit. Buber, Ich und Du, in: Das Dialogische Prinzip, a.a.O., S.8
238 Zit. Theunissen, Bubers negative Ontologie des Zwischen, a.a.O., S.326
239 ebenda, S.326
240 Zit. Theunissen, Der Andere, a.a.O., S.318
241 ebenda, S.307
242 Zit. Bloch, Berechtigung und Vergeblichkeit des dialogischen Denkens, a.a.O., S.62
243 Zit. Bloch, Aporie des Du, a.a.O., S.317
     Vgl. auch S.285: „Die Aporie des von ihm Vorgetragenen ist notwendig, da die Wirklichkeit, die er zeigt, aporetisch ist."
244 Zit. Bloch, Berechtigung und Vergeblichkeit des dialogischen Denkens, a.a.O., S.63ff.
245 ebenda, S.67
246 ebenda, S.74f.
247 Vgl. Bloch, Aporie des Du, a.a.O., S.251
248 Zit. Bloch, Berechtigung und Vergeblichkeit des dialogischen Denkens, a.a.O., S.76
249 Allerdings ist die ‚Aufhebung‘ der Eswelt in die Duwelt nicht als Synthese zu verstehen, worauf Bloch eigens hinweist.
     Vgl. Bloch, Berechtigung und Vergeblichkeit des dialogischen Denkens, S.68: „Wenn Buber von einem Baum spricht, den ich betrachte und ‚ihn betrachtend in die Beziehung zu ihm eingefaßt werde‘, so ist deutlich, und Buber betont es auch ausdrücklich, daß das Baumsein des betrachteten Baumes in der Beziehung nicht einfach verschwindet. Der Hiatus ist da: aber er ist zugleich nicht da (wobei nicht gemeint ist, er sei vermittelt, da es sich hier nicht um Hegelsche Synthese handelt). Das ‚Wie‘ steht also doch immer in einer Kongruenz mit dem ‚was‘, wenngleich ich diese Art der Kongruenz nicht bestimmen kann." Vgl. zum Verhältnis von Dialogik und Dialektik auch: Bloch, Aporie des Du, a.a.O., S.281ff. und S.316f.
250 Zit. Buber, Ich und Du, in: Das Dialogische Prinzip, a.a.O., S.11f.
251 Zit. Bloch, Berechtigung und Vergeblichkeit des dialogischen Denkens, a.a.O.,

S.78

252 ebenda, S.79
   Im Hinblick auf Theunissens ‚negativer Ontologie' und seines ‚Konzeptes der Kongruenz' konstatiert Bloch selbstbewusst: „Zwischen unseren beiden Positionen muß sich entscheiden, was die Entelechie der Dialogik ist" (ebenda, S.74)
253 Zit. Buber, Ich und Du, in: Das Dialogische Prinzip, a.a.O., S.15
254 Zit. Bloch, Berechtigung und Vergeblichkeit des dialogischen Denkens, a.a.O., S. 78
255 ebenda, S.74
256 Vgl. Bloch, Aporie des Du, a.a.O., S.258
257 Zit. Bloch, Berechtigung und Vergeblichkeit des dialogischen Denkens, a.a.O., S.68
258 ebenda, S.80f.
259 Zit. Bloch, Die Aporie des Du, a.a.O., S.307
260 Zit. Buber, Zwiesprache, a.a.O., S.19f.
261 Zit. Bloch, Berechtigung und Vergeblichkeit des dialogischen Denkens, a.a.O., S.73
262 ebenda, S.80
263 Vgl. Buber, Zwiesprache, a.a.O., S.18: „Manche berühmten Liebesverzückungen sind nichts als Ergötzen an den in nicht geahnter Fülle aktualisierten Möglichkeiten der eigenen Person. Eher noch würde ich an einen unscheinbaren, aber bedeutenden Winkel des Daseins denken: an die Blicke, die im Getümmel der Straße aufflattern zwischen Unbekannten, die aneinander gleichbleibenden Schritts vorübergehen; es sind Blicke darunter, die schicksallos zwingend zwei dialogische Naturen einander offenbaren."
264 Zit. Buber, Das Problem des Menschen, a.a.O., S.166f.
265 Zit. Freud, Sigmund, Drei Abhandlungen zur Sexualtheorie, Frankfurt a. M. 1981, S.93
266 Dieser Hinweis zum Verständnis des Mutter-Kind-Dialoges sowie eine Reflexion zur Bedeutung der frühen Mutter-Kind-Beziehung findet sich bei Aichner, Rudolf, Alice Miller, Die kritische Analyse eines erfolgreichen Werkes, (unveröffentl. Dipl.-Arbeit) München 1983
267 Zit. Laing, Ronald D., Das Selbst und die Anderen, a.a.O., S.80
   Laing interpretiert die Aussage der Mutter auf dem Hintergrund der Ontogenese von Anerkennung und Nicht-Anerkennung als ‚abschweifende Reaktion'.
268 Zit. Buber, Das Problem des Menschen, a.a.O., S.164
269 Zit. Buber, Urdistanz und Beziehung, a.a.0., S.37
270 ebenda, S.36
271 Zit. nach Bettelheim, Bruno, Die Geburt des Selbst, Frankfurt a.M., S.500f., (Titel der Originalausgabe: The Empty Fortress; Infantile Autism and the Birth of the Self, New York 1967)
272 Vgl. Spitz, René, Hospitalism, in: Psychoanalytic Study of the Child, (International Universities Press), Bd.l, New York 1945, S.53-74, Deutsch: Hospitalismus, in: Bittner, Schmitt-Cords (Hrsg.), Erziehung in früher Kindheit, München

1971

273 Vgl. Bettelheim, a.a.O., S. 448-496

274 Zit. Buber, Urdistanz und Beziehung, a.a.O., S.36f.

275 Zit. Buber, Das Problem des Menschen, a.a.O., S.168

276 Vgl. Harlow, H.F., und Harlow, M.K., Social Deprivation in Monkeys, in: Scient.Americ. 207, H.5. 1962, S.137-146
Vgl. Wickler, Wolfgang, Antworten der Verhaltensforschung, München 1970, S.185-187

277 Vgl. mündl. Mitteilungen der Ethnologin Lisa Waas M.A. vom 14.1.1990 und 22.3.1990 zum Phänomen des ‚Sozialen Todes‘, sowie aufschlussreiche Hinweise zur diesbezüglichen ethnologischen Forschungsdiskussion.

278 Vgl. Richter, Curt P., On the Phenomenon of Sudden Death, 1957, in: Psychosomatic Medicine 19, S.191-198
Vgl. Stumpfe, Klaus-Dietrich, psychosoziale Faktoren beim Sterben und Tod, S.227-237, in: Curare, Zeitschrift für Ethnomedizin und transkulturelle Psychiatrie, Vol.8, Braunschweig 1985
Vgl. ders., Der psychogene Tod, Stuttgart 1973
Vgl. ders., Der psychogene Tod in der Kriegsgefangenschaft und Maßnahmen zu seiner Verhütung und Therapie, S.46-51, in: Wehrmedizinische Monatsschrift 117, Jg. 1974
Vgl. ders., Der psychogene Tod als Folge eines Todeszaubers, S. 525-532, in: Anthropos 71, Jg. 1976
Vgl. Lévi-Strauss, Claude, Strukturale Anthropologie, Teil 1, Frankfurt 1981

279 Zit. Lévi-Strauss, Claude, a.a.O., S.183

280 Vgl. Cannon, B.Walter, ‚Voodoo‘ Death, S.180 in: American Anthropologist, Bd.44, New York 1942, S.169-181

281 Zit. Stumpfe, Psychosoziale Faktoren beim Sterben und Tod, a.a.O., S.232

282 Zit. Bettelheim, a.a.O., S. 84f.

283 Vgl. Buber, Urdistanz und Beziehung, a a.0., S.36

284 Vgl. Buber, Elemente des Zwischenmenschlichen, in: Das Dialogische Prinzip, a.a.0., S.287-292

285 Vgl. Knapp, Guntram, Der antimetaphysische Mensch, Darwin, Marx, Freud, Stuttgart 1973, S.196-249

286 Die von Buber geplante umfassende Ausarbeitung seiner Anthropologie, insbesondere die von ihm geplante Ausarbeitung seiner Aufzeichnungen von einem Seminar in der School of Psychiatry in Washington zu einer eigenen Schrift war ihm nicht mehr möglich. Die wenigen von Maurice Friedman aufgezeichneten ‚Notizen zu einem Seminar in der School of Psychiatry in Washington‘ sind unter dem Titel ‚Das Unbewußte‘ im Sammelband Nachlese abgedruckt worden.

287 Zit. Knapp, Guntram, Narzißmus und Primärbeziehung, Psychoanalytisch-anthropologische Grundlagen für ein neues Verständnis von Kindheit, Berlin 1988, S.84

288 ebenda, S.102

289 ebenda, S.226

290 ebenda, S.211
291 ebenda, S.212
292 ebenda, S.231, S.211
293 ebenda, S.226
294 ebenda, S.228
295 ebenda, S. 231f
296 ebenda, S.77
297 ebenda, S.62
298 ebenda, S.59
299 Zit. Kafka, Franz, Hochzeitsvorbereitungen auf dem Lande und andere Prosa aus dem Nachlass, S 227, S229f, in: Brod, Max (Hrsg.), Franz Kafka, Gesammelte Werke Bd.6, Frankfurt a. M. 1904
300 Zit. Kafka, Tagebücher 1910-1923, S.40f., in: Gesammelte Werke, a.a.O., Bd.3
301 Zit. Kafka, Hochzeitsvorbereitungen auf dem Lande und andere Prosa aus dem Nachlass, S.166, in: Gesammelte Werke, a.a.0., Bd.6
302 ebenda, S.172, S.186
303 Zit. Kafka, Briefe an Felice, S.509, in: Gesammelte Werke, a.a.O., Bd.10
304 Zit. Kafka, Briefe 1902-1924, S.347, in: Gesammelte Werke, a.a.O., Bd.9
305 Zit. Kafka, Hochzeitsvorbereitungen auf dem Lande und andere Prosa aus dem Nachlass, S.191, in: Gesammelte Werke, a.a.O., Bd.6
306 Zit. Kafka, Briefe 1902-1924, S.345f., in: Gesammelte Werke, a.a.O., Bd.9
307 Zit. Wagenbach, Klaus, Franz Kafka, eine Biographie seiner Jugend 1883-1912, Bern 1958, S.269
308 Zit. Kafka, Briefe 1902-1924, S.384, in: Gesammelte Werke, a.a.O., Bd.9
309 Zit. Wagenbach, Franz Kafka, eine Biographie seiner Jugend, a.a.O., S.385
310 Zit. Kafka, Die Verwandlung, S.75, S.77f., in: Gesammelte Werke, a.a.O., Bd.4, S.71-S.142
311 ebenda, S.88f.
312 ebenda, S.137
313 ebenda, S.134
314 ebenda, S.96
315 ebenda, S.136f.
316 Zit. Kafka, Briefe 1902-1924, S.23, in: Gesammelte Werke, a.a.0. Bd.9
317 Zit, Kafka, Tagebücher 1910-1923, S.319f., in: Gesammelte Werke, a.a.O. Bd.3
318 ebenda, S.567
319 Zit. Kafka, Briefe 1902-1924, S.29, in: Gesammelte Werke, a.a.O., Bd.9
320 Vgl. Kafka, Tagebücher 1910-1923, S.547, in: Gesammelte Werke, a.a.O., Bd.3
321 ebenda S.319
322 Zit. Wagenbach, Klaus, Franz Kafka, Monographie mit Selbstzeugnissen und Bilddokumenten, Hamburg 1988, S.78
323 Zit. Kafka, Briefe 1902-1924, S.384f., in: Gesammelte Werke, a.a.O., Bd.9
324 Zit. Kafka, Tagebücher 1910-1923, S.552f., in: Gesammelte Werke, a.a.0., Bd.3
325 Zit. Knapp, Narzißmus und Primärbeziehung, a.a.O., S.3
326 Zit. Kafka, Hochzeitsvorbereitungen auf dem Lande und andere Prosa aus

dem Nachlass, S.229f., in: Gesammelte Werke, a.a.O., Bd.6

327 Zit. Goes, Albrecht, Martin Buber, Der Beistand, in: Martin Buber. Fünf Ansprachen anlässlich der Verleihung des Friedenspreises des deutschen Buchhandels, Frankfurt a.M. 1953, S.27
Vgl. auch Buber, Zwiesprache, a.a.O., S.44: „Dialogisches Leben ist nicht eins, in dem man viel mit Menschen zu tun hat, sondern eins, in dem man mit den Menschen, mit denen man zu tun hat, wirklich zu tun hat."

328 Zit. Buber, Zwiesprache, a.a.O., S.69

329 Zit. Buber, Ich und Du, in: Das Dialogische Prinzip, a.a.O., S.58, Elemente des Zwischenmenschlichen, in: Das Dialogische Prinzip, a.a.O., S.284f.

330 Vgl. Buber, Elemente des Zwischenmenschlichen, in: Das Dialogische Prinzip, a.a.O., S.280

331 Zit. Buber, Ich und Du, in: Das Dialogische Prinzip, a.a.O., S.40f.

332 ebenda, S.46f.

333 Zit. Buber, Das Problem des Menschen, a.a.O., S.82

334 ebenda, S.160

335 Zit. Buber, Ich und Du, in: Das Dialogische Prinzip, a.a.O., S.50

336 Vgl. Horkheimer, Max, Adorno, W. Theodor, Dialektik der Aufklärung, Frankfurt a.M. 1986

337 ebenda, S.3

338 ebenda, S.7

339 ebenda, S.12

340 Zit. Heidegger, Martin, Die Technik und die Kehre, Pfullingen 1962, S.28

341 Vgl. zur Gefahr des Erkenntnisinteresses der modernen Naturwissenschaft auch Carl Friedrich v. Weizsäcker: „Es wird nicht Aufgabe der Physik sein, das Du in seiner Fülle zu sehen. Es wird aber ihre Pflicht sein, sich klarzumachen, daß es ihr methodisches Verfahren ist, welches diese Fülle ausschließt, und daß nicht etwa das, was sie nicht sieht, nicht existiert."
Zit. Weizsäcker, Carl Friedrich v., Ich-Du und Ich-Es in der heutigen Naturwissenschaft, S.128, in: Merkur, Deutsche Zeitschrift für Europäisches Denken, Band 12.1, Stuttgart 1958, S.124-128

342 Passim, Horkheimer, Bemerkungen zur philosophischen Anthropologie, in: Zeitschrift für Sozialforschung, Bd.4, Frankfurt 1935, S.1-25
Vgl. Horkheimer, Egoismus und Freiheitsbewegung, Zur Anthropologie des bürgerlichen Zeitalters, in: Zeitschrift für Sozialforschung, Bd.5, 1936, Photomechanischer Nachdruck, München 1980, S.161-231
Vgl. Adorno, Theodor Wiesengrund, Jargon der Eigentlichkeit, Zur deutschen Ideologie, Frankfurt 1964, passim, speziell zur Buberkritik S.1720, S.78

343 Zit. Horkheimer, Bemerkungen zur philosophischen Anthropologie, in: Zeitschrift für Sozialforschung Bd.4, a.a.O., S.6

344 Vgl. Buber, Das Problem des Menschen, Heidelberg 1982, S.42f., S. 55f., S.62

345 Trotz Horkheimers nachhaltiger Kritik an der philosophischen Anthropologie und an der Existenzphilosophie Sartres und trotz der von Adorno oft polemisch vorgetragenen Kritik speziell am Heideggerschen Jargon der Eigentlichkeit,

302

gibt es weit mehr Berührungspunkte und Gemeinsamkeiten zwischen dialektischer und phänomenologisch-ontologischer bzw. fundamentalontologischer Philosophie als bislang angenommen. So hat etwa Hermann Mörchen in zwei neueren Untersuchungen zahlreiche Ähnlichkeiten und Übereinstimmungen freigelegt, die bislang durch die oft unberechtigte gegenseitige Polemik verborgen geblieben sind.

Vgl. Mörchen, Hermann, Macht und Herrschaft im Denken von Adorno und Heidegger, Stuttgart 1980

Vgl. ders., Untersuchung einer philosophischen Kommunikationsverweigerung, Stuttgart 1981

346 Vgl. Zahn, Manfred, Zur geistigen Situation der Zeit - Ortsbestimmungen der Moderne, S.25, 31-37 in: Kern, Peter, Mut zur Zukunft, 1936-1986, 50 Jahre Efficiency-Club Basel, 1986, S.21-48,

347 Zit. Rousseau, Jean-Jacques, Abhandlung über die Frage, ob die Wiederherstellung der Wissenschaften und Künste zur Läuterung der Sitten beigetragen hat, S.37 in: Jean-Jacques Rousseau, Schriften Bd.1, Ritter, Henning (Hrsg.), Frankfurt a. M. 1988, S.27-60

348 Zit. Rousseau, Jean-Jaques, Abhandlung über den Ursprung und die Grundlagen der Ungleichheit unter den Menschen, S.264, in: Jean-Jacques Rousseau, Schriften Bd.1, a.a.O., S.191-265

349 Vgl. Hobbes, Thomas, Vom Körper, ausgew. u. übers. v. M. Frischeisen, Köhler, Hamburg 1961

350 Vgl. La Mettrie, Julien, Der Mensch, eine Maschine, Leipzig 1965

351 Vgl. Holbach, P.Th., Politique naturelle, ou Discours sur les vrais principes du gouvernement, 2 Bd., London 1773

352 Vgl. La Mettrie, Discours préliminaire in: La Mettrie, Textes choisis, Paris 1954, S.66, S.52ff., zitiert nach Baruzzi, Arno, Aufklärung und Materialismus im Frankreich des 18. Jahrhunderts, München 1968, S.8

353 Baruzzi weist in diesem Zusammenhang darauf hin, dass der ‚frühe‘ Materialismus die Vernunft im Gegensatz zum ‚späteren‘ Materialismus nicht als Epiphänomen oder Überbau versteht, sondern als im Sinne der ‚unitée matérielle‘ direkt in die Animalität einbegriffen.

Vgl. Baruzzi, Arno, Mensch und Maschine, Das Denken sub spezie machinae, München 1973, S.82

354 Zit. Baruzzi, Aufklärung und Materialismus, a.a. O., S.11

355 Zit. La Mettrie, Der Mensch, eine Maschine, a.a.O., S.41, S.135

356 ebenda, S.115

357 Auch Kants Erstlingsschrift (1746) hatte noch das Thema: ‚Gedanken von der wahren Schätzung der lebendigen Kräfte‘. Seine 1755 anonym erschienene ‚Allgemeine Naturgeschichte und Theorie des Himmels‘ ist eine rein mechanische Theorie der Entstehung des Planetensystems und des ganzen Kosmos. 1770 unterscheidet Kant erstmals in der Dissertation mit dem Titel ‚Von der Form der Sinnen und Verstandeswelt und ihren Gründen‘ zwischen der sinnlichen und der Verstandeserkenntnis und hebt die Gesetze der Vernunft von

denen der sinnlichen Erkenntnis ab.

358 Vgl. Baruzzi, Mensch und Maschine, a.a.O., S.107
359 Zit. Smith, Adam, Der Wohlstand der Nationen, Eine Untersuchung seiner Natur und seiner Ursachen, übers. v. Recktenwald, Horst C., München 1974, S.371
360 Vgl. Sade, Marquis de, Die Philosophie im Boudoir, S.71 in: v. Marion Luckow, (Hrsg.), Sade, Ausgewählte Werke Bd.3, Hamburg 1965, S.33-160
361 Zit. Holbach, System der Natur oder von den Gesetzen der physischen und der moralischen Welt, übers. v. F.G. Voigt, Berlin 1960, S.3, S.233
362 ebenda, S.7, S.5
363 ebenda, S.559
364 ebenda, S.164
365 Zit. Friedrich der Große, Gegenschrift zu L'Homme Machine, zitiert nach Cassirer, Ernst, Die Philosophie der Aufklärung, Tübingen 1932, S.94f.
366 Zit. Wilson, Edward O., Vorwort, in: Barash, David P., Soziobiologie und Verhalten, Hamburg 1980, S.8
367 Zit. Wilson, Eduard, O., Biologie als Schicksal, die Grundlagen des menschlichen Verhaltens, aus dem Amerik. übers. v. Friedrich Griese, Frankfurt 1980, S.14, S.12
368 Zit. Barash, Soziobiologie und Verhalten, a.a.0. S.103f.
369 Zit. Dawkins, Richard, Das egoistische Gen, Heidelberg, New York 1978, S.2f.
370 ebenda, S.55
371 ebenda, S.220
372 Zit. Wilson, Biologie als Schicksal, a.a.O., S.10
373 Vgl. hierzu auch Reinhard Löws kritischen Rezeptionsartikel ‚Philosophische Aspekte der Medizin und Biologie' mit einer speziellen ironischen Würdigung von R. Dawkins Buch ‚Das egoistische Gen'.
     Löw, Reinhard, Philosophische Aspekte der Medizin und Biologie in: Philosophischer Literaturanzeiger 33, Meisenheim Glan 1980, S.194-206
374 Zit. Dawkins, Das egoistische Gen, S.145
375 ebenda, S.163
376 Zit. Barash, Soziobiologie und Verhalten, S.289 f.
377 ebenda, S.287
378 Zit. Dawkins, Das egoistische Gen, a.a.O., S.105
379 Zit. Barash, Soziobiologie und Verhalten, a.a.0., S.297f.
380 Zit. Wickler, Antworten der Verhaltensforschung, München 1970, S.182
381 ebenda, S.213
382 Zit. Wickler Wolfgang, Die Biologie der zehn Gebote, München 1971, S.8
383 Zit. Löw, Philosophische Aspekte der Medizin und Biologie, a.a.O., S.201
384 Zit. Hegel, Friedrich Wilhelm, Philosophie des Rechts, nach der Vorlesungsnachschrift von H.G. Hotho 1822/23, In: Ilting, Karl Heinz, Vorlesungen über Rechtsphilosophie 1818-1831, Bd.3, Stuttgart-Bad Cannstatt 1974, S.94
     Auch Hegel beanstandete als entschiedener Kritiker des modernen Naturrechts insbesondere bereits das Hobbessche Vertragsmodell als willkürliche Legitima-

tion eines ‚Not und Verstandesstaates'.

Vgl. auch Ottmann, Henning, Das Recht der Natur in Hegels ‚Philosophie des Rechts', S.12 in: Der Staat, Zeitschrift für Staatslehre, Öffentliches Recht und Verfassungsgeschichte, Bd.23, Hamburg 1984, S.1-15

385 Vgl. Koslowski, Peter, Evolution und Gesellschaft, Eine Auseinandersetzung mit der Soziobiologie, Tübingen Mohr 1984

386 Zit. Adorno/Horkheimer; Dialektik der Aufklärung, a.a.O., S.39f.

387 Zit. Wilson, Biologie als Schicksal, a.a.O., S.14

388 Zit. Buber, Die Frage an den Einzelnen, in: Das Dialogische Prinzip, a.a.O., S.251

389 Zit. Baruzzi, Mensch und Maschine, a.a.O., S.105

390 Zit. Löw, Philosophische Aspekte der Medizin und Biologie, a.a.O., S.194f.

391 Zit. Lyotard, Jean-Francois, Das postmoderne Wissen, Engelman, Peter (Hrsg.), Wien 1986, S.112

392 Vgl. Irrgang, Bernhard, Technologisches Zeitalter oder Postmoderne, in: Zeitschrift für philosophische Forschung, Meisenheim Glan 1987, S.291

393 Zit. Buber, Ich und Du, in: Das Dialogische Prinzip, a.a.O., S.58f.

394 Zit. Zahn, Zur geistigen Situation der Zeit, a.a.O., S.43f.

395 Zit. Buber, Zwiesprache, a.a.O., S.75

396 Zit. Buber, Nachwort zur Geschichte des Dialogischen Prinzips, in: Buber, Das Dialogische Prinzip, a.a.O., S.301.

397 Zit. Goethe, zitiert nach Zahn, Manfred, a.a.O., S.27

398 Zit. Buber, Zwiesprache, a.a.O., S.48

399 Zit. Baruzzi, Alternative Lebensform?, Freiburg 1985, S.160

400 ebenda, S.162, Vgl. auch S.157ff.

401 ebenda, S.149, S.158

402 Zit. Mead, Geist, Identität und Gesellschaft, a.a.O., S.330

403 Zit. Habermas, Die Einheit der Vernunft in der Vielheit ihrer Stimmen, in: Merkur, Deutsche Zeitschrift für europäisches Denken, Bd.42, Stuttgart 1988, S.14

404 Zit. Buber, Das Problem des Menschen, a.a.O., S.164

LITERATUR:

Adorno, Theodor Wiesengrund, Jargon der Eigentlichkeit, Zur deutschen Ideologie, Frankfurt a. Main 1964

Adorno, Theodor Wiesengrund, Negative Dialektik, Frankfurt a. Main 1980

Adorno, Theodor Wiesengrund, Erkenntnisdimensionen negativer Dialektik, München, Wien, Zürich 1986

Adorno, Theodor Wiesengrund, Minima Moralia, Frankfurt a.M. 1988

Adorno, Theodor Wiesengrund, Versuch, das ‚Endspiel' zu verstehen, Frankfurt a.M. 1972

Aichner, Rudolf, Alice Miller, Die kritische Analyse eines erfolgreichen Werkes (unveröffentl. Dipl.-Arbeit), München 1983

Albert, Karl, Das gemeinsame Sein, Studien zur Philosophie des Sozialen, Sankt Augustin 1981

Apel, Karl-Otto, (Hrsg.), Sprachpragmatik und Philosophie, Frankfurt a. M. 1976

Ashworth, P.D., „L'enfer, c'est les autres": Goffman's Sartrism, in: Human Studies, Bd.8, Norwood 1985, S.97-168

Barash, David P., Soziobiologie und Verhalten, Hamburg 1980

Baruzzi, Arno, Untersuchungen zur Philosophie als Zeitkritik im Hinblick auf Martin Heidegger, (Diss.) München 1974

Baruzzi, Arno, Mensch und Maschine, Das Denken sub specie machinae, München 1973

Baruzzi, Arno, Aufklärung und Materialismus im Frankreich des 18. Jahrhunderts. La Mettrie - Helvetius - Diderot - Sade, München 1968

Baruzzi, Arno, Alternative Lebensform? Freiburg, München 1985

Baruzzi, Arno, Heidegger, Gestell und Gelassenheit, in: Allgemeine Zeitschrift für Philosophie, Bd.8, Stuttgart 1983, S.1-6

Beauvoir Simone de, In den besten Jahren, Reinbek 1961

Bettelheim, Bruno, Die Geburt des Selbst, Frankfurt a.M. 1984, (Orig. The empty Fortress; Infantile Autism and the Birth of the Self, New York 1967)

Biemel, Walter, Sartre, Hamburg 1964

Binswanger, Ludwig, Über die daseinsanalytische Forschungsrichtung in der Psychiatrie, in: Ausgewählte Vorträge und Aufsätze, Bd.I, Bern 1947, S.190-217

Binswanger, Ludwig, Der Fall Ellen West, Pfullingen 1957

Bloch, Jochanan, Berechtigung oder Vergeblichkeit des dialogischen Denkens? in: Bloch, Jochanan, Haim Gordon, (Hrsg.), Martin Buber, Bilanz seines Denkens, Freiburg, Basel, Rom 1983, S.62-87

Bloch, Jochanan, Die Aporie des Du, Probleme der Dialogik Martin Bubers, Heidelberg 1977

Bollnow, Otto, Existenzphilosophie, Stuttgart 1969

Bollnow, Otto, Das Wesen der Stimmungen, Frankfurt a.M. 1980

Boni, Sylvain, The Self and the other in the ontologies of Sartre and Buber, Washington 1982

Brecht, Bertolt, Geschichten vom Herrn Keuner, in: Brecht, Bertolt, Gesammelte Werke, Bd.12, Frankfurt a.M. 1967, S.375-415

Brumlik, Micha, Der symbolische Interaktionismus und seine pädagogische Bedeutung, Frankfurt a.M. 1973

Buber, Martin, Das dialogische Prinzip, Heidelberg 1984

Buber, Martin, Das Problem des Menschen, Heidelberg 1982

Buber, Martin, Die Frage an den Einzelnen, in: Das dialogische Prinzip, a.a.0., S.199-263

Buber, Martin, Elemente des Zwischenmenschlichen, in: Das dialogische Prinzip, a.a.0., S.271-298

Buber, Martin, Ich und Du, in: Das dialogische Prinzip, a.a.O., S.7-122

Buber, Martin, Urdistanz und Beziehung, Heidelberg 1978

Buber, Martin, Zwiesprache, Traktat zum dialogischen Leben, Heidelberg 1978

Buber, Martin, Briefwechsel aus sieben Jahrzehnten. 3 Bde., Heidelberg 1972-75

Buber, Martin, Nachlese, Heidelberg 1965

Canon, B.W. Walter, ,Voodoo' Death, in: American Anthropologist, Bd.44, New York 1942, S.169-181

Charlesworth, Max, Sartre, Laing and Freud, in: Review of existential Psychology and Psychiatry, Bd.17, New York 1981, S.23-39

Craib, I., Existentialism and Sociology: A Study of Jean Paul Sartre, Cambridge 1976

Dallmeyer, Winfried, Materialien zu Habermas' Erkenntnis und Interesse, Frankfurt a.M. 1974

Danto, Arthur C., Jean Paul Sartre, München 1977

Dawkins, Richard, Das egoistische Gen, Berlin, Heidelberg, New York 1978

Deschoux, Marcel, Du dialogue authentique et de ses condi-tions, in: L'homme et son prochain, Actes de VIIIe Congrès des Sociétés de Philosophie de langue Française, Toulouse 1956, S.29-33

Dilger, Irene, Das Dialogische Prinzip bei Martin Buber, Frankfurt a.M. 1983

Ditton, J. (Hrsg.), The View from Goffman, London 1980

Dumont, Louis, Identités collectives et idéologie universaliste. Leur interaction de fait, in: Critique, Bd.41, Paris 1985, S.506-518

Erikson, Erik H., Identität und Lebenszyklus, Frankfurt a.M. 1966

Faber, Werner, Das dialogische Prinzip Martin Bubers und das erzieherische Verhältnis, in: Martin Buber zum Gedächtnis, Vorträge und Berichte der Universität Frankfurt anlässlich des Symposions zum 10.Todestag, Frankfurt a.M. 1976, S.53-63

Fahrenbach, Helmut, Mensch, in: Krings Hermann, Handbuch philosophischer Grundbegriffe, München 1973

Freud, Sigmund, Das Ich und das Es, Frankfurt a. M. 1960

Freud, Sigmund, Drei Abhandlungen zur Sexualtheorie, Frankfurt a. M. 1981

Freud, Sigmund, Neue Folge der Vorlesungen zur Einführung in die Psychoanalyse, Gesammelte Werke XV, Frankfurt a. M. 1952

Goffman, Erving, Asyle. Über die soziale Situation psychiatrischer Patienten und anderer Insassen, Frankfurt a. M. 1972

Goffman, Erving, Geschlecht und Werbung, Frankfurt a. M. 1981

Goffman, Erving, Rahmen-Analyse, Frankfurt a. M. 1977

Goffman, Erving, Stigma, Über Techniken zur Bewältigung beschädigter Identität, Frankfurt a.M. 1967

Goffman, Erving, Wir alle spielen Theater, Die Selbstdarstellung im Alltag, München 1973

Goffman, Erving, Interaktion, Spaß am Spiel, Rollendistanz, München 1973 Strategische Interaktion, München 1981

Goes, Albrecht, Martin Buber, der Beistand, in: Martin Buber. Fünf Ansprachen anläßlich der Verleihung des Friedenspreises des deutschen Buchhandels, Frankfurt a.M. 1953

Goldstein, Walter, Jean Paul Sartre und Martin Buber, eine vergleichende Betrachtung von Existenzialismus und Dialogik, Jerusalem 1965

Gripp, Helga, Jürgen Habermas, München, Wien, 1984

Guzzoni, Ute, Nachdenken über Heidegger, Hildesheim 1980

Haarscher, Guy, Sartre et Heidegger. Apropos d'un malenten-
du, in: Revue internationale de Philosophie, Bd.39, Bruxelles
1985, S.56-71

Habermas, Jürgen, Der Eintritt in die Postmoderne, in: Merkur, Deutsche Zeitschrift für europäisches Denken, Bd.37,
S.752-761

Habermas, Jürgen, Die Einheit der Vernunft in der Vielheit ihrer Stimmen, in: Merkur, Deutsche Zeitschrift für europäisches
Denken, Bd.42, Stuttgart 1988, S.1-14

Habermas, Jürgen, Erkenntnis und Interesse, Frankfurt a.M.
1973

Habermas, Jürgen, Kleine politische Schriften I-IV, Frankfurt
a.M. 1981

Habermas, Jürgen, Moralbewußtsein und kommunikatives
Handeln, Frankfurt a.M. 1983

Habermas, Jürgen, Technik und Wissenschaften als ‚Ideologie‘,
Frankfurt a.M. 1968

Habermas, Jürgen, Was heißt Universalpragmatik? in: Apel,
Karl Otto (Hrsg.), Sprachpragmatik und Philosophie, Frankfurt
a.M. 1976

Habermas, Jürgen, Zur Rekonstruktion des Historischen Materialismus, Frankfurt a.M. 1976

Haeberlin, Urs, Identitätskrisen, Bern, Stuttgart 1978

Harlow, H.F., Social Deprivation in Monkeys, in: Scient.Americ. 207, H.5 1962, S.137-146

Hegel, G.W. Friedrich, Phänomenologie des Geistes, Frankfurt a.M. 1970

Hegel, G.W. Friedrich, Philosophie des Rechts, nach der Vorlesungsnachschrift von H.G. Hotho 1822/23, in: Ilting, Karl Heinz, Vorlesungen über Rechtsphilosophie 1818-1831, Bd.3, Stuttgart-Bad Cannstatt 1974

Heidegger, Martin, Sein und Zeit, Tübingen 1979

Heidegger, Martin, Die Technik und die Kehre, Pfullingen 1988

Hermanns, Jutta Corinna, Die Erziehungsphilosophie Martin Bubers als Ausdruck seiner Einstellung zum Mitmenschen, Ein philosophisch-pädagogisches Komplement zu Pädagogischen Tendenzen der Gegenwart, (Diss.) Aachen 1987

Hobbes, Thomas, Vom Körper, (Ausgew. und übers. von Frischeisen-Köhler M.), Hamburg 1961

Hobbes, Thomas, Leviathan, (Übers. von Mayer J. Peter) Stuttgart 1980

Holbach, P. Th., System der Natur oder von den Gesetzen der physischen und der moralischen Welt, übers. v. Voigt, F.G., Berlin 1960

Horkheimer, Max, Traditionelle und Kritische Theorie, Vier Aufsätze, Frankfurt a.M. 1986

Horkheimer, Max, Egoismus und Freiheitsbewegung, Zur Anthropologie des bürgerlichen Zeitalters, in: Zeitschrift für

Sozialforschung, Bd.5, Frankfurt 1936, S.161-234

Horkheimer, Max, Bemerkungen zur philosophischen Anthropologie, in: Zeitschrift für Sozialforschung, Bd.4, Frankfurt 1935, S.1-25

Horkheimer, Max, Adorno, Theodor Wiesengrund, Dialektik der Aufklärung, Frankfurt a.M. 1971

Irrgang, Bernhard, Technologisches Zeitalter oder Postmoderne? in: Zeitschrift für philosophische Forschung, Bd. 41, Meisenheim Glan 1987, S. 91-296

Joas, Hans (Hrsg.), Das Problem der Intersubjektivität, Neuere Beiträge zum Werk G. H. Meads, Frankfurt a.M. 1985

Junker, Jean-Pierre, Entfremdung von der Rolle, Ein Nachtrag zu Goffmans Konzept der Rollendistanz, Bern, Stuttgart 1971

Kafka, Franz, Briefe an Felice, in: Brod Max (Hrsg.), Gesammelte Werke, Bd. 10, Frankfurt a. Main 1966

Kafka, Franz, Briefe 1902-1924, in: Gesammelte Werke, Bd.6

Kafka, Franz, Hochzeitsvorbereitungen auf dem Lande und andere Prosa aus dem Nachlass, in: Gesammelte Werke, Bd.6

Kafka, Franz, Tagebücher 1910-1923, in: Gesammelte Werke, Bd.3

Kafka, Franz, Die Verwandlung, in: Gesammelte Werke, Bd.4

Kampits, Peter, Sartre und die Frage nach dem Anderen, Eine sozialontologische Untersuchung, Oldenburg 1974

Kessler, Alfred, Identität und Kritik, Zu Habermas' Interpretation des psychoanalytischen Prozesses, Würzburg 1983

Kienlechner, Sabina, Negativität der Erkenntnis im Werk
Franz Kafkas, Tübingen 1981

Knapp, Guntram, Der antimetaphysische Mensch, Darwin -
Marx - Freud, Stuttgart 1973

Knapp, Guntram, Mensch und Krankheit, Stuttgart 1970

Knapp, Guntram, Begriff und Bedeutung des Unbewußten
bei Freud in: Kindler-Lexikon Psychologie, Tiefenpsychologie,
Bd.1, S.261-283

Knapp, Guntram, Narzismus und Primärbeziehung, Psychoanalytisch-anthropologische Grundlagen für ein neues Verständnis von Kindheit, Berlin, New York 1988

Knapp, Guntram, Wie heilt Psychoanalyse? Eine wenig be-
achtete Diskrepanz zwischen Praxis und Theorie in der Psy-
choanalse, in: Klußman, R., Mertens, W., Schwarz, F. (Hrsg.),
Aktuelle Themen der Psychoanalyse, Berlin, Heidelberg, New
York 1988

Kosslowski, Peter, Evolution und Gesellschaft, Eine Auseinandersetzung mit der Soziobiologie, Tübingen Mohr 1984

Krappmann, Lothar, Soziologische Dimensionen der Identität,
Strukturelle Bedingungen für die Teilnahme an Interaktionsprozessen, Stuttgart 1972

Kunz, H., Die Daseinsanalytik Martin Heideggers und ihre
Bedeutung für die Psychologie und philosophische Anthropo-
logie, in: Psychologie des 20.Jahrhunderts, Kindler Lexikon,
München, S.446-460

Laing, Ronald D., Das geteilte Selbst, Eine existenzielle Studie
über geistige Gesundheit und Wahnsinn, Köln 1983

Laing, Ronald D., Das Selbst und die Anderen, Hamburg 1982

La Mettrie, Julien Offray, Der Mensch eine Maschine, franz.-dt. Leipzig 1965

Landgrebe, Ludwig, Der Weg der Phänomenologie, Das Problem einer ursprünglichen Erfahrung, Gütersloh 1963

Levinas, Emmanuel, Die Zeit und der Andere, Hamburg 1984

Levinas, Emmanuel, Die Spur des Anderen, Untersuchungen zur Phänomenologie und Sozialphilosophie, München 1983

Lévi-Strauss, Claude, Strukturale Anthropologie, Teil 1, Frankfurt 1981

Löwith, Karl, Das Individuum in der Rolle des Mitmenschen, München 1928

Löw, Reinhard, Philosophische Aspekte der Medizin und Biologie, in: Philosophischer Literaturanzeiger 33, Meisenheim Glan 1980, S.194-207

Lofland, J., Early Goffman, Style, structur, substance, soul, in: Ditton, J. (Hrsg.), The view from Goffman, London 1980

Lyotard, Jean-François, Das postmoderne Wissen, Wien 1986

Marcel, Gabriel, L'anthropologie philosophique de Martin Buber, in: Martin Buber - L'homme et le philosophe, Edition de l'institut de Sociologie de l'université libre de Bruxelles, Brüssel 1968, S.17-41

Marx, Werner, Heidegger und die Tradition, Eine problemgeschichtliche Einführung in die Grundbestimmungen des Seins, Stuttgart 1961

Mead, George Herbert, Geist, Identität und Gesellschaft, Frankfurt a. M. 1980

Mende, Erich, Gotteserfahrung, Menschenbildung und Kritik an „Ich und Du", in: Philosophischer Literaturanzeiger, Bd.35, Meisenheim Glan 1982, S.389-406

Mende, Erich, Dialog zwischen Theologie und Philosophie, Aspekte der neueren Buber-Literatur, in: Philosophischer

Literaturanzeiger, Bd.33, Meisenheim Glan 1980, S. 185-194

Mörchen, Hermann, Adorno und Heidegger, Untersuchung zu einer Philosophischen Kommunikationsverweigerung, Stuttgart 1981

Mörchen, Hermann, Macht und Herrschaft im Denken von Adorno und Heidegger, Stuttgart 1980

Müller, Armin, Reckermann, Alfons (Hrsg.), Anthropologie als philosophische Reflexion über den Menschen, Münster Westfalen 1978

Müller, H. Gerd, Jürgen Habermas, Zur Rekonstruktion des historischen Materialismus, in: Philosophischer Literaturanzeiger, Bd.36, Meisenheim Glan 1983, S.90ff.

Müller, Max, Existenzphilosophie, Von der Metaphysik zur Metahistorik, Freiburg 1986

Nietzsche, Friedrich, Jenseits von Gut und Böse, in: Friedrich Nietzsche, Werke, Colli, Giorgio, Montinari, Mazzino (Hrsg.), Kritische Gesamtausgabe, Berlin 1967, Bd.VI2, S.3-255

Nietzsche, Friedrich, Menschliches, Allzumenschliches, in: Friedrich Nietzsche, Werke, Colli Giorgio, Montinari Mazzino

(Hrsg.), Kritische Gesamtausgabe, Berlin 1967, Bd.IV3

Orth, Wolfgang, Anthropologie und Intersubjektivität, Zur Frage der Transzendentalität oder Phänomenalität der Kommunikation, in: Orth, Wolfgang (Hrsg.), Phänomenologische Forschungen, Bd.4, Freiburg, München 1977, S.103-130

Ottmann, Henning, Cognitive Interests and Self-Reflection, in: Thompson, Held (Hrsg.), Habermas, Critical Debates, London 1982

Ottmann, Henning, Praktische Philosophie und technische Welt. Prolegomena einer unfertigen Philosophie der Praxis, in: Zeitschrift für philosophische Forschung, Bd.34, Meisenheim Glan 1980

Ottmann, Henning, Individuum und Gemeinschaft bei Hegel, Hegel im Spiegel der Interpretationen, Bd.1, Berlin, New York 1977

Planty-Bonjour, Guy, Sartres Begriff der menschlichen Freiheit, in: Perspektiven, der Philosophie, Bd.11, Amsterdam, Würzburg 1985, S.113-129

Plattel, Martinus G., Der Mensch und das Mitmenschliche, Köln 1962

Pfuetze, Paul, Self, Society, Existance, Human Nature and Dialogue in the thought of George Herbert Mead and Martin Buber, Westport 1973

Pöggeler, Otto, Heideggers Neubestimmung des Phänomenbegriffs, in: Phänomenologische Forschungen, Bd.9, Freiburg, München 1980, S.124-163

Quinn, Warren, Abortion, Identity and loss, in: Philosophy and Public Affairs, Bd.13, Princeton 1984, S.24-54

Rehberg, Karl-Siegbert, Sozialphilosophie und Theorie der Intersubjektivität. Zur neueren deutschen Mead-Literatur, in: Philosophischer Literaturanzeiger, Bd.38, Meisenheim Glan 1985, S.70-83

Ricoeur, Paul, Phénomenologie et Hermeneutique, Deutsche Zusammenfassung in: Phänomenologische Forschungen, Bd1, Freiburg München, S.31-78

Richter, Curt P., On the Phenomenon of Sudden Death, in: Psychosomatic Medicine 19, 1957, S. 191-198

Rombach, Heinrich, Die Grundstruktur der menschlichen Kommunikation, Zur kritischen Phänomenologie des Verstehens und Mißverstehens, in: Phänomenologische Forschungen, Bd.4, Freiburg, München 1977, S.19-52

Rombach, Heinrich, Das Phänomen Phänomen, in: Phänomenologische Forschungen, Bd.9, Freiburg, München 1980, S.7-33,

Rombach, Heinrich, Phänomenologie des gegenwärtigen Bewußtseins, München 1980

Rombach, Heinrich, Phänomenologie heute, in: Phänomenologische Forschungen, Bd.1, Freiburg, München 1975, S.11-31

Rombach, Heinrich, Die Frage nach dem Menschen, Aufriß einer philosophischen Anthropologie, Festschrift für Max Müller zum 60. Geburtstag, München 1966

Rombach, Heinrich, Strukturanthropologie, Der menschliche Mensch, Freiburg 1987

Rousseau, Jean-Jacques, Schriften Bd.1, Ritter, Henning (Hrsg.), Frankfurt a. M. 1981

Sade, Marquis de, Die Philosophie im Boudoir, in: v. Luckow, Marion, (Hrsg.), Sade, Ausgewählte Werke, Bd.3, Hamburg 1964

Sahmel, Karl-Heinz, Gesellschaftstheorie - Philosophie - Ästhetische Theorie, Zu neueren Arbeiten über Theodor W. Adorno in: Philosophischer Literaturanzeiger, Bd.36, Meisenheim Glan 1986, S.291-299

Sahmel, Karl-Heinz, Die Frankfurter Schule zwischen Veralten und Aktualität, in: Philosophischer Literaturanzeiger Bd.38, Meisenheim Glan 1985, S.288-298

Sander, Lee H., The failure of love and sexual desire in the philosophy of Jean-Paul Sartre, in: Philosophy Research Archives, Bd. 26, Bowling Green 1985, S.513-519

Sartre, Jean-Paul, Das Sein und das Nichts, Versuch einer phänomenologischen Ontologie, Hamburg 1982, (Orig., L'Etre et le Néant, Paris 1943)

Sartre, Jean-Paul, Bewußtsein und Selbsterkenntnis, Die Seinsdimension des Subjekts, Hamburg 1986

Sartre, Jean-Paul, Die Transzendenz des Ego, Reinbek 1964

Sartre, Jean-Paul, Dramen II, Bei geschlossenen Türen, in: Drei Dramen, Hamburg 1985, S.7-45

Sartre, Jean-Paul, Ist der Existenzialismus ein Humanismus? in: Drei Essays, Frankfurt a.M. 1964

Sartre, Jean-Paul, Scheler, Max, Die Stellung des Menschen im Kosmos, Gesammelte Werke Bd.IX, Berlin 1976

Schilpp, Arthur, Friedman, Maurice, Martin Buber, Stuttgart 1963

Schirrmacher, Wolfgang, Heideggers Einfluß auf das gegenwärtige Denken, in: Philosophischer Literaturanzeiger, Bd.35, Meisenheim Glan 1982, S. 383-398

Schaeder, Grete, Martin Buber, Hebräischer Humanismus, Göttingen 1966

Schrey, Heinz-Horst, Dialogisches Denken, Darmstadt 1983

Siep, Ludwig, Anerkennung als Prinzip der praktischen Philosophie, Untersuchungen zu Hegels Jenaer Philosophie des Geistes, München 1979

Smith, Adam, Der Wohlstand. der Nationen, Eine Untersuchung seiner Natur und seiner Ursachen, (übers. von Recktenwald, Horst Claus), München 1974

S.T.D.P., Societé Toulousiaine de Philosophie, L'homme et son prochain, Actes du VIIle congrès des societés de philosophie de langue française, Presses Universitaires de France, Toulouse 1956

Spitz, René, Hospitalism, in: Psychoanalytic Study of the Child, International Universities Press), Bd.1, New York 1945, S.53-74, Deutsch: Hospitalismus, in: Bittner, Schmitt-Cords, (Hrsg.), Erziehung in früher Kindheit, München 1971

Stumpfe, Klaus-Dietrich, Psychosoziale Faktoren beim Sterben und Tod, in: Curare, Zeitschrift für Ethnomedizin und transkulturelle Psychiatrie, Vol.8, Braunschweig 1985, S.227-237

Stumpfe, Klaus-Dietrich, Der psychogene Tod, Stuttgart 1973

Stumpfe, Klaus-Dietrich, Der psychogene Tod in der Kriegs-
gefangenschaft und Maßnahmen zu seiner Verhütung und
Therapie, in: Wehrmedizinische Monatsschrift 117, 1974,
S.46-51

Stumpfe, Klaus-Dietrich, Der psychogene Tod als Folge eines
Todeszaubers, in: Anthropos 71, 1976, S.525-532

Suter, Alois, Menschenbild und Erziehung bei M. Buber und
C. Rogers, Ein Vergleich, Stuttgart 1986

Theunissen, Michael, Der Andere, Studien zur Sozialontologie
der Gegenwart, Berlin, New York 1977

Theunissen, Michael, Bubers negative Ontologie des Zwischen, in: Philosophisches Jahrbuch, Bd.71, München 1963,
S.319-330

Thompson, John B., Habermas, Critical Debates, London
1982

Tort, Patrick (sous la dir. de), Misère de la sociobiologie,

Paris 1985

Wagenbach, Klaus, Franz Kafka, Hamburg 1988

Wagenbach, Klaus, Eine Biographie seiner Jugend 1883-1912,
Bern 1958

Waldenfels, Bernhard, Das Zwischenreich des Dialogs,

Sozialphilosophische Untersuchungen in Anschluß an

Edmund Husserl, Den Haag 1971

Weizsäcker, Carl Friedrich v., Ich-Du und Ich-Es in der heutigen Naturwissenschaft, in: Merkur, Deutsche Zeitschrift für Europäisches Denken, Band 12.1, Stuttgart 1958, S.124-128

Wickler, Wolfgang, Antworten der Verhaltensforschung,

München 1970

Wickler, Wolfgang, Das Prinzip Eigennutz, Ursachen und Konsequenzen sozialen Verhaltens, Hamburg 1977

Wickler, Wolfgang, Die Biologie der zehn Gebote, München 1971

Wilson, Eduard O., Biologie als Schicksal. Die soziobiologischen Grundlagen menschlichen Verhaltens, Berlin 1979

Wuketis, Zur philosophischen Relevanz der Soziobiologie, in: Philosophischer Literaturanzeiger, Bd.38, Meisenheim Glan 1985, S. 61-70

Yehoshua, Amir, Das Endliche und das Ewige bei Buber, in: Bloch, Jochanan, Haim, Gordon (Hrsg.), Martin Buber, Bilanz seines Denkens, Freiburg, Rom 1983, S.87-105

Zahn, Lothar (Hrsg.), Die letzte Epoche der Philosophie,

Texte von Hegel bis Habermas, Stuttgart 1974

Zahn, Manfred, Zur geistigen Situation der Zeit-Ortsbestimmungen der Moderne, in: Kern, Peter (Hrsg.), Mut zur Zukunft, Basel 1986, S. 21-48